产业赋能平台

物联网时代领先企业的平台战略升级路径

刘绍荣　夏宁敏　胡方敏　彭康尧　尹玉蓉 / 著

中信出版集团 | 北京

图书在版编目（CIP）数据

产业赋能平台 / 刘绍荣等著. -- 北京：中信出版社，2021.1
ISBN 978-7-5217-2533-9

Ⅰ. ①产… Ⅱ. ①刘… Ⅲ. ①企业管理－组织管理学－研究 Ⅳ. ①F272.9

中国版本图书馆CIP数据核字(2020)第245752号

产业赋能平台

著　　者：刘绍荣　夏宁敏　胡方敏　彭康尧　尹玉蓉
出版发行：中信出版集团股份有限公司
（北京市朝阳区惠新东街甲4号富盛大厦2座　邮编　100029）
承 印 者：北京诚信伟业印刷有限公司

开　　本：787mm × 1092mm　1/16　　印　　张：20　　字　　数：250千字
版　　次：2021年1月第1版　　印　　次：2021年1月第1次印刷
书　　号：ISBN 978-7-5217-2533-9
定　　价：69.00元

推荐序一

受刘绍荣先生委托，为他和他在智邑咨询的同事撰写的《产业赋能平台》一书作序，一方面倍感荣幸，另一方面又诚惶诚恐。这是一本出色的探索性著作，书中所研究的商业模式是在中国若干行业正在发生的，这种新的商业模式可能会带来下一波的产业升级与变革。几位作者研究了大量的翔实案例，进行了严谨规范的理论思考，而且对问题的覆盖也比较完整。研究一个正在出现的新现象无疑是充满挑战的，作者通过辛苦的努力，取得了出色的成果，能够为这样一本书作序自然令我感觉光荣备至。

产业赋能平台相对还处在早期，还有很多的未知以及不确定性。聚焦这样一个主题做研究、写专著不容易，而为这样的一本书写序也是一个不小的挑战。既然接受了写序的任务，就要把自己的思考真实地分享给读者，一方面希望可以帮助读者理解产业赋能平台，另一方面又担心所言谬之千里，所以会诚惶诚恐。

要更好地理解产业赋能平台，我们有必要先了解一些在我们的生活中已经占据主导地位的传统交易平台，如淘宝和天猫。一般来讲，传统交易平台主要连接的是买家和卖家，是一种以促成交易为核心要务的平台模式。平台的关键要素是网络交互效应，即平台的一边越大，对另外一边的吸引力也就越大。淘宝就是一个典型的案例。为了吸引卖家，淘宝免除了交易佣金，从而快速吸引了大量的卖家。卖家多带来了商品选择的丰富性，自然也导致了价格竞争的激烈性。丰富的商品以及有吸引力的价格必然会有助于快速吸引大量的买家，而买家的快速集聚，又进一步吸引了更多的卖家，于是，淘宝作为一个交易就快速地发展起来。

虽然淘宝通过支付宝来保证交易的可靠性，但是因为纯交易平台的固有特点，使淘宝无法控制平台上交易的产品，包括设计、品质、个性等，甚至无法有效控制产品的真假伪劣。而产业赋能平台则有机会改善纯交易平台的短板。产业赋能平台不仅能吸引流量，帮助促成产品和服务的交易，还能够帮助卖家有效地提高产品服务的竞争力，包括设计、生产、服务等，可以更好地满足买家的个性化需求。该书开篇提到的从链家到贝壳的裂变就是一个很好的例子。不像其他纯交易型的房屋中介平台，贝壳得以发展的核心基础是链家在过去这些年发展起来的运营能力以及房源的真实数据，这些能力和数据不是纯房屋交易平台所拥有的。贝壳将这些能力和数据向其他房屋中介品牌开发，自然提升了这些中介品牌的能力。有了真实的房源信息以及管理更规范、服务更周到的房屋中介品牌，自然会带动越来越多的买家前来，从而使贝壳平台得以快速发展。

产业赋能平台与传统交易平台的关键差异在于“赋能”。传统交易平台需要搭建平台的“基础设施”并制定“游戏规则”，关键挑战在于创造网络交互效应，并快速扩大流量规模。产业赋能平台不仅要具有传统交易平台创造流量的能力，还要具备帮助上游卖家和下游买家的能力，这些能力通常都是比较辛苦的甚至是有挑战性的事情。这样的“赋能”能力可以帮助上游卖家提升价值创造力，降低生产成本和运营成本。因为卖家产品质量的提升和成本的降低，会提升其综合竞争力，从而对买家更有吸引力，进而可以销售更多。赋能后的平台可以更好地满足买家的需求，不仅有性价比优势，还有定制化（差异化）的优势。由于对买家和卖家都有很大价值，所以平台快速地吸引了大量的流量。

企业可以通过不同的路径创造产业赋能平台。产业赋能平台可能是传统交易平台遇到发展极限后的一种升级，也可能来自传统企业面临行业内平台压力下的一种颠覆性突破，还可能来自一个全新的商业模式而直接创造。阿里巴巴的新零售战略就是传统交易平台升级的典型案例。淘宝和天猫在过去这些年得到了快速的发展，但是到今天也面临着新流量减少、增速放缓的问题。这样的发展极限是任何公司都无法避免的。首先，买家（需求方）的规模是有限的，当平台机会穷尽了买家的时候，流量增长自然放缓。其次，卖家的规模和可以提供的产品及服务品类也是相对有限的，当平台几乎穷尽了所有的商品和服务品类后，再扩展的机会也变得有限了。如果传统交易平台不能够升级，自然也会像其他传统公司一样，面临增长乏力、随时被挑战的局面。所以，阿里巴巴提出了新零售的概念，其目的有二：第一，通过往线下延伸，可以增加流量和更多的购买场景，从而帮助其实现进一步的增长；第二，可以将其在经营交易平台积累的核心资源和能力（以及其他相关资源和能力，如高德地图、优酷视频、微博等）赋能线下企业，不仅帮助线下企业提升竞争能力，从而提高这些企业对阿里巴巴的依赖性，还能使阿里巴巴积累的资源和能力，如数据整合和分析能力、人工智能、数字管理工具等得以变现，进而提升了赢利能力，还为交易平台加深了护城河。在传统交易平台的基础上，新零售战略有可能将阿里巴巴升级成一个产业赋能平台。

贝壳就是传统企业打造产业赋能平台的典型案例。作为一个房产中介的领导性企业，链家在线下的业绩无疑是出色的，但是也面临着增长的压力。一方面，宏观调控政策使中国的房地产交易开始降温；另一方面，来自互联网的房屋中介平台，如58同城、房多多等不断地侵蚀和挑战着传统房屋中介业务。在这样一个背景下，链家选择了自我颠覆，同时又意图打造一个更大格局的生态，突破原有传统业务增长的困境，这就是贝壳。贝壳之所以能够得到快速发展，首先受益于链家多年打造积累的“赋能”能力，牺牲了对传统链家业务的保护，将其能力和数据对所有的上游房屋中介品牌开放，帮助贝壳获得了越来越多的房屋中介服务商，使平台的网络交互效应得以形成，从而形成了一个新的产业赋能平台。

云集是一个在传统电商几乎饱和的情况下成长起来的全新的产业赋能平台。它采用的是S2B2C的商业模式：从供应商处（S）进行选品，然后将商品交易所需要的所有工作，包括商品的介绍材料、仓储和物流配送、结算、培训等都准备好；店主（B）再利用现成的产品资料在其社交圈内进行推广，并从所销售的商品中分享部分利润；终端消费者（C）直接点击产品宣传资料即可购买性价比较高的商品，云集则在后台完成配货和物流配送等。云集之所以能够快速发展，首先是因为它具有完整高效的“赋能”能力，一方面店主不用做任何投资，只专注推广商品就可以；另一方面，云集又能够采购到畅销且性价比高的商品，因为营销销售费用比较低（主要是分享给店主的利润），所以在价格方面有优势。云集的“赋能”能力包括两个方面：从上游供应商选品的能力和为店主进行全面服务的能力。但是仅有赋能能力，云集是无法发展起来的，还需要解决流量快速增长的问题。云集通过为店主提供比较高的利益激励，促使他们在社交环境下去快速发展会员，这一点与传统电商很不同（传统电商是直接投入获取会员）。通过核心“赋能”能力，再加上有效的会员获取方式，云集得以在传统电商趋于成熟的情况下仍然能够快速发展，成长为一个全新的产业赋能平台。

产业赋能平台无疑具有巨大的潜力，但是打造产业赋能平台比传统交易平台还要困难得多。打造产业赋能平台必须应对两个关键挑战。第一，是否真的据有“赋能”的能力。在行业处于领导地位的传统企业往往具有赋能能力优势，因为这些赋能能力就是它们在传统行业获取竞争优势的关键所在。第二，是否能够快速解决客户流量的问题。新兴的平台企业往往具有客户流量的优势，因为客户流量的获取和保留是这些平台企业赖以生存的关键所在。所以，对于现有的传统企业和平台企业而言，它们都有机会去打造产业赋能平台，只是所面临的关键挑战不同罢了。对于初创公司而言，需要在打造“赋能”能力的同时也有能力快速获取流量，这是双重的挑战，难度自然更大。

传统交易平台已经趋于成熟和饱和，下一波的产业大变革将来自产业赋能平台。谁能够拥有“赋能”能力，并能够带领流量，谁就是下一波产业弄潮儿。当然，产业赋能平台总体还处于早期阶段，不仅充满挑战，还有很大的不确定性，是机遇与风险并存。正如该书所描述的，一些企业已经开启了产业赋能平台的征程，有的已经取得了骄人的业绩，有的还在探索中。相信未来会有越来越多的企业加入产业赋能平台的行列。

《产业赋能平台》一书不仅深入研究了丰富的案例，还系统地进行了理论的思考；不仅覆盖了产业赋能平台所涉及的“面”，还深入探讨产业赋能平台关键的“点”。我相信这本书将成为产业赋能平台探索者不可或缺的参考书。

中欧国际工商学院市场营销学教授、副教务长

王高

推荐序二

我与绍荣在中欧国际工商学院的课堂上相识正是《平台型组织》一书出版的时候。他一直保持着对平台思维的兴趣与热忱，这7年来在他积累对平台企业的观察与咨询的同时，平台模式在中国乃至全世界已经如雨后春笋般地爆发，覆盖了大众生活的各个层面。平台的直接相连、赋能多元、协同共赢等思维更进一步应用到组织形态与管理方式的创新变革，帮助传统组织跨部门协作更敏捷，激活全员创新动能，让创新果实的分配更为合理与可持续。

时至今日，绍荣与团队更敏锐地捕捉到世界正在从过去5年的消费面互联网化，走向未来5年的产业面互联网化、数字化、智能化。过去消费互联网平台的成长过程中强调低价补贴、流量优势、先量后质，如果在产业互联网平台化的发展过程中重复同样的打法及心态可能会导致越做越错，正如绍荣与团队在书中所标示的，产业赋能平台利用全息化、数字化、智能化技术为基础，深入产业本质，全面提升供需两端的用户体验。产业互联网平台应该提供更深的价值，将时间感放慢，从保障质量上带来市场的增量。

产业赋能平台与过去西方战略学流行多年的垂直整合战略有所不同。在传统的企业垂直整合战略中，企业向上下游扩展的目的是增强龙头企业的行业控制力，增加博弈的筹码，预防竞争者的挑战，这是一种封闭的生态概念，也是一种从“利己”出发的概念。换言之，当本业做大做强时，因为不希望肥水流入外人田，企业会开始介入上下游的运营，试图让自己在整个产业链的利益最大化。这本书所论述的产业赋能平台，却是一种必须出发于“利他”与“开放”的思维与做法，是企业为了让整个产业的合作伙伴能够更多地参与到数字化的环境大趋势中、更快的产品与服务迭代创新中，所以将整个产业链条解构，找出其中可持续发展的障碍与长期高效的瓶颈，利用技术与机制对这些障碍与瓶颈进行重构。平台做的是生态圈所需的软硬件基础设施，目的是让能帮助产业链提效的创新物种更容易加入，让有心升级转型的在位者更容易生存与繁荣，让贡献者得到更多的报偿。这是一种生态共创的方式，就好像一棵树努力地扎根，吸取天地灵气，生长繁茂，让动植物在枝杈上筑巢或攀附生长，一起形成一个共荣的环境。

产业赋能平台要想有效贯穿全链路，数字化与智能化是不可或缺的一环，因为从供给端到客户端，唯有即时的数据回馈能充分反馈用户需求，也唯有足够多元的数据积累可以用来预测或创造用户需求。智能化在其中提供了数字化后的抓手。就像书中所举的例子，不论是平安集团的级数成长与转型，还是阿里巴巴新零售衍生的盒马鲜生或未来酒店等各种新业态，都是以数字化与智能化为核心的。当产业赋能平台建成后，最终形成的是万物共生的产业智联网络，达到物尽其用、货畅其流、随想既得的大同世界。在未来的10年间，这个世界会经历一种大融合的过程，在产业链路的每个环节，不论是研发、制造、物流，还是零售、服务，都会先进行线上化、数字化，然后再进行线上线下融合。在零售方面，企业需要运营线下的上百个场景，如杂货店、超市、商场等，以及线上的上百个场景，如天猫、淘宝、京东、唯品会、抖音等。在物流方面，企业会进入线上线下一盘货的可视化运营与调配。这种融合会让人类社会进入个体化满足、及时化反应、随时化供给、精准化匹配的状态，一切将变得更加高效且完备。

目前，这一波大融合与大革新刚刚开始，产业互联网将在其中扮演关键的角色，而《产业赋能平台》这本书，正是理解产业互联网数字化升级的一个不可或缺的出发点。书中从观念的阐述到案例的选择都十分具有参考性与启发性，值得关心未来商业社会发展的人们仔细阅读。

阿里巴巴产业互联网中心主任

中欧国际工商学院战略学教授

陈威如

前言

我们的商业世界从未像今天这样张扬着想象力，却又充斥着不安。

即将到来的5G将构建一个全面在线的社会。人人之间、人物之间、物物之间在更强大的通信基础设施支持下将实现随时随地的互联，我们将生活在更深度互联的全息化数字商业世界中。

人工智能、物联网、区块链的普及将使我们的商业更智慧和高效。通过商业前端和后端，需求和各种基础设施的互联及智能化即时响应，我们将可能实现所想即所得，实现每个个体都主宰着一个虚拟的个性化商业世界。

在这个世界里，每个人都有专属的设计师、医疗顾问、旅行顾问、教育顾问，每个人都有实现单人定制的工厂，每个人都有属于自己的便捷的虚拟零售商场和零售服务顾问。

数字化技术革命一方面让我们的商业更加“以人为本”，充满了美好和和谐，另一方面又孕育了一大批数字化时代的原生商业黑客，他们尖锐的触角和闪电般的速度迅速肢解着原本稳定的传统商业世界，让原本安坐在王位上的传统领袖们上下颠簸、摇摇欲坠。

深入各产业骨髓的数字化革命一方面正在各个产业深处推动建立一系列的新物种，另一方面又顺手将第一次数字化革命的明星线上电子商务平台推入历史的坟墓。

在不断裂变和创新的数字化技术对传统产业进行全面侵蚀之后，

一卷卷充满数字脉络的全新商业图景正在各行业次第展开。

产业链解构和中间商的大量消失

完全透明和深度对称的数字化信息技术使得作为传统的商流、信息流和现金流管道的线性产业链完全被解构，许多原本在产业中扮演信息、商品、现金传递聚集功能的中间商被完全取缔，扮演向消费者解说和传递商品信息的品牌传播商、向特定区域顾客提供商品集聚和信息反馈功能的渠道中间商、提供商品聚集以供顾客体验和挑选的零售商等都面临着深刻的挑战。产业将重新构建一种全新的 C（customer，顾客）2C（creator，创造者）直接网络互连，产业中的设计师、专业化智能工厂、服务商等顾客价值创造者开始与顾客建立即时和双向的网络连接。

大企业崩塌和小而美商业浪潮的形成

与产业链的解构类似，大数据和网络互联使得企业内外各层级的信息完全对称，科斯所定义的市场化交易成本大幅降低，作为市场替代者的大规模产业链一体化企业失去了存在价值，传统的大企业被解构成基础设施的供给平台和活跃在平台上的大量创造性小微体，小而美取代大而全，成为活跃在供给端的主流商业力量。

传统品类边界消失和场景革命的形成

随着数字化技术冲击下传统产业链一体化的品类大王的解体，以及顾客对场景和功能需求下一站式解决方案的苛求，信息对称条件下的“整合型成功”不仅是可能的，而且是必然的。传统的品类边界纷纷被摧毁和填平，基于功能或场景的开放整合型极致解决方案提供成为数字化商业时代的主流模式。

在全新的物联网（IOT）技术加持下，各个产业都将产生致力于建构高度专业化的基础设施，推动产业创造力量解放和消费需求极致个性满足的产业赋能平台。它们是各个产业供给侧改革的推动者，更是未来全球商业新图景的规划者和描绘者；它们将数字化革命推进到产业的每个角落、每台设备和每个参与个体；它们将构建一个开放、创新、灵活，尊重每个个体、充满人本色彩的美好商业世界。

这些产业赋能者的诞生，可能来自数字化技术的第一批弄潮儿，它们曾经充分利用第一代互联网技术成功构建了各个领域的数字化市场，成功打造了各个领域的数字化信息平台或交易平台，随着大数据的不断累积和产业资源的不断积聚，为了强化对双边参与者的黏性，打造自身的护城河而开始进军产业的基础设施，通过数字化改造后的强大产业基础设施逐步实现对双边参与者尤其是供给侧企业的赋能。它们也可能来自传统企业，是一批具有强烈忧患意识和开放学习能力的传统产业领袖，在充分领会数字化革命的内涵和推进数字化技术实践之后，挟高度专业化的产业技术和产业基础设施之重，开始平台化赋能的轻盈之舞，逐步向产业的开放赋能者转型。

或许我们的世界总是在相对的矛盾中产生美感，数字化革命摧毁了传统大企业赖以生存的经济学基石，却在对小而美经济体的颂扬曲中催生出产业赋能平台这种过去可能从未有过的巨无霸；智能化的数字技术和与顾客的即时互联产生了不断迭代和变幻的产品和服务新物种，却也形成了产业平台这种基本恒定和稳固的生态奠基者。总而言之，数字化革命将使得该集中的完全集中、该个性化的完全个性化和柔性化。它通过对一切折中体和中间体的摧毁，使经济学中的极致化彼岸抽象模型第一次完全没有打折地落地在人间此岸，令我们的商业更加充满科学和哲学的美感，而它的合奏，又使充满了人本化想象的个人定制化商业交响曲完全照进了现实。

或许，我的企业家读者们，作为中国经济的参与者和缔造者，无论你现在所处的是哪个产业或哪个商业时代，为了这充满美感和人本情怀的未来商业，为了我们在产业中的领导者地位能够持续，为了创造更极致和更个性的顾客价值，为了让产业中的创意工作者能释放出创新的全部价值，我们应该勇敢地开启面向数字化商业时代新物种的进化旅程。我们的目标是，摧毁包括我们自身在内的传统商业，再造一个赋能创造者的更美好的商业世界。

这或许是我们回报这个伟大的全球化、开放化和数字化商业时代的最好方式。

作为智邑咨询面向数字化商业时代变革曲的第二部作品，在最后我依然要感谢智邑的各位同人，感谢大家坚守“成就中国最具思想力和深度价值的战略变革咨询机构”这一使命。同时我也要感谢我的研究和写作伙伴，我们思想的不断碰撞让我们能看到更加质朴和真实的未来。另外还要再次感谢我的太太、家人还有女儿 Rocy，是你们的支持让我能够不断投入到对数字化商业世界的洞察中。

期待大家能读有所获。任何回馈建议请发送至 Kevin. liu@ zestrategy. com，谢谢！

刘绍荣

于上海张江智邑咨询中国企业战略研究中心

目录

第一章　一场关于真房源的殊死决战
——从链家和58同盟的“战争”谈起　1

第一节　房产交易平台的百亿攻防战　4
第二节　进击平台的链家　5
第三节　58同盟的反击　14

第二章　透视未来商业世界的主宰
——什么是产业赋能平台　21

第一节　应运而生的产业赋能平台　23
第二节　产业赋能平台的理论溯源　33
第三节　产业赋能平台的结构与原理　41
第四节　产业赋能平台的分类　49

第三章　从交易撮合平台到产业赋能平台
——互联网多边平台的进化与升级　55

第一节　成也平台，败也平台：从交易平台模式本源客观审视互联网多边平台模式的竞争力和不足　60

第二节　从信息和交易撮合平台到产业赋能平台：互联网多边平台模式的进化四部曲　67

第四章　平台进化的案例和启发　81

第一节　阿里新零售：打造零售业的超级赋能平台　83
第二节　王兴的无限游戏：吃喝玩乐尽在美团　109
第三节　沪江 CCtalk：引领“知识变现、人人为师”的时代　116
第四节　网飞：影视制片与发行的一站式赋能平台　120
第五节　未来酒店：阿里巴巴重构酒店业的未来　127
第六节　柏堡龙：从提供 T 恤设计外包服务到打造全球时尚产业赋能平台　134
第七节　土巴兔的仰望：做家装界的阿里巴巴，让人类的居住更美好　139
第八节　交易平台企业向产业赋能平台转型案例的启发与思考　145

第五章　从传统产业链到智能化产业赋能平台
——传统领袖如何实现平台化战略转型　153

第一节　四大传统商业物种和它们的拓维进化史　156
第二节　传统产业领袖向产业赋能平台转型的障碍与优势　172
第三节　什么样的传统企业更有机会成为产业赋能平台　175
第四节　启动平台模式，迈出转型关键一步　182
第五节　构建赋能体系，向产业赋能平台升级　191

第六章 传统领袖向产业赋能者转型的案例及启发 205

第一节 “恐龙”转型的狂想曲：中国平安的赋能平台战略 207
第二节 药明康德：医药产业赋能平台的叩门者 214
第三节 航天云网：走中国特色的工业互联网平台之路 222
第四节 红星美凯龙：当红星不再闪耀 228
第五节 小米：以平台为内核的生态链新物种 238
第六节 产业赋能：海澜之家二次腾飞的天梯 250
第七节 三一重工：立足工业4.0时代的扛鼎之作——根云 260
第八节 南极电商：从卖保暖内衣到做产业赋能者 267
第九节 传统企业转型产业赋能平台的案例启发与思考 275

第七章 产业赋能平台的扩张与生态化升级 279

第一节 产业赋能平台的扩张动力 281
第二节 产业赋能平台的扩张路径 283
第三节 产业赋能平台扩张的结果及巩固措施 288
第四节 平台生态的有效治理 290

参考文献 295

后记 297

第一章

一场关于真房源的殊死决战

——从链家和58同盟的“战争”谈起

2018 年注定会被载入中国经济发展的史册。人们一边在群体气氛的裹挟中，脸上洋溢着无法抗拒的喜悦，欢呼改革开放40 周年，惊叹和感激着由中国模式造就的中国奇迹给民众带来的美好生活；另一边却经常不自主地从心底萌发出一丝不安和焦虑，敏感的神经时刻保持着对热点事件的关注，希望能从蛛丝马迹中捕捉到时代变迁的微弱信号。

虽然生活一如往日的平常，但人们或多或少都感受到了一些异样。特朗普的上台让美国彻底撕下了普世价值观的脸谱而直言不讳地奉行美国优先战略，他让美国相继跳出一系列的全球多边合作框架，另起炉灶构建起一系列的单边合作关系以确保其在全球贸易中的核心地位。中美贸易摩擦在这一年不断升级，让世界认识到中美关系将是影响 21 世纪全球经济发展的最为重要的不确定因素。

内忧和外患总是如同一对孪生姐妹相伴出现。2008 年全球经济危机后的 10 年，中国通过大规模货币投放实施了被戏称为“大水漫灌”的刺激政策，它让以供给端投资为主力引擎的中国经济列车在疲态中继续向前行驶了数年之久。但中国的精英阶层同样在过去的几年中达成了某种共识，即中国经济的长期增长不可能单纯依靠无止境的输血来维持。

大部分的民众虽然在一些经济学家的言论和媒体的发酵中偶尔心生对未来的忧虑，但此刻主要还是在享受着过去几十年增长和现代科技带来的经济繁荣。现代公民意识的觉醒让他们更加关注自身的生活，幼儿园虐童事件、毒疫苗事件、性侵事件等一系列社会问题在社交媒体上引发了一波又一波的全民声讨浪潮。

无论是精英阶层关注的中国经济转型还是普通民众关心的社会民生，中国的房地产业始终是舆论的焦点。虽然中央政府三令五申严控房价，以至于过去 3 年中各地出台的限购限贷政策达到 200 次之多，但在2018年的上半年地方政府土地出让收入仍然创下近年新高。中央不得不重拳出击，一方面坚持一线城市限购政策不动摇，另一方面收回三、四线城市棚户区改造的审批权，全方位压制地方政府在房地产政策上闪转腾挪的空间。

这一年的7月31日，中央政治局会议在酷暑中给中国房地产业浇下了一桶刺骨的冰水。在对2018年下半年的经济工作部署中，中央对长期以来坚持的表述做了重大调整，将“坚决遏制房价过快上涨”修改为“坚决遏制房价上涨”。两字只差，天壤之别，中央的态度一目了然。

但中国房地产行业早已闻风而动：万科总裁郁亮在2018年上半年的一次谈话中提到，万科在10年后不应该再是一家房地产公司；万达开始抛售物业，转型轻资产经营；SOHO中国总裁潘石屹似乎多了一分看空中国房地产的底气。

大家都已确认喊了很多年的房地产白银时代此刻终于到来。但自古新时代的开启和旧时代的覆灭都注定要经历一番各方势力相生相斗的血雨腥风，从万科的“热带雨林”到绿地的“千亿综合产业投资”，再到碧桂园的“郊区大城”，中国房地产业的顶级玩家在高维度发起了一场围绕人们一站式生活解决方案的生态之战。而在这些千亿巨头们的连天炮火之下，一场有关房产交易平台的声势浩大的百亿攻防战同样在一片沉寂中突然打响。

第一节　房产交易平台的百亿攻防战

2018年6月12日下午的北京，乌云密布，紧张阴郁的氛围仿佛大战来临的前兆。

58集团CEO（首席执行官）姚劲波牵头全国房产中介机构召开

“全行业真房源誓约大会”，我爱我家、中原地产、21世纪不动产、麦田房产、万科朴邻等国内知名房产中介服务机构竞相出席。姚劲波在会上号召全行业共同誓约以真实房源和诚信经营服务用户，并承诺58集团将坚守平台定位，永不自营。

“永不自营”的承诺意味着这不是一场普通的大会，而是一场宣战，战争的另一方是国内房产中介服务行业的领头羊、正从自营走向平台的链家。

链家在两个月前推出“贝壳找房”，定位于服务房地产行业上下游的综合平台。这对于58集团来说无异于兵临城下，在相继收购安居客、整合赶集房产频道后，58房产早已成为国内最大的房地产信息汇聚和交易平台。2017年房产业务占58集团总营收的比重超过40%，是58麾下规模最大的业务板块，堪称58平台堡垒最为重要的战略腹地。腹地之侧，岂容他人酣睡？

在58同盟宣誓同仇敌忾的同时，链家创始人左晖在朋友圈发文感叹：“此时的北京，乌云密布。有会解天象的吗？”58同城总裁姚劲波回复：“相由心生，我看到的是阳光明媚。”

硝烟弥漫，大战一触即发……

第二节　进击平台的链家

贝壳的诞生

经过17年的品质坚守和起源于2015年的大规模兼并扩张，2018年的链家已经成为国内房产中介行业当之无愧的领导者。

如果按照现有的模式道路继续前行，覆盖全国28个城市、拥有8 000家门店和13万经纪人的链家当在良好客户口碑的保驾护航中一路所向披靡，不断扩大市场份额，直至取得国内房产交易行业的垄断地位。

但事实却并非人们设想的那么简单：

开始于2016年并不断趋严的房地产限购政策，使得国内二手房交易尤其是一、二线城市的房产交易几乎处于冰封状态，房产交易量的大幅下跌对房产交易产业造成猛烈冲击。一路高歌猛进的链家同样遭受到市场寒流的顽强阻止，难以避免的业绩下滑迫使链家在2017年实施了一系列以成本控制为导向的制度改革（例如取消经纪人底薪），但这些改革引发了组织的急剧动荡，一线经纪人甚至管理层团队的离职潮频发。

遭遇市场冷却的同时，链家发现市场份额的争夺也变得日趋艰难。以南京为例，2016年我爱我家的市场占有率为11.57%，链家的市场占有率为8.18%。而2017年1～11月这两个数字分别变化为11.93%和9.06%。虽然二者的市场占有率都有所提升，但不到一个点的增幅说明了市场份额争夺已经达到白热化的程度。不仅如此，在一线城市甚至链家的大本营北京，无法进一步提升市场份额已经成为链家长远发展的最大拦路虎。

兼并收购曾是链家大规模扩张的制胜法宝，但在2015年相继收购了四川伊诚地产、上海德祐地产、深圳中联地产、北京高策机构、杭州盛世管家、重庆大业兴、济南孚瑞不动产、大连好旺角、广州满堂红、烟台元盛等一系列区域型领导品牌之后，链家发现市场上剩下的玩家要么再无收购价值，要么就是同样志在夺取行业桂冠的角力对手。拿左晖（链家前董事长）的话说就是：市场上能收的靠谱品牌差不多都已经收了。

行业的周期性震荡调整、份额天花板的显现和兼并法宝的失灵使得链家遭遇成立以来前所未有的挑战，但这些都谈不上是链家长远发展道路上的致命威胁，真正让链家感到惧怕的是一把始终悬在头顶的达摩克利斯之剑——房产交易平台。

房产交易平台一端聚合房源信息，另一端聚合买房需求，在房产交易中扮演中心化的撮合作用。由于对需求端流量的垄断性占有，房产交易平台逐渐在与线下房产中介的博弈中取得了不对等优势。线下房产中介不得不在平台上上传房源、向平台缴纳端口费以为实体门店争取流量，但这又进一步丰富了平台的房源并增强了平台对于需求端的吸引力。

房产中介公司与房产交易平台之间进行的是一场不同维度的竞争，前者依附后者而生存，后者却可以随时对前者开展降维打击。不过让链家感到庆幸的是，房产交易平台虽然出现多年并逐渐演变成产业中枢，但国内现有的几家平台公司却在产业内并无多大作为。

国内房产交易中介产业始终处于鱼龙混杂的状态，以房源垄断和带看转化为核心的粗放模式使得行业格局极其分散，区域性中介企业可以凭借门店网点优势和知名度称霸一方，但个体中介依然能够依靠独特房源和更低的交易费用在夹缝中寻得生存之地。

分散就意味着无序，行业缺乏基本的规则甚至底线，买方和卖方之间的信息不对称给参差不齐的房产中介提供了巨大的不正当操作空间。利用并不存在的明显低价的假房源获取带看机会，在房源推介中有意隐藏不利的房源信息，甚至两头虚报价格以赚取中间差价几乎成为行业潜规则，“黑中介”的名声由此而来。

搜房网、安居客、赶集网、58 同城等平台型公司的出现不但没有通过产业整肃使得这一局面得到改观，反而为房产中介公司的不正当经营手段提供了效用最大化的平台。甚至，平台型公司成为房产中介公司不正当经营的助推器。在平台的现有规则下，中介公司只有变本加厉地上传假房源信息，才有可能在平台上争取到比对手更多的流量。

天下非一人之天下，有德有能者居之。在行业遭遇政策性调整、传统自营模式面临增长天花板的黑暗时刻，为了整合产业资源共同对抗危机，为了塑造产业规则实现产业的标准化，更为了提前应对未来对手可能给自己造成的致命威胁，经过系统内部反复的沙盘对战演练，链家决定破釜沉舟，自主进军平台。

2018 年 4 月 23 日，链家 CEO 彭卫东的一封公开信宣告了“贝壳找房”的诞生。贝壳找房定位于房产服务综合平台，将向全产业开放链家旗下的房源系统、运营管理经验、经纪人作业工具、人员培训体系等链家过去赖以取胜的核心资源和能力。这是一个多方共赢的设想，链家希望借助贝壳平台向行业输出自己的管理模式和经验，帮助其他中介公司实现服务的标准化和品质升级，同时在这一过程中完成链家从自营到平台的商业模式升级。

为什么是链家？

链家可能是国内房产交易中介产业最有条件做平台的公司。

链家在产业内拥有最大的规模和最强的影响力。2018 年的链家不仅在行业内拥有最为广泛的城市布局、最多的门店数量和最为庞大的经纪人体系，而且以二手房交易为核心形成了包括丁丁租房、自如寓、链家二手房经纪、链家新房代理、链家金融在内的枝繁叶茂的业务网络。链家在 2016 年的交易额就已过万亿元，当时是两大电商平台京东和美团交易额的总和。2012 年后的 5 年间，链家估值增长 40 倍，股东包括万科、融创、百度、腾讯、经纬、今日头条、美团等国内房地产界、互联网界和资本界最为炙手可热的机构或个人。据说如今的链家一股难求，影响力可见一斑。

链家最早在产业内喊出“真房源”的口号，并围绕着“真房源”构筑了一整套标准化的能力护城河。在一个充斥着“假”的行业里，链家崛起的秘诀就在于“真”。早在2014年，链家就开始坚决贯彻真房源的方针——链家确保上架的每一个房源“真实存在、真实委托、真实价格、真实信息”。之所以敢冒这个险，源于链家长久以来的投入和积累——从2008年开始，链家开始着手建立“楼盘词典”系统，并成立独立于其他业务部门的品控中心，负责监管房源的真实性和经纪人的行为规范。如今这个系统已经耗资6亿元，记录了全国超过1亿套房屋的信息，成为国内房产交易中介产业巨大的数据宝矿。

链家的平台化野心根植于内心。野心源于使命——“推动行业进步，让房屋交易不再难，帮助房产经纪人赢得职业尊严”。对于行业、客户和房产经纪人的巨大责任感注定使链家不会停留在房产交易中介层面，从2010年的链家在线到2014年的链家网，再到后来的掌上链家App（应用软件）；从二手房买卖到进入租赁市场、到新房代理、到链家金融，再到和万科合资涉足装修领域，链家始终在多维度不断拓展自身的业务边界和实现模式的升维升级。贝壳平台的诞生对行业如同惊天巨雷，但鲜为人知的是链家平台化的念头在2014年就已萌生，甚至在那时就已在“蜗牛”和“贝壳”两个备选项中敲定了贝壳作为未来平台的名称。之所以会产生这两个备选项，是因为它们都能给人以“家”的联想，而成为“家的入口”时至今日仍然是链家根植于心的愿景。

从链家到贝壳的五重进阶

左晖曾经这样模糊地描述国内房产交易平台的前景：“房产领域会孕育一个非常大的平台，这个平台是线上强，线下也强，这样才能给用户最优质的体验。”朝向这一目标，链家的平台化大体经历过以下5个阶段。

第一个阶段：构建线上线下融合的数字化界面

在传统线下实体门店布局的基础上，2010年链家上线“链家在线”，尝试将业务从线下向线上迁移。2014 年，链家已经在全国成立 9 个分公司，并将“链家在线”全面升级为“链家网”。链家网在内部被认为是链家从“大公司”到“大平台”的二次创业，而这次创业的目标直指 10 万亿级的房地产 O2O（线上到线下）交易与服务市场。几乎与此同时，链家开始在全国范围内展开大规模的兼并，这让它在短短数年内将线下门店渗透到全国 28 个城市，门店数量也实现了从 1 000多家到 8 000 家的跃迁。基于线上线下融合的数字化界面，链家不仅拥有了行业内最具规模的流量入口之一，更实现了房源数据、服务标准和流程、产品开发、经纪人培养等产业资源和管理体系的高度集成，从而为链家的平台化奠定了坚实的基础。

第二个阶段：不断开发互补性产品和服务，拓展平台的业务边界，丰富平台内容

基于链家的数字化界面和足够的客户流量，链家将业务范围从过去的单一二手房经纪，相继延伸至新房代理、租赁、海外置业、链家金融等领域，甚至与万科合作进军装修产业，并一度在掌上链家 App 端开放了“家居频道”的内测窗口。除了业务端的开发外，链家还设立了当时行业内唯一的“1 亿元购房先行赔付基金”，为客户在买房过程中最为常见的风险提供安全保障。“购房指南”的推出更是在内容端极大提升了链家对于用户在交易之外的价值，那些从未买过房的新手可以在购房之前就在这里获得买房的基础知识并得到一些专业问题的解答。产品、服务和内容的丰富让链家平台的客户黏性不断增强，同时也使得平台的流量有机会得到最大化的沉淀和变现。

第三个阶段：开发标准化工具并实现能力的平台端集成

包含 1 亿套真实房源数据的“楼盘词典”是链家平台最为核心的

资产。链家可以用300个字节对每一套房源在各个维度上进行细节描述。除此之外，为了提升看房效率，链家利用先进技术开发出VR（虚拟现实）看房、VR讲房、VR带看三大数字化工具。客户可以利用VR看房在App端获得沉浸式看房的体验，经纪人可以利用VR讲房为客户提供博物馆式的语音讲解服务，而客户和经纪人都可以在VR带看中获得全新的交互场景体验。基于自主研发的VR设备和遍布全国的1 000多名专业摄影师，链家只需要10分钟就可以将一套100平方米的房子完全数据化为三维模型，供客户在家查看和体验房源的真实空间。一线经纪人既是平台数据的收集者又是平台工具的使用者，为了实现对经纪人的持续培养，链家成立了“经纪人学院”，在教授标准化的专业知识的同时每年还组织两次“博学大考”，以不断提升经纪人在服务客户时的专业能力。

第四个阶段：基于数字化界面、标准化能力和丰富的产品、服务及内容，实现内部的平台化

链家在行业内部首推ACN模式，即经纪人合作网络模式。ACN的核心在于细化整个服务链条，然后根据经纪人在各个环节的贡献率进行分佣。具体而言，经纪人在房源端的工作可以细分为录入、维护、实勘等，在客源端的工作可细分为带看、成交和金融服务等，经纪人在每一个环节上的投入和价值创造都能在买卖双方最终成交后的利润提成中获得对等的收益。链家曾经在2017年将这一套机制继续发扬光大，让经纪人、摄影师及其他一切参与房屋交易流程的价值创造方都能参与最后的利润分配。

第五个阶段：进一步升级能力、开放平台，实现对行业的全面赋能

“贝壳找房”的推出宣告了链家平台之剑的最终出鞘。与链家相比，贝壳在平台能力上实现了进一步的升级。以楼盘数据库为例，贝壳在“真房源”的基础上实现了“真管理”，即借助平台强大的数据支持，贝壳对平台上的所有房源实现“7×24小时”的全生命周期管理。即使房源未交易，贝壳也会根据客户的评价、客户与经纪人的交互不断更新房源的数据，继而对房源进行精细化的、动态的分门别类，以提升客户与房源之间匹配的精准性和效率。除能力升级之外，贝壳将赋能的对象从链家内部拓展到全行业。链家之外的房产中介品牌或经纪人都可以接入贝壳平台，上传新房源或者利用平台上的既有房源，并在平台工具的赋能下实现房产交易的全流程。根据贝壳的规划，贝壳将在2020年赋能100个以上的经纪品牌，连接10万家门店和100万名经纪人，并向它们进行涵盖营销、金融、经营、数据和供应链的全面赋能。

链家五重奏共同宣告了贝壳时代的来临，也意味着链家在从产业到平台的道路上已如离弦之箭无法回头。

链家与贝壳的悖论

虽然链家将“链家”定位于线下经纪品牌，将“贝壳找房”定位于开放的房产交易与服务平台，期望通过两个品牌的独立经营厘清二者之间的关系，但事实上却很难在短期内实现二者的分割。

“贝壳找房”如今面临不小的尴尬。为了搭建贝壳平台的基础流量，同时吸引其他经纪品牌入驻，链家选择将“链家”的房源、门店和经纪人先期全部纳入贝壳平台。这造成如今的贝壳和链家不仅在房源数据上大体相同，就连业务板块分布甚至网页版界面设计都趋于一致。

贝壳平台或者说链家的平台化之路面临两大悖论：

1. 如何处理链家自营经纪业务与贝壳平台之间的关系

在羽化成蝶的过程中，人们往往更关注蝴蝶的美妙，而遗忘蝉蛹的孤寂消亡。贝壳平台的推出可以视为链家自杀式的变革，意味着链家自营经纪业务在过去、现在和未来的一切投入都将向竞争对手开放，甚至接受业务主体的不断萎缩直至归零。链家如今正在鼓励自营体系的经纪人离职创立经纪品牌以加入贝壳平台，那么它在未来如何看待自营经纪业务的存在？如何说服自营经纪业务接受自身的解构？如何在利益上实现从自营到平台的引导？以及如何回应投资人对于左晖借由贝壳平台掏空链家主体业务的质疑？它都有赖于贝壳在未来进行澄清和解答。

2. 如何消除其他经纪品牌和经纪人的担忧和质疑

按照平台发展的理论推演，贝壳作为房产交易产业的开放赋能平台将最终主导产业，并吸附产业内的经纪品牌和经纪人不断加入平台。所有经纪品牌和经纪人未来一方面将依附贝壳平台生存，另一方面在彼此之间形成相互争夺平台资源的竞争关系。那么，作为脱胎于“链家”的“贝壳”，未来在“链家”与其他经纪品牌或经纪人发生竞争关系时如何保持平台的公正立场？如何让其他经纪品牌或经纪人相信贝壳不是链家吸附产业资源和实现吞并的工具？如何说服其他经纪品牌或经纪人接受来自链家自营业务的标准并心甘情愿地在贝壳平台上共享资源？这同样需要贝壳在“全民公敌”的指责声中逐步验明正身。

“放眼全球房产交易产业，没有人可以既做裁判员又做运动员。”这是行业对于链家和贝壳的评价，也是如今被58集团等现有平台攻击的软肋。在做自营还是做平台的战略选择上，链家已经做出了取舍；在如何构建未来平台模式的问题上，链家已经形成了面向未来的系统构想；但在从自营到平台的具体进化路径上，还需要链家和贝壳在未来平台化的实践过程中给出足以让所有相关方都信服的解决方案。

第三节 58同盟的反击

58同盟的形成

2018年2月，我爱我家、麦田房产和链家等房产中介机构结成“抵制58同盟”，联合起来用下架旗下所有房源作为威胁，对抗58集团通过流量垄断收割房产经纪公司利润的行径。这时候的58集团是我爱我家集团副总裁口中的饿狼：“养自己的儿子（自有线上平台）一定比喂饱外边的狼（58同城系）要强。”

但在4个月后，由于链家的平台进击，我爱我家、中原地产、麦田地产等房产中介机构与58集团走进了同一条战壕，它们结成“58同盟”，宣布联合打造“行业首个‘真房源’标准公约”。58集团借此重申：58同城将坚守平台定位，永不自营。此时的58摇身一变成为房产中介机构的朋友：“我们是中国房产流量最大的网站，我们愿意跟大家做朋友。”

敌人的敌人就是朋友，“团结一切可以团结的力量”的统战路线正在国内房产交易中介产业进行现实版的演绎。

为什么是58同城？

58同城，是国内知名的分类信息平台。

经历数次的淘汰整合，58集团如今形成三大业务板块：房产、招聘及自营业务。由于互联网信息平台竞争的同质化，“一家独大”成为产业可以想象的最终格局，因此58同城的壮大过程就是一部波澜壮阔的兼并整合史。

在房产领域，58 同城于 2015 年相继并购安居客、赶集网，并与 58 同城房产频道整合，成为国内最大的房产信息平台。2017 年，三网合并之后的 58 房产业务覆盖超过 600 个城市、近 5 万家经纪公司和 130 万名经纪人。而在 58 内部，房产业务贡献收入超过 40%，成为占比最大的业务板块。

在招聘领域，58 同城于 2016 年收购中华英才网，成为在蓝领和白领招聘领域都绝对领先的招聘信息平台。58 集团招聘业务板块 2017 年实现收入大约 40 亿元，相比之下其蓝领招聘信息平台的主要竞争对手百姓网总体营收仅 4 亿元，而专注于白领招聘业务的前程无忧、智联招聘和猎聘网在 2017 年的营收分别为 29 亿元、19 亿元和 8 亿元。

在自营业务上，58 同城如今在垂直领域的布局企业超过 50 家，其中包括独立分拆的 58 到家、58 速运、瓜子二手车和参股投资的途家、e 代驾、土巴兔、庞大集团、58 月嫂等。值得一提的是，在真房源誓师大会上宣誓“100 年不自营”的 10 天后，58 同城宣布以 10. 68 亿元入股房产中介我爱我家，获得后者 8. 28% 的股份。

之所以兼并整合会成为 58 同城崛起之路上的撒手锏，是由于互联网信息平台之间的争夺都围绕着同一个关键词：流量。如果说房产交易平台是时刻悬在链家等房产中介公司头顶之上的达摩克利斯之剑，那么流量就好比是房产信息平台时刻可能被新兴对手攻击的阿喀琉斯之踵，因为新兴流量入口对现有平台的颠覆就如同海明威在《太阳照常升起》中描述的那样：“慢慢瓦解，顷刻崩塌。”

所以，平台之间对于流量的竞争向来都是你死我活的争夺。阿里巴巴与腾讯在支付、打车、零售等众多领域的寸土必争如此，微信、微博与今日头条围绕社交与信息流量入口的锱铢必较如此，滴滴、摩拜、ofo 小黄车在出行入口的反复争夺如此，58 同城曾经与赶集、安居客围绕房产信息入口的兼并战争如此，58集团如今面临新平台贝壳表现出的势不两立的姿态同样如此。

58同城的软肋

布局28城、拥有8 000家门店和13万名经纪人的链家的平台化刚刚起步，覆盖600城、5万家经纪公司和130万名经纪人的58同城为何感到如临大敌？

因为贝壳的定位如同一把尖刀直插58同城的软肋——“海量真房源，省心上贝壳”。

由于58同城始终坚持信息平台模式，即为房产交易流程中的买方、卖方、经纪人和其他参与方提供信息直接交互的平台，而不涉及其中任何一个环节的自主经营，因此平台上所有参与主体的行为都是出于行业自律，除此之外不会受到任何制约和监管。

为了在向平台缴纳“端口费”的基础上最大化地争取客户流量，房产中介需要尽可能多地在平台上上传高品质、低价格的优质房源。优质房源有限，上传假房源就成为无奈的必然之举。事实上，从房产信息平台诞生伊始，假房源便像夏日潮湿墙角的苔藓一样如影随形，从未根除。

当然，作为房产信息平台的58同城并没有动力也没有能力去实现房源的去伪存真。58同城作为信息平台的主要收入来自向房产中介公司收取的端口费和竞价排名费用，无论真假房源都可以给平台带来房源数量、用户端流量和平台收入上的提升，因此58同城对于平台上的假房源始终保持无视甚至默许的态度。同时，由于缺乏对房产交易环节的控制，58同城也并没有方法和能力去对房源是否真实存在、是否真实委托、是否真实描述和是否真实价格等全方位的信息真假进行鉴别。

不愿和无法鉴别并继而杜绝假信息，成为几乎所有信息平台的软肋。在收购中华英才网后，58 同城的招聘业务蒸蒸日上，在集团内部的收入占比大有赶超房产业务之势。但与高收入、高份额相伴的，是媒体对 58 同城招聘业务“虚假信息”“诈骗陷阱”的不间断报道。据《法制晚报》统计，2008—2017 年的 10 年间，国内 11 个网络招聘平台涉及的 261 起刑事案件中，58 旗下平台占据了其中的 252 起。媒体的另外一项统计表明，近 3 年有超过 5 000 人遭遇 58 同城上虚假招聘信息的诈骗，涉案金额上亿元。

建立平台的护城河

贝壳正在以“真房源”为突破口大举进攻，58 同城的防御重点自然也简单而明确，提升并加固房源的真实性堡垒成为 58 同城的必然之举，而这也正是 58 同城联合全行业举办“全行业真房源誓约大会”的初衷。

58 同城在大会上宣布 2018 年不会再有任何端口费涨价的举动，以此安慰和团结它过去的客户和未来的伙伴——国内除链家系之外的其他所有房产中介机构。

更重要的是，58 同城宣布向“假房源”开战，并计划实施一系列围绕“真房源”的举措以构建 58 平台的护城河。这些举措几乎件件与贝壳针锋相对，包括：成立 1 亿元的“真房源”基金，用来推动 58 同城的一切真房源行动；发布“临感”VR 看房、房源全息字典、房产经纪大学等一系列工具，为房产中介机构和经纪人提供全面赋能。

虽然 58 同城在大会上宣布不自营的期限为 100 年，但在大会结束的 10 天后，58 同城即宣布参股我爱我家。这既可以被视作 58 同城深度理解房产交易中介产业的尝试，也可以被认为是 58 同城在告别过去纯线上房产信息平台之后，正在寻找和培植未来新型赋能平台模式的试验田。

无论是一系列赋能平台的构建还是直接参股线下中介机构，都意味着 58 同城正在蜕变成为一个新 58 同城，而这个新 58 同城从平台进入产业已经是大势所趋。

58 同城与新 58 同城的悖论

由于第三方平台的定位，58 同城不会与线下中介产生太过直接的竞争关系，因而使得新 58 同城在行业资源整合上相比脱胎于链家的贝壳有着天然的优势。

但自营业务的缺位如同一枚硬币的两面，同时也造成 58 同城由于缺乏产业能力而使得新 58 同城赋能模式的构建面临重大的障碍。新 58 同城目前在房产业务上对于未来模式的规划等同于贝壳的翻版，但从来没有丈量过一个房子的 58 同城如何开发 VR 看房工具？从来没有鉴别房源真假能力的 58 同城如何开发房源全息字典？从来没有培养过一个房产经纪人的 58 同城如何建设房产经纪大学？这些都是新 58 同城未来需要解决的现实问题。

参股我爱我家等线下中介机构是新 58 同城熟悉产业和培植赋能模式试验田的一个积极尝试，但这会让新 58 同城陷入新的悖论，这个悖论类似于链家与贝壳间的悖论，也类似于数年之前搜房网的转型悖论——2014 年，搜房网宣布从房产信息平台转型成为房产交易平台，上线“房天下”App 并大规模入股世联行、合富辉煌、同策房产等线下房产营销机构，但当时的搜房网遭遇了包括链家在内的传统线下中介机构的集体围剿，直接造成搜房网随后连续 7 个季度的净利润下滑直至巨额亏损。如今的搜房网仍然没有挣脱转型的泥潭，而又将面对贝壳与新 58 同城的重创，搜房网的未来可能会更加艰难。

链家向左，以产业进阶为平台；58 向右，从平台进入产业。但我们从链家和 58 的试探中隐约看到了一个共同的未来模式，这个模式兼具平台的开放性和产业经营的专业性，我们可以称之为产业赋能平台。

本章小结

链家与58同盟的战争本质上是两种平台思维和路径的竞争，链家是从自营出发，升级开放产业能力打造平台；58是房产界的互联网交易平台，为加强监管渗入产业。

目前，两种模式都有各自的支持者和优势，也暴露出一些可能被对手攻击和利用的短板，双方在竞争中不断取长补短，相互赶超。

链家向左，以产业进阶为平台；58向右，从平台进入产业。看似水火不容，实际却在走向共同的商业模式，该模式可被称为产业赋能平台。

第二章

透视未来商业世界的主宰
——什么是产业赋能平台

第一节　应运而生的产业赋能平台

不断涌现或进化的产业赋能平台

链家和58同城的进化在中国当前的商业演变历程中并不是孤例，一系列重塑产业生态和赋能产业参与者的新兴物种正在不断涌现，全方位地覆盖我们日常熟悉的衣食住行各个领域。

1. 阿里新零售

2016年10月的阿里云栖大会上，马云在演讲中第一次提出了新零售的概念："未来的10年、20年，没有电子商务这一说，只有新零售。"根据阿里研究院的定义，新零售是指以消费者体验为中心的数据驱动的泛零售业态。

与据守单一零售环节和单一零售业态的传统零售相比，新零售更加强调从消费需求出发的多环节和多业态的融合创新，从而为消费者提供"优质低价、方便好玩"的全方位、全流程、极致化的消费体验。

客户数据是新零售模式运行的核心，因此阿里巴巴计划将多年来积淀的交易数据和投资建设的大数据、云计算、人工智能等数字化基础设施全面开放，通过与产业的融通和互动实现向传统企业的全面赋能。

一方面，阿里巴巴与海澜之家、太平鸟、顾家、浩沙等各个传统产业的领军品牌达成战略合作，通过产业数据的提取和深度挖掘帮助这些品牌提升产品开发精准度、进行精准营销和改善门店体验，并实现全流程的经营效率优化。

另一方面，阿里巴巴开始全面加速在实体零售产业的布局，打造各个传统业态面向新零售的转型样本。目前，阿里巴巴在线下已经形成盒马鲜生、银泰商业、零售通、零售 +4 块业务，覆盖实体零售领域的 4 个主要细分业态——超市、百货、便利店和专业连锁。除此之外，阿里巴巴还通过 750 亿元的股权投资，将新零售试验扩展到苏宁、百联、三江、日日顺、新华都、大润发、居然之家等一系列的传统实体零售企业。

如今，阿里巴巴正在新零售的旗帜下掀起一股中国零售业模式革新的浪潮。拿 CEO 张勇的话来说，阿里巴巴的新零售事业是要推动“中国商业零售史上规模最大、覆盖面最广、受益人数最多的系统性升级”。

2. 永辉新生鲜

在实体零售萎靡的背景下，永辉超市却逆流而上成为中国最具成长性的传统零售企业之一。2017 年，永辉实现营业收入 584 亿元，同比增长 19%，实现利润 18 亿元，同比增长 45%。自上市以来，永辉继续保持着每年 40 家左右的开店速度，并极少关店。

永辉崛起的秘诀在于以生鲜产业经营能力为内核的平台化，事实上，永辉早已不再仅仅是一家超市，而是在致力于打造“大生鲜食品全产业链共享经济生态圈”。

生鲜零售经营能力是永辉过去发家的起点，也是未来平台化的内核。从丰富、精准的生鲜食材数据积累和完善的源头采购体系，到以中央厨房为核心的规模化、专业化食品精选加工体系，再到贯穿生鲜供应全流程的冷链物流配送体系和前端规模化、精细化的生鲜零售门店经营体系，永辉已经在生鲜经营全产业链上构筑了国内首屈一指的专业化能力。

在能力专业化的基础上，永辉实现了能力的内外部开放。首先，永辉将产业能力和管理能力基础设施化，将其改造成融合共享的基础业务平台和基础职能平台。其次，永辉通过用商行取代事业部、用合伙人取代管理层级、用利润分享机制取代传统考核激励等一系列的组织再造，实现了公司内部的平台化，让公司的一线员工有机会嫁接公司的平台资源实现内部创业。再次，永辉着力打造彩食鲜平台，为中高端餐饮企业、企事业机关单位及大专院校食堂、连锁酒店及便利店、永辉旗下各业态门店、永辉自有电商及其他生鲜电商平台实现专业化的生鲜供应链赋能。

永辉目前已经形成云超（永辉各业态门店）、云创（孵化新业务，如超级物种）、云商（彩食鲜）、云金（围绕云超、云创、云商生态圈提供金融服务）四大业务板块，“大平台 + 小前端 + 富生态 + 共治理”模式日渐成形。

3. 阿里未来酒店

“不久的未来，从入住开始，消费者不需要到前台，只需要到机器面前刷脸，就可以在机器上选房，在机器上拿到智能门锁的指令，用手机就能开门。当他走的时候，不需要等待打发票，因为发票已经打印好了放在前台。”这段话描述的是阿里的未来酒店。

2016 年 8 月 10 日，阿里旅行、首旅酒店集团、石基信息三方合资成立的“浙江未来酒店网络技术有限公司”在杭州正式揭牌。

阿里旅行副总裁、未来酒店 CEO 蔡永元表示：未来酒店就是要基于阿里大数据、芝麻信用体系和诸如在线 VR 选房、人脸识别、智能门锁、智能家居等一系列的新科技，创造“年轻人向往的住宿体验”。

阿里旅行在初期已经实现了对如家、华住等酒店集团的接入，但未来将进一步着重对于中小酒店、单体酒店的开放赋能。为了帮助后者在个性化的同时享有规模化的优势，阿里旅行推出了两大利器：智慧酒店云和众筹未来计划。

智慧酒店云是基于云端的酒店管理系统，它将阿里旗下的阿里旅行、阿里云、石基信息、支付宝、芝麻信用以及酒店数据商 SnapShot 的大数据与服务整合成为一个行业性的开放云，供酒店各取所需，主要模块包括消费者信用体系、行情预测、支付结算、酒店营销、收益管理等。

众筹未来计划则为那些缺少资本的单体酒店提供系统升级改造的能力，以会员共享、数据开放和交易结算一体化为基础功能，单体酒店可以在众筹未来计划内众筹到资本、设备、技术、运营、智力等一切酒店运营之所需。

阿里未来酒店事业的推出，表明阿里旅行已经不再是一个纯粹的线上渠道平台，而是一个连接阿里生态和行业生态的赋能平台。在用户端重塑住宿体验，在行业端重塑行业生态，将让阿里旅行在未来建立一个开放化的酒店生态战略高地。

4. 滴滴洪流联盟与智能出行

2018 年 4 月，中国出行的巨头滴滴联合 31 家汽车产业链企业发起成立“洪流联盟”。洪流联盟将以开放和赋能为核心，广泛与汽车全产业链合作，共建汽车运营商平台，推进新能源化、智能化、共享化的产业发展，协力建设面向未来出行用户与车主的服务平台。

开放和赋能是洪流联盟的核心价值理念，除了将流量、大数据、产品运营能力和渠道网络等资源向联盟伙伴开放合作外，滴滴也提出了汽车租赁与运营、分时租赁、汽车售后市场等面向用户需求的合作解决方案。目前滴滴已成功构建了一站式出行平台和围绕车主的一站式汽车服务平台。

滴滴与联盟成员还将在智能驾驶技术研发、充换电设施建设方案等领域展开合作。滴滴旗下的“小桔充电”可为新能源车主提供标准化的即时充电服务。未来，滴滴与联盟成员共建的智能化和数据化充电服务，将促进提高新能源汽车的普及率，进一步助力国家新能源汽车产业政策的落地。

滴滴的董事长程维表示，交通和汽车产业正在迎来近百年来的一次重要变革，出行正在快速地线上化、智能化、共享化，而用户出行习惯的改变也在影响上游汽车的设计、生产、运营，汽车的所有权和用户的使用方式，汽车和出行的边界越来越模糊。

程维坦言，开放赋能是洪流联盟的核心价值观。在整个开放平台的建设里，滴滴希望能够把核心能力开放出来，帮助大家在新增的蓝海市场里布局，携手走向全球。

5. 开放的衣全球

作为一家以服装设计和供应链服务为主营业务的上市公司，柏堡龙 2016 年推出衣全球平台，希望整合全球时尚产业资源打造“时尚产业的滴滴”。

为了在商品、推广、销售等多方面实现向买手店、中小品牌、批发市场的全面赋能，衣全球在一系列专业能力上进行了大力投资，主要包括：

设计师云创平台。包括设计师学院、数码打样车间等，为全球时尚设计师提供创意落地与变现的便利。

时尚产业供应链管理平台。包括柏堡龙的自有工厂及外部广泛整合的各类专业化工厂，保障生态中所有商品的规模化和及时化供应。

新批售平台。包括精品买手展会、位于上海和深圳等区域中心城市的线下体验中心，为中小品牌、买手店提供和商品端交流与交易的界面。

营销平台。投资网红营销机构等，为生态各参与方的营销推广提供专业化的支持。

区别于作为线上纯服饰交易平台的淘宝服饰类目，衣全球通过围绕产业需求投资一系列的产业基础设施，打造出一套融合平台开放和产业深耕的商业模式。在不到一年的时间内，衣全球吸引全球数千名优秀设计师和国内数千家买手店和中小品牌参与平台，以传统企业无法比拟的成长速度成为国内服装行业一颗冉冉升起的新星。

产业赋能平台产生的商业驱动力

1. 需求压力：极致专业、深度个性和高速迭代的客户需求呼唤新的平台物种

随着数字化技术的全面进步，永不断网的地球村逐渐形成，信息的全面对称使得几乎所有产业的客户日益专业化、苛刻化，需求不断变迁与升级。极致满足客户成为传统的管道型产业巨头和数字化革命第一阶段涌现的交易平台巨头都难以企及的目标。

从消费品产业和零售服务业来看，随着年轻化的、成长于数字化时代的“千禧一代”成为市场中的主流消费者，他们与生俱来的对于个性的追求和受益于数字化技术的信息收集能力让市场上的另一方不再是过去极易被品牌或大众媒体等权威引导的盲从消费者，而是一个个极富个性主张、极具专业鉴别能力的精明购物专家。

他们基于每一个独立的自我视角，对产品的品质、功能、设计、性价比等理性价值提出全方位的苛刻要求，并且在挑选、体验、购买、取货、支付、服务等消费全流程的便利性和人性化上要求良好的个性体验。与此同时，他们对于商品多样性的要求也不同于以往，因为商家只有提供足够丰富的选择才能满足他们随时随地在不同场景下的消

费需求。他们还是一群极其善变的消费者，勇于尝新和喜新厌旧是他们的消费常态。企业只有不断切换和升级对于产品功能和时尚潮流的认知，才能避免成为被时代抛弃的落伍者。

从工业品企业来看，其下游的客户需求也在不断地深度个性化与动态升级，客户越来越渴求专业、一站式、高性价比、无缝衔接与即时响应的客制化解决方案，并且期望其上游供应商能够深度嵌入其应对动荡商业世界的生态网络之中。

客户需求的高度个性化和苛刻化不仅使得传统企业提供的各种规模化产品沦落为中庸之物而鲜有人问津，还使得数字化双边交易平台因为缺乏产业链的即时响应能力而无法面对高度个人细分和定制化的市场需求。一种全新的不仅连接供需双方，还要让整个产业链数字化和即时互联化的新兴物种呼之欲出。

2. 技术动力：全息化的万物互联技术和深度人工智能推动一种即时链接所有人、物、设备的深度数字化平台诞生

第一次数字化革命推动了各种以提供信息和撮合交易为目标的线上双边交易平台的形成。随着产品信息的数字化和交易手段的数字化，企业生产的产品不再局限于有限的地域和有限的人群，通过永不落幕的全球化电子市场，一部分在信息不对称时代从事“倒买倒卖”的中间交易商逐渐消失，交易手段的数字化和丰富的产品信息、交易记录与评价使得交易端的信息对称成为可能，买方和卖方通过线上技术实现了即时的深度互联。

随着物联网、人工智能、分布式计算、区块链等技术的成熟，过去分布于线下和处于产业链上端的各种实体产业链设施都开始了全面的数字化和智能化升级。伴着整个产业创造环节的上网和即时互联，一种深度连接产业所有专业环节，实现深度客户价值创造的新兴平台

物种将日渐展露其进化后的巍然气象，形成对传统产业巨头和竞争力单薄的双边交易平台的巨大威慑。

3. 商业引力：日益觉醒的商业创新力量期盼摆脱传统模式对创新与创意的钳制扼杀

随着创意经济的全面到来，一方面客户越来越需要针对其个性、具有创造力的产品和服务来提升其需求满足水平，另一方面产业中日渐活跃的创新力量更加急迫地期待摆脱传统规模化竞争模式对各种非主流、原创性创意力量的漠视和扼杀。一种致力于让一千个读者拥有一千个哈姆雷特，让商业世界充满个人色彩的产业变革力量，正借助智能化设备和各种数字化技术，推动整个商业世界的重构。这些全新的变革者将借助大量的智能化基础设施和各种专业化资源，令产业中的创造者解放其全部创造力，并在高度离散的极致化市场中找到自己的知音和伯乐。

产业赋能平台的定义与内涵

数字化的全面深化和普及推进了产业的深度变革，一场决定生死存亡的赛跑正在众多传统领袖和新时代的破坏者之间展开，他们的终点将是成为推动产业重构、实现全新的消费者福祉的一种新型物种——产业赋能平台。

> 产业赋能平台是一种通过一系列界面设计和基础设施投入，赋能于客户需求场景中的价值创造者，并将其与客户互动链接的新型平台模式。

区别于传统管道型价值链模式和纯粹的线上交易平台模式，产业赋能平台模式具有一系列独有的特征和内涵。

1. 客户至上

产业赋能平台是真正实现了客户导向的商业模式。

由于模式的垂直性和封闭性，采用管道型价值链模式的传统企业遵循的更多是从自我出发的生存逻辑，在不同的时代分别表现为制造为王、渠道为王、品牌为王、交易为王等，也即制造商、渠道商、品牌商和零售商或服务商在不同的竞争阶段分别以自我为中心的模式设计成为商业的主导者。

线上交易平台的出现彻底确定了交易商在产业链中的主导地位，为海量丰富的供给端和多样个性的需求端在精准匹配的基础上提供了随时随地随性交流和互动的平台。但由于对供给端的改造极其有限，线上交易平台并没有办法真正以用户为中心帮助供给端创造出适其所需的产品。

产业赋能平台通过一系列的界面设计和产业基础设施的投入，不仅能使客户与固有商品链接，实现匹配层面的客户导向，更能将个性化的客户需求深度反馈和融合到供给侧的价值创造中，实现新价值创造层面的客户导向。如果说线上交易平台使得客户在交易选择层面享有了“用脚投票”的特权，那么产业赋能平台将客户在包含制造和交易的全产业链中最终加冕为王。

2. 智能化

作为数字经济时代的产物，产业赋能平台模式是数字化技术集大成的商业模式。

产业平台基于地理位置的服务（LBS）、智能识别、物联网、AR（增强现实）/VR 等技术在客户端的广泛应用，能够全息化地收集客户数据和为客户创造极致化的消费体验。大数据、云计算、人工智能等技术则支撑着产业平台与平台各参与方之间的信息即时共享，为平台和各参与方的决策提供智能支持，帮助它们提高决策的精准度和实现快速应变。

相比垂直价值链模式在信息化时代对信息的有限收集、分析、分享和应用，产业赋能平台模式更加注重数据的全息化、计算的深度化、分享的即时性和应用的广泛性。而相比于线上交易平台模式，产业赋能平台模式在全息化数据收集和挖掘的基础上，进一步将分享和应用渗透到供给端，从而搭建起一套从客户端出发的、数字信息流贯穿价值链始终的智能商业体系。

3. 开放性

与线上交易平台类似，产业赋能平台模式通过开放边界、引入多种类型的参与方来实现平台的不断迭代。

但不同的是，产业赋能平台不仅强调供给端的开放，同样在产业基础设施端也注重外部力量的引入。无论在产业经营的哪一个环节，基础设施端的开放都能帮助平台在现有优势的基础上通过外部资源整合的方式嫁接平台原先不具备的补充性的产业能力，同时也有助于实现平台既有能力的动态化升级。

即使在供给端，产业赋能平台也不仅为开放合作的参与方提供交易平台，而且还为它们提供产业能力的深度赋能，从而在赋予供给侧更高创造性的同时，也极大地提升了供给端参与方对产业赋能平台的依附性。

4. 产业能力的深度专业化和集成化

产业赋能平台兼具线上交易平台的开放性和传统价值链模式的产

业经营能力，同时实现了产业能力的深度专业化和集成化。

与线上交易平台相比，产业赋能平台深度渗透到产业中，更加注重对供给端的改造。同时，由于具备更加全面的经营视角和更加雄厚的投入实力，产业赋能平台比垂直价值链模式更有条件在一些基础性的产业能力上进行持续投入和饱和攻击，从而在那些决定产业未来的重大能力上形成长期积淀。

为了实现对供给端的赋能，产业赋能平台需要将产业能力标准化和模块化，进而转变为产业经营的基础设施，供参与方随需调用。参与方不需要再像过去那样在每一个价值链环节上进行全面布局，而是只需要专注于自己擅长的领域，便可以嫁接和调取平台的专业能力，共同完成价值创造和变现的全过程。

第二节　产业赋能平台的理论溯源

产业赋能平台是第三次数字工业革命催生的成果，是数字化变革进入实体制造的产业链场景之后的产物，我们也可以从平台理论和实践的沿革中寻找到其诞生的蛛丝马迹。

平台理论与实践的缘起：作为一种共享设施和互补品开发基础的产业平台

作为现代商业社会的一种新兴物种，1992 年，哈佛大学惠尔莱特教授最早将平台概念引入产品设计领域。其所提出的产品平台的含义为：企业通过增、减或修改模块来制造一套相关而各异的产品时所共用的部件的基础，目的是降低成本，增加新产品设计的灵活性，实现规模经济和范围经济。在此基础上，美国东北大学教授迈耶进一步提出了横向衍生、纵向衍生、综合衍生的产品族衍生图谱，以及产品平台时代更新的基本原则，奠定了产品平台研究的理论基础。作为一种早期的平台理论，产品平台研究的侧重点是企业内产品平台规划设计，研究的主要参与者是工程领域学者。

1998年，麻省理工学院库斯马诺教授、伦敦帝国学院加威尔助理教授在对丰田、英特尔、微软等企业的案例研究中，进一步扩大了平台概念的应用范围，将平台概念引入供应链之间或企业之间，相应称之为供应链平台或产业平台。他们借鉴哈佛大学摩尔教授的商业生态系统思想，界定了产业平台的概念：产业平台是一项产品、服务或技术，由一个或数个企业研发，作为其他企业创建补足品、服务和技术的基础。产业平台是商业生态系统的基石，不仅为商业生态系统创造价值，更要与商业生态系统中的其他成员共创与共享价值。产业平台具有持续性和集中性，虽然产业结构在不断变化，但产业平台本身却保持相对稳定。产业平台研究对象已经覆盖了英特尔、微软、苹果与亚马逊等著名企业。

产业平台研究的核心问题是新企业如何建立产业平台以及如何激励补足品的创新，从而获得规模经济与范围经济。不是所有产品都可以成为平台，加威尔提出产品转变为产业平台的两个前提条件是：第一，是否在整个系统中承担必不可少的功能，或者为行业中的众多参与者解决关键性的难题；第二，是否能够很容易地与其他企业的产品、组件或服务相对接。初创企业建立平台的重要策略是核心化（coring），即解决系统类产品的主要技术问题，并创建维持对补足品提供商的激励；其途径是“开放，但不完全开放”，即鼓励外部企业可以容易地与其进行连接，但是仍然封闭部分专利技术，以获取利润，谷歌、高通都是成功核心化的典范。

从产品平台发展到产业平台，产业平台理论主要的关注点在供给端，其解决的主要问题在于如何基于核心产品和基础设施，形成一个开放的互补品供应平台，从而一方面实现自身的规模经济和范围经济，另一方面又能为客户提供多种产品和服务集成，并不断迭代更新的整体化和场景化解决方案。

毫无疑问，相对于高度封闭、僵化和从自我出发的传统管道型产业链理论，产业平台理论取得了一定的突破。

1. 产业平台是一种更接近客户端的战略思考框架

传统的管道型产业链理论是一种在供不应求的供给主导时代背景下，从供给者自身出发的战略思考框架，其核心在于如何实现产品的稳定品质和规模领先。而产业平台诞生于供大于求的需求主导时代，是一种从客户需求出发的战略思考框架，核心在于如何通过多种产品或服务的集成与不断创新，更全面和深入地满足消费者某种特定目的或场景的集成化需求。

2. 产业平台是一种多维的竞争模式

相对于单一追求产业链各环节的规模经济的管道型产业链模式，产业平台除了延续传统的规模经济优势之外，还通过基础设施的共享和多种互补产品实现对客户购买份额的提升，实现了良好的范围经济。规模经济和范围经济的叠加，使得产品平台相对于传统的管道型产业链企业具有更加多维的强大竞争力。

3. 产业平台是具有一定开放性的产业协作模式

产业平台是基于核心产品形成的开放供给平台，通过向互补品供应商开放客户和基础设施，形成高度紧密的产业协作模式，并最终为客户提供具有良好体验的一站式集成解决方案。

4. 产业平台最终将形成具有一定动态迭代能力和应变力的供给端生态

产业平台通过开放的互补品供给平台，在一定程度上实现了互补品之间的相互竞争和优胜劣汰，因此产业平台通过不断开放吸纳和内部的有序竞争，最终将形成跟随客户需求变迁，具有一定动态迭代能力的供给生态系统。

虽然产业平台通过供给端的适度开放，形成了一个良性迭代的供给端生态，解决了如何为客户提供多产品整合的解决方案的问题，但随着数字化革命的全面到来，互联网技术开始重构产业的面貌，无所不在的即时链接技术使得供给端和客户能够实现 24 小时无缝即时链接，重点在于如何使仅着眼于供给端的“单边平台”跃迁为供给生态系统。

平台理论和实践的进化：双边平台模型的形成

随着数字化技术的不断深入和谷歌、苹果、易贝、淘宝等领先企业的大胆实践，理论界开始重视由数字化交互界面支撑形成的双边信息平台和双边交易平台（因为这一类平台主要功能在于促进双边信息或商品的数字化交易，因此也可以统称为双边市场平台）。

2003 年，法国图卢兹大学产业经济研究所的著名产业经济学家罗歇和梯若尔发表了《双边市场的平台竞争》一文，将规范的经济学方法引入双边市场平台研究。双边市场平台（two-sided market platform）的含义为：市场上相互不同程度需要的双边进行交易和互动的媒介或载体。双边市场平台最早的研究对象是信用卡，而后扩展到电信、购物中心、社交网络、电子商务等看似不相关的研究对象。由于双边市场平台通常具有比较强的网络经济性，因此还吸引了许多经济法学家的加入，以研究双边市场平台的市场规制以及反垄断问题。

双边市场通过平台实现互动，埃文斯以触媒（catalyst）指代平台所发挥的效应，认为双边市场平台具有如下基本特点：一是有两组或更多组客户群体,二是这些群体在某种程度上相互需要,三是这些客户群体不能依靠自身力量获取来自他们之间相互吸引的价值,四是这些客户群体相互依赖某种平台来推动他们之间的价值创造。平台双边之间存在的直接和间接网络效应是双边市场迥异于其他市场的典型特征,因为只要没有一方的需求,则另一方的需求也会消失,在理论界被视为“鸡生蛋还是蛋生鸡”难题。而如何破解“鸡生蛋还是蛋生鸡”难题就成为双边市场平台研究的焦点。

相对于聚焦供给侧的单边产业平台,双边市场平台理论真正解决了在数字化和网络化浪潮的推动下,产业的主干形态会如何演变的一系列战略问题。

1. 双边市场通过对数字化连接界面、双边参与者和双边之间价值单元的关注，构建了一种基于线上数字化技术的“全新物种”

双边市场虽然研究的起点是信用卡和电话，但其最为核心的关注对象和典型代表是数字化网络技术成形后崛起的一系列电子商务和数字化信息中介平台，它们通过打造基于数字化技术的电子商务或信息中介界面，实现了供给者和客户的即时交互连接和价值单元的即时交易，这种无时不在和全流程透明的数据化连接初步重构了产业，使得大量不创造客户价值的中间环节消失。开放和不断竞争的供给端以及不断被平台吸引的客户，形成了一个开放和不断迭代，却又通过数字化界面和各种工具深度互联的“全新物种”。

2. 双边市场理论通过网络效应的研究，揭示了数字网络技术形成垄断后，为什么又迅速培育出竞争力推动要素

数字化双边市场形成了强大的网络效应，从用户端或者产品的卖家的单边来看，越多的客户或产品卖家对新的客户或产品卖家来说越

有价值；从双边来看，越多的任何一边（客户或产品与服务卖家）对另一边来说就越有价值。这种单边和双边的网络效应使得双边市场迅速形成自发式的集聚效应，最终形成强者恒强的帕累托效应。

双边市场虽然能通过即时连接改造产业格局，并通过网络效应迅速形成传统企业难以企及的流量和规模，但其自身的不足和数字化革命的进一步深化使其面临着严峻的威胁和挑战，这也将使双边市场平台的面貌在实践者的大胆推动下发生一系列改变，并通过物种进化的方式推动更具竞争力的新物种产生。

双边市场平台的进化和护城河的形成：渗入产业链的新兴平台物种的诞生

1. 双边市场平台的多属性特征和正负网络效应交杂的复杂格局使得双边市场的稳定性不足，双边市场平台普遍开始了强化参与者黏性和打造自身护城河的努力

充分利用数字化带来的便利，双边市场平台的参与者很容易加入平台（通过开设一个数字化账户或建立一个数字化产品列表，供应商或客户就能很容易地参与一个平台），与之相辅相成。这种参与因为具有非常低的进入门槛和转移成本，参与者很容易同时建立与多个平台的连接，因而具有明显的多属性特征。

另外，随着多边参与者不断涌入，已有的参与者将对潜在的参与者产生更强的吸引力，创造更高的价值，同边或双边的正网络效应开始不断增强；但与之伴随的网络噪音或者又叫负的网络效应也开始不断强化（随着越来越多的参与者涌入，网络的匹配越来越难，无序和无效的交易日渐频繁，交易中的机会主义日渐盛行，对于每个参与者来说，负的网络效应也日益凸显）。正网络效应和负网络效应开始了一

场事关平台存亡的赛跑，当正的网络效应增长快于负的网络效应增长，平台事业就蒸蒸日上，当负的网络效应东风压倒西风，大量的多属性用户就开始逃离平台，平台开始崩塌，这种崩塌的趋势甚至快到无法挽回。

数字化双边市场平台用户的低进入门槛、低转移成本和多属性特征，以及如影随形的正负网络效应并存的现实，使得数字化双边市场平台难以形成强大的护城河。因此大量的数字化平台通过大规模的资金投入引流突破了“鸡生蛋”的博弈，迅速成为规模庞大的平台，但喧嚣和无效的噪声以及不断转移的用户又使得它们迅速面临困境。

为了提升参与者对平台的黏性，实现更高的转移成本，同时使平台自身能成功构建防范竞争者的护城河，许多双边市场平台开始进军产业链，通过对产业基础设施的投入，赋能平台的多边参与者，使得多边参与者与平台形成产业上更深刻的相互渗透、相互依赖的关系，从而大幅提升平台对参与者的赋能意义，令参与者对平台的专有资产比率日渐提升，进而使参与者的转移成本大幅攀升，同时也使自身相对于别的平台形成强大的竞争壁垒。

2. 技术升级使得产业链环节的深度数字化成为可能，传统巨头基于产业的深度数字化形成了对新兴的双边市场巨头的反扑，从而形成了一种从传统巨头转型而来的新兴物种

随着数字技术的不断升级，一系列跟产业深度融合的技术，比如移动互联、云计算、大数据、物联网、区块链逐渐深入产业链之中，传统产业领袖在产业数字技术的加持下，逐步向线上线下结合的极致化解决方案提供商转型。它们因为深入产业链中，具备非常强的产业基础能力，因此能够确保为客户提供优质但有限的产品和服务选择。随着传统巨头在竞争压力的推动下，运用数字技术逐步向着开放化和

即时互联化的平台模式转型，传统巨头对新兴的双边交易平台形成强大的威胁。一种具有强大的产业基础设施和向产业参与者赋能的能力的新物种产生了。

在实践者的大胆尝试和推动下，理论界也开始关注这一系列传统双边交易平台升级，以及传统产业链巨头逐步平台化后的复杂物种。

2013 年，为了深入研究传统交易平台进化后的复杂产物，梯瓦那（Tiwana）将平台的作用范围从具有单一功能的系统扩展到商业生态系统，在此生态系统中平台所有者扮演了中心角色。平台作用范围的扩展使得平台从单纯的产品或服务的交易撮合者提升为产业变革的推动者和赋能者。2015 年，中国学者万兴、杨晶通过对视频流媒体平台演化升级路径的研究，认为视频流媒体平台通过逐步从纯粹的交易平台切入视频生产的产业链，形成了一个全新的高级平台生态系统，而其中的核心驱动者也将完成从双边交易平台向其所定义的“产业平台”的转换。当然，这里所定义的“产业平台”，已经不是库苏马洛和加缪尔教授所定义的传统产业平台，而是一种融合了双边平台和单边产业平台功能的复杂新物种，我们可以称它为“产业赋能平台”。2017 年，长江商学院教授曾鸣通过对一系列具有赋能功能的平台企业的研究，提出 S2B2C 的概念，并认为未来 S2B2C 模式将成为一种重要的平台模式。产业赋能平台逐渐成为学术研究者的重点关注领域。

从产品平台到产业平台，从功能单一的双边平台到逐渐渗入产业链和扮演产业赋能者的产业赋能平台，理论界在先行实践者的启发下，逐步开启了深度数字化背景下未来主流物种的模型构建，作为数字化商业的深度参与者和咨询实践者，我们在下面的章节中将首次清晰地揭示产业赋能平台的基本结构、运行模式和竞争力的来源，为读者揭开这一未来数字商业世界中至关重要的缔造者的神秘面纱。

第三节 产业赋能平台的结构与原理

产业赋能平台的一般结构

作为一种物联网技术推动下的平台进化物种，产业赋能平台一方面具备双边平台的特征，通过数字化界面即时连接产品或服务供给者与客户，另一方面同时具备产业平台的特征，在供给端和需求端形成大量的工具化基础设施，供大量的产品提供者在产品制作过程中和选购消费时共享和调用。因此产业赋能平台的一般结构如图 2－1 所示。

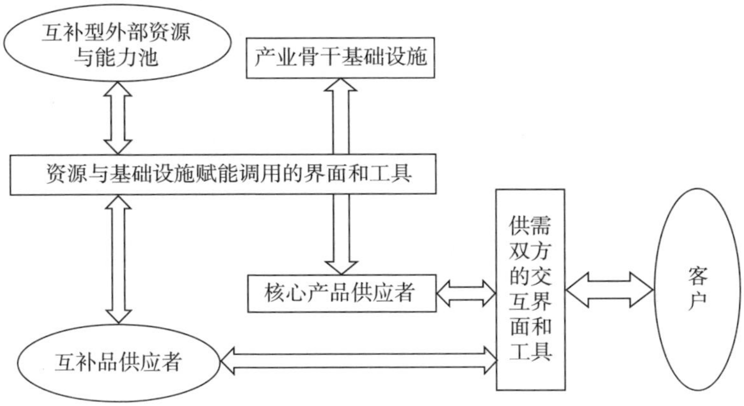

图 2－1 产业赋能平台的一般结构

1. 赋能端

赋能端是产业赋能平台的重要组成部分，作用在于构建全新的产业生态，使得供给端的供给质量大幅提升，从而一方面深化整个供给端对客户的极致化价值提供能力，另一方面消解网络噪声。具体包括以下几方面。

(1) 产业骨干型基础设施

随着大数据、云计算等传统数字化技术的升级，和物联网、分布式计算、人工智能等新兴数字技术的成熟与广泛运用，传统产业的大量基础设施都开始了数字化和智能化升级。比如智能仓储对传统仓储的替代，以及智能制造、智能研发的兴起，这些技术使得产业链中原来只针对单一品种具备规模化优势的大量基础设施，一方面规模经济效应大幅提升，对单一的传统产品价值链企业来说也有了更大的外部性；另一方面又使投入成本大幅攀升，比如智能工厂、智慧门店的投入一般远超传统的工厂和门店。这些成本高昂而外部性溢出又非常明显，同时对客户价值创新和创造非常重要的基础设施，需要作为产业生态的推动者和维护者的产业赋能平台去投入，这样才能完全内化投入的外部性效应溢出。

一般来说，产业赋能平台关注的骨干基础设施应该包括一系列的数字化基础设施。通过数字化改造后一方面能够集成共享，形成外部性内部化；另一方面又能在数字化和智能化技术下灵活调用传统基础设施，比如能够实现规模化共享和个性化设计的智能化研发打样设施，能够实现规模化个性定制的智能生产设施，能够实现同时集成高效率、大规模和个性化的智能仓储等。

菜鸟物流大规模投资骨干智能化物流仓即充分体现了赋能平台对基础设施的重视。

2018 年 8 月 23 日，阿里巴巴发布了 2019 年的第一季度财报。财报显示，随着投资中通、牵头投资香港 eHub 等项目落地，菜鸟加速布局智能物流骨干网，物流网络效应进一步显现，效率已经超越传统物流模式。

2018 年，菜鸟的首批全球六大 eHub 陆续在杭州、香港、吉隆坡、迪拜、莫斯科和列日（比利时）推进，这些骨干节点建设将相继启动。

在香港国际机场，菜鸟与中国航空、圆通速递正投资约15亿美元来建设世界一流的数字物流中心。该地标性项目将成为粤港澳大湾区的重要物流枢纽，也将为香港提供新的经济与就业增长机会。

除了搭建基础设施、创新物流模式，菜鸟还在用技术提升智能物流骨干网的效率。阿里巴巴财报显示，在吉隆坡eHub，菜鸟系统直连马来西亚海关，把线下人工申报提升为线上申报，99.9%的线上预申报包裹获得秒级通关，每月累计为中小企业减少近千万个小时的通关时间。

基于智能物流骨干网，中国消费者已经开始享受分钟级配送，哪怕购买进口商品，也逐步实现次日收货。在莫斯科和西欧部分城市，凭借菜鸟海外仓，当地居民能在下单当天收到中国商品。中国义乌的众多小商家，搭乘菜鸟超级经济专线，可以用更低的成本把手机壳卖到海外市场。

与传统的快递、仓配等单一物流模式不同，菜鸟这一系列布局的目标，是搭建一张立体的全球网络，利用领先的物联网、边缘计算、人工智能等前沿技术，优化整个网络的效率，做到全局优化。

（2）供给端的互补型资源与能力池

为了进一步强化对供给端的产品或服务生产者的吸引力，推动产业创新创业生态的形成，通过开放引入社会资源的方式为产品或服务生产者提供各类资源，包括资金和各种要素资源，以及一系列专业能力，形成强大的赋能资源池，是产业赋能平台推动供给侧升级的重要举措。开放化的资源与能力池和开放化的产品与服务生产者，将形成供给侧的双边平台，产生强大的网络效应。

小米的开放资金池可以看作供给侧互补资源池的一个典型。作为智能硬件产业的生态圈构建者，小米除了自身构建强大的顺为资本，还构建了高度开放的资金池，周围有60多家基金来围绕着小米生态链投资公司，此外还有部分和政府基金的合作。作为小米平台的参与者，只要产品技术过硬，能对该产品的产业格局形成颠覆，小米和外部的资金就会赋能于这个团队，推动其成就这一领域的破坏者和未来领袖。

（3）基础设施与资源池的调用界面和工具

基础设施和依附于产业赋能平台供给端的大量外部资源与能力，需要通过完善的界面和一系列的工具来实现灵活和即时的调用，以支持供给端参与者的产品供应或服务提供过程。

一些企业往往通过创建B2B（商对商）界面，并开发一系列工具来实现对供给端创业者的支持，从而使得资源后台与前端创业体能够无缝链接和即时响应。

海尔海立方平台是海尔集团打造的创客加速器、创业项目的B2B线上孵化平台，是创业项目与政府园区、加工制造、销售渠道、风险投资互动沟通的平台。它通过与卡萨帝创艺大赛等线下平台相结合，为海尔孵化创客、打造制造创客的价值平台注入了强大力量。

2. 供给端

供给端是供需双边平台中通过丰富的产品或服务组合，为客户提供极致化和个性化的解决方案的主体，其主要包括以下几个方面。

（1）核心产品供给者

在组成客户需求的场景化或功能化解决方案的一系列产品或服务中，一般会有对整个解决方案具有基础支持作用的特殊产品，比如客户在移动互联的软硬结合解决方案中，作为支撑主体的手机硬件就是这样的特殊产品。一般来说，因为对客户的需求解决具有基础的决定性作用，所以在核心产品的提供上许多平台会采用封闭或有限开放的政策，同时会采用标准化或有限的定制化，以确保核心产品供应具有良好的品质和突出的竞争力。

(2) 互补品供给者

为了提供给客户极致化和完整化的场景或功能解决方案，产业赋能平台一般会开放引进大量的各类互补产品或互补服务的供应者，并在大数据和智能算法的基础上，实现围绕个性客户需求的定制化推荐和定制化需求解决。

(3) 供给端与客户的交互界面和工具

作为连接供给端和需求端的触媒和中介，产业赋能平台也同时具有一般双边交易平台所有的交互界面和一系列便于展示、筛选、搜寻、匹配、交易和产品使用的工具。这些界面和工具一方面充分展示合适的产品信息给匹配的客户，另一方面帮助客户简化选择，实现互动与方便购买及使用，最终使客户的需求得以满足。

对于产业赋能平台来说，这种界面可能包括线上展示、交易和服务商城，也包括线下的一系列门店、服务体验中心及服务设施。产业赋能平台通过线上线下结合，多种媒体或渠道深度互嵌，实现了与客户的完美交互和体验消费全过程的连接。

(4) 需求端

需求端的参与者是客户，作为供需双边平台的需求方，客户在整个产业赋能平台中是具有决定地位的角色。虽然随着产业赋能平台包络更多的平台，最终可能会形成多个客户群组成的复杂生态，但一般来说整个产业赋能平台构建的意义还是在于极致地满足某一核心客户群的某种功能化或场景化需求。

为了让客户端产生更强的客户规模经济（或者叫客户端的网络效应），许多产业赋能平台开始推进客户端的社交网络化，从而一方面使得客户越多对每个客户就越有价值的网络效应得到激发，另一方面又使得客户因为社交网络的存在而产生更高的转移成本，令客户产生更强的黏性和更高的忠诚度。

产业赋能平台通过相互包络的创业赋能平台和双边市场平台，以为客户提供更极致和更匹配的需求解决方案为目标，推动了供应端的重构，大幅提升供应端满足客户的水平，最终形成了具有强大壁垒的产业生态。

从经典企业理论看产业赋能平台产生的缘由及其先进性

产业赋能平台作为一种数字化商业演进过程中的新物种，在现实商业世界中已经在不断萌生。根据智邑的研究，中国独角兽企业的前20强中，有15家已经形成了初步的产业赋能平台构架。那么，我们可以从最基础的经济学企业理论来看看产业赋能平台为什么会应运而生，以及它到底有哪些天赋和优势。

1. 零交易成本对产业结构的重构：数字化技术推动的零边际交易成本对传统企业和传统价值链的解构

自从肯尼斯·阿罗（Kenneth Arrow）发明交易成本这一概念后，经过科斯和奥利弗·威廉姆森（Oliver Williamson）的努力，基于交易成本对企业的影响的研究形成了经济学的企业理论框架。科斯的企业理论认为，企业的形态和边界由外部交易成本和替代外部交易的企业内部治理成本的相对水平决定，当外部交易成本高于企业的内部治理成本时，更大范围的市场交易将被企业化的集权决策所取代，企业的边界将扩张；当外部交易成本低于内部治理的成本时，市场化的交易模式将更多取代企业化的集权决策，企业的边界将缩小。

第一次和第二次数字化工业革命全面构建了数字化的基本技术和基础设施，如今，各个产业不仅信息展示和交易可以完全数字化和线上化，而且，随着数字化技术对传统产业环节的渗透和改造，包括生产、研发、物流等越来越多的传统线下产业环节也开始数字化、线上化、智能化和即时互联化，这种几乎所有产业环节的信息即时互联、透明和对称，将使各个环节的市场化交易成本大幅降低，甚至趋近于零，从而将深度推进传统管道型企业的解体和传统线性产业链的解构。一种深度专业分工、最具经济活力的小微型经济将成为主流。它们之间将依托数字化技术，借助市场化交易机制，实现网络化的复杂连接，最终形成在平台的强大基础设施和数字化技术赋能下的全新创业生态。

2. 深度数字化背景下外部性效应的最大程度内部化：数字化产生的基础设施外部性提升使得产业赋能平台对外部性突出的基础设施的投入能够充分内部化外部效应

交易成本的大幅降低解构了传统管道型巨无霸和托拉斯式的产业链联盟，使得产业成为由无数数字化基因发达、充满创业创新活力的小微体组成的演进型生态。产业中大量相对这些小微经济体来说具有强大外部溢出效应的基础设施，成为产业赋能平台的责任，产业赋能平台可以一方面凭借其广泛的覆盖范围和多元的参与主体，实现所有基础设施投入外部溢出效应的内部化；另一方面可以凭借对基础设施的投入和对小微经济体的赋能能力，提高产业各方参与主体，包括外部资源与能力提供者、产品和服务的生产供应者以及需求端的客户的转移成本和流动壁垒，从而大幅提升自身的稳定性和竞争力。

3. 数字和信息的高流动和高价值，以及连接网络的价值推动产业赋能平台这种平台包络结构的形成

客户的数字化和网络化，以及供需双边的平台的形成，使得供给端有条件在客户大数据和即时互动的需求反馈的基础上，实现自身的全面重构和快速演进。网络效应的日渐凸显也使供给端参与者越来越迅速地

涌入，供给端的庞大群体和全面重构的吸引力将推动产业赋能平台迅速完善供给端的赋能平台机制，吸引更多能对供给端进行赋能的资源与能力提供商，从而形成供给端赋能平台和供需双边交易平台的包络。

产业赋能平台的竞争力来源

产业赋能平台是产业深度数字化的产物。其竞争力的主要来源包括以下内容。

1. 数字化基础上极限化的规模经济和范围经济

产业赋能平台是依托数字化技术形成的平台，数字化产业的无边界和低边际成本特性使其具有最大的规模经济优势，同时，因为产业赋能平台为客户提供的是多样化产品和服务，且具备不断延展产品和服务边界的可能性，从而具有最大可能的范围经济效应。

2. 平台增强后突出的正网络效应

相对于传统的信息平台或双边交易平台，产业赋能平台是一种深入产业链对供给端进行重构的增强型平台，它能通过对供给端的智能化基础设施投入和对供给门槛的控制，减少供给端的混乱和欺诈，同时使供给端更有能力围绕客户按需定制。因而将极大减少因为供给端低质供给者或欺诈者过多形成的网络噪音，消解平台的负面网络效应，使得平台的单边或双边正网络效应日渐凸显，最终形成强者恒强的帕累托效应。

3. 核心产品与互补产品形成的互补效应

产业赋能平台通过投入共享型基础设施，使得核心产品和多样化的互补产品与服务形成完整的针对客户的极致解决方案，核心产品与互补产品形成强大的互补效应，一方面极大地增强了对客户的吸引力，另一方面又使各种产品的供应商形成对互补产品的依赖。这种互补效应将在一定程度上强化对产品供应商的吸引力，提高它们的转移成本，同时进一步增强了平台的稳定性。

4. 平台包络后的生态依赖与锁定效应

产业赋能平台内部已经形成了相互包络的多个平台。对于供给端的加入者来说，一方面其具有和供给端资源与能力赋能端的双边网络增强效应，另一方面又与客户端产生双边网络效应，这种多个方向的网络效应的叠加产生了对于平台参与者的生态锁定，使得参与者具有更强大的动力来改变过去的多属性特征而成为专属型参与者。

在全面深化的物联网、人工智能等数字技术的推动下，通过多边包络的平台结构对传统产业链进行解构和渗透，产业赋能平台成为平台时代具有强大护城河的全新进化物种，其在各个不同产业的崛起也必将全面颠覆每个产业的旧有地貌，推动更多产业向深度数字化和全面创新化的物联网时代进化。

第四节　产业赋能平台的分类

作为深度数字化技术推动下的产物，产业赋能平台在现实世界中表现出多种类型，具体来说主要从以下两个角度进行分类。

从覆盖的范围和影响力角度来看可分为两类

1. 基础数字化赋能平台

基础数字化赋能平台是指不聚焦于功能化的产业或场景，而是矢志于成为整个商业世界的数字化基础设施的赋能平台，它们聚焦投入于对整个商业世界至关重要的大数据、云计算、人工智能等技术和支撑数字化技术的基础设施，是未来商业世界“平台之上的平台”（参见图2－2）。

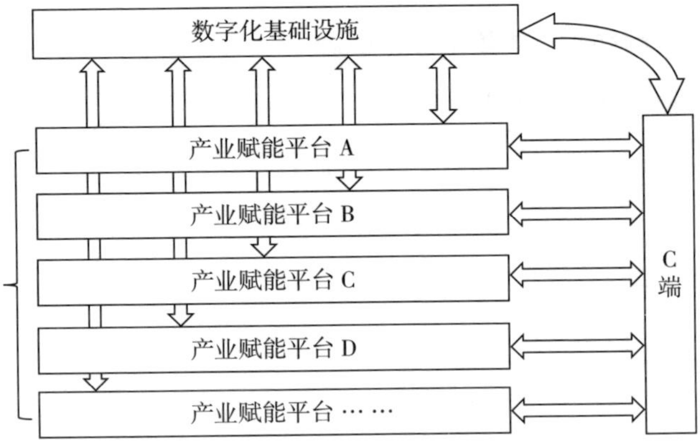

图2－2 基础数字化赋能平台的结构

从全球市场来看，能够扮演整个商业世界的基础数字化赋能平台角色的主要包括两类企业：已经成为全球双边交易平台的领袖者的创新企业和传统数字化商业设施的提供者，前者包括亚马逊、阿里巴巴、谷歌、苹果、腾讯等屈指可数的企业，后者包括 IBM（国际商业机器公司）、华为等传统 IT（互联网技术）时代的领袖企业。

作为颇负远见的电子商务领袖，阿里巴巴正通过全力投资于大数据、人工智能、云计算，实现其一直宣扬的使命：“让天下没有难做的生意。”

作为阿里巴巴在中国市场的主要竞争者，腾讯除了不断稳固自身社交和娱乐数字化的领袖地位之外，还围绕成就数字化时代基础设施提供者的战略意图，全新发布了雄心勃勃的2B战略，谋求成为未来商业数字化奠基者的角色。

而作为传统的数字化基础设备供应商的华为，在2017年也开始了轰轰烈烈的数字化平台转型，立志通过骨干设备、云计算、人工智能的投入，整合大量的行业合作伙伴，形成数字化时代基础设施解决方案提供平台。

2. 细分产业赋能平台

相对于全球屈指可数的基础数字化赋能平台，数字化革命的深化将会推动一大批细分产业赋能平台的崛起，它们专注于某种功能需求或某一场景化的需求，通过开放化平台的模式实现多种产品和服务的整合，并通过投入基础设施和整合外部能力，形成对产品和服务提供者的强大赋能，最终形成聚焦场景和产业的商业生态奠基者。

相比于基础数字化赋能平台，细分产业赋能平台投入的基础设施和能力的主要目标在于形成产业中台，通过将产业的专业资源和能力与数字化的结合，形成针对产业创业者的孵化和赋能，最终形成在该产业领域具有强大号召力和护城河的稳定生态。

可以想见，随着各个产业的大部分环节快步跨入数字化、智能化时代，未来会有越来越多扮演各产业改造者和赋能者的“独角兽”企业涌现，它们或者来自一些垂直领域的双边信息平台或交易平台，或者来自依托专业化的产业链能力，在数字化时代凤凰涅槃的传统产业巨头。这也正是许多商业评论者号称所谓“产业互联网时代”即将全面到来的原因。

从开放和封闭程度来看平台，亦可分为两类

1. 价值导向的半封闭平台

面临复杂的平台竞争格局，一些平台企业为了回避在平台早期全面开放后假货和欺诈横行可能带来的巨大网络噪音问题，强化客户黏

性以应对客户多属性特征带来的平台崩塌风险，会通过对主干产品和一些重要的互补品的控制来强化自身对客户稳定的价值提供能力，应对各种不断涌现的平台竞争者，这一系列决策将形成以价值为导向的半封闭平台（参见图2－3）。

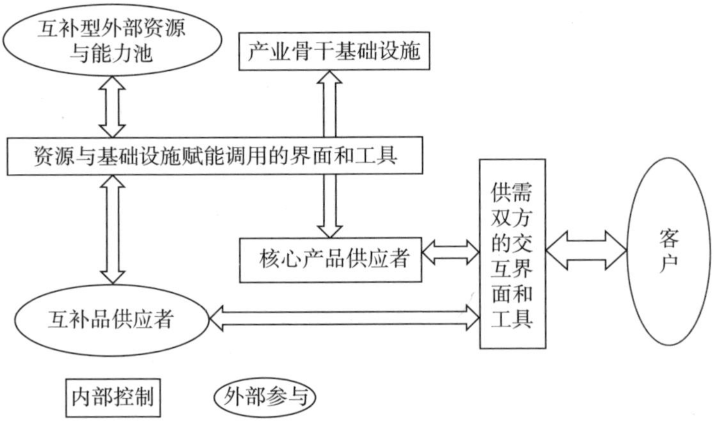

图2－3　半封闭赋能平台结构

为了在智能硬件领域迅速突围，小米一方面高度重视产品的工艺设计和性能升级，另一方面极其强调产品的极致性价比；为了实现价值的极致化，小米一方面通过产业链的深度控制自主提供手机和少数的几个主干产品，另一方面高度重视对生态链伙伴的选择和平台赋能，最终形成了具有小米特色的半封闭产业赋能平台。

和小米的出发点类似，苹果在进军智能通信设备时，一方面竭尽全力将iPhone硬件打造成极致产品，另一方面对所有应用进行严格的使用测试，通过认证方可上线，最终形成了高品质的智能软硬件平台。

2. 场景或功能导向的开放赋能平台

一些企业为了扩大网络效应，成就更加多样的生态，会采用更加开放的平台模式。在这种产业赋能平台中，平台企业除了作为触媒提供界面和一系列工具，参与构建一些核心的基础设施之外，并不参与核心产品或任何互补产品与服务的提供。这种开放化的产业赋能平台对外部创业者的吸引力更强，更容易形成复杂和多样的生态，但也面临着网络负效应爆发和客户流失的风险。

与苹果对硬件的封闭控制并严格测试所有应用相反，谷歌的安卓采用了更加开放的模式。谷歌只聚焦于操作系统和应用开发平台等基础设施的提供，对硬件和应用软件都采取了开放的态度，相对于苹果，安卓的平台规模更大、市场份额更高，但也面临更加混乱的网络噪音和一系列的技术欺诈风险，客户使用的满意度也不如苹果。

在物联网技术的推动下，数字化技术革命正在如火如荼地上演，各个产业正大量运用一系列新兴的数字化技术，不仅实现交易的数字化，而且实现生产研发物流全过程的数字化、互联化和智能化，这将催生多种多样的新物种。我们或许正迎来一个产业赋能平台主导各个产业的大变革时代，是拥抱变革还是抗拒时代最终沦落？颇具远见的中国企业家们也许不难做出选择。

本章小结

房地产平台之争并非孤例，在衣食住行用各个领域，改变行业格局的产业赋能平台已相继涌现，如阿里新零售、未来酒店、永辉新生鲜、滴滴洪流联盟、衣全球等。

产业赋能平台是一种通过一系列界面设计和基础设施投入，赋能于客户需求场景中的价值创造者，并将其与客户互动链接的新型平台模式。

产业赋能平台由赋能端、供给端、需求端三大部分组成，可以分为基础数字化赋能平台和细分产业赋能平台，或者分为价值导向的半封闭式平台与功能场景导向的开放式平台。

从经济学理论视角来看，产业赋能平台以零交易成本、外部性效应的完全内部化、信息网络化三大先天优势，获得极限化规模经济、范围经济优势、互补效应和正网络效应，最终形成生态锁定效应。

与传统管道商业模式相比，产业赋能平台更加导向化、智能化，并且将平台的开放性和深度专业能力融为一体，将会是未来商业世界的主宰性力量。

第三章

从交易撮合平台到产业赋能平台
——互联网多边平台的进化与升级

2002 年 1 月 28 日，曾经的美国电信业巨头——环球电讯向纽约破产法院申请破产保护，以 224.4 亿美元资产成为美国电信行业有史以来最大、全球商业史上排名第 4 的破产案例。

美国环球电讯公司成立于 1997 年，总部设在美国百慕大地区的汉密尔顿。在公司总裁温尼克的领导下，环球电讯在 5 年的时间里投资 150 亿美元，以史无前例的规模和速度建造全球光纤网络。

在那个世纪之交的互联网大爆炸时代，环球电讯的地位举足轻重：它建设的光纤网络总长达 161 600 千米，连接了 27 个国家和地区的 200 多个主要城市，业务遍及北美、欧、亚 3 个大洲，服务于全球 1 000 多家通信公司、300 多家互联网公司和数万家各种类型的企业。当时连接美国与世界的光缆中有 1/5 由环球电讯公司控制下的海底光纤网络提供，换句话说，离开了环球电讯公司，当时以美国为绝对中心的世界将有 1/5 陷入瘫痪。

环球电讯公司的迅速崛起有众多的原因，例如它在当时采用了 DWDM（密集型光波复用）和自愈环结构等最先进的技术，这让它能够根据客户需要随时调节宽带容量，避免了客户由于容量需求预测不确定造成的投资浪费。环球电讯的另一个优势来自它完善的服务体系，它在当时推出了一站购齐业务，利用网络运行中心和客户服务中心两个部门，为客户提供 24 小时不间断的网络性能监测服务。

在两年时间内从一家募集资金 7 500 万美元的创业公司成长为高峰市值 800 亿美元的电信巨头，环球电讯实现“指数级增长”的秘诀只有一个，那就是建立在短工期和大规模并购基础上的迅速扩张。

作为环球电讯公司总裁温尼克的准客户，同时也是竞争对手，一家欧洲电信业巨头的总裁曾经警告他：我们不想要你，而且我有足够的能力干掉你。但这种情况并没有发生，因为温尼克在随后的 3 个月就筹集到 7.5 亿美元，并在 14 个月内建成了光缆。而在 1996 年，市场上的75家公司建设同等规模的光缆花费了两倍以上的时间。

在这个极度同质化的市场，这让环球电讯有足够的资本和对手打价格战。1997年10月，温尼克宣布环球电讯提供一个线圈的价格是800万美元，而当时的市价是一圈2 000万美元。我们可以从客户视角来体会这个价格的低廉程度：一个线圈可以同时处理2 400个对话，如果让线圈实现24小时运转，那么理论上一个小时跨洋电话的费用只要38美分就能够负担线圈的运营成本。

作为市场的后起之秀，环球电讯仅依靠自主投资显然无法在光缆建设规模上抗衡AT&T（美国电话电报公司）、MCI、WorldCom（世通公司）和Sprint等电信巨头。所以，环球电讯从1999年开始开展了一系列的大规模收购，包括斥资112亿美元收购全美第5长途电信公司Frontier、发起与US West的价值370亿美元的合并计划等。

除了环球电讯之外，几乎所有的电信业务巨头和Qwest等新兴公司都投身于这个市场，梦想着用跨洲跨海的光纤电缆传输网络和电话数据来搭乘互联网的风口而迅速致富。业务的极度同质化让它们选择了与环球电讯如出一辙的增长模式，例如正是Qwest的横刀夺爱让环球电讯最终撤回了对US West的并购计划，而MCI和WorldCom在合并成美国第二大电信公司后，又同排名第三的Sprint公司宣布了价值1 290亿美元的合并计划。

但市场却并非它们想象的那般景气。当时的技术专家测算，在整个20世纪90年代，美国本土的主干线容量增长了2 000倍，但海底光缆的容量需求只增长了42倍。事实上，1999年环球电讯唯一在运营的是由AT&T建起的跨大西洋电缆，这些电缆可以用一个小时左右的时间传送所有美国国会图书馆的打印信息，但是极低的使用率却使其效益微不足道。更加严峻的局面是，大量的重复投资和建设已经使当时有数百条电缆躺在海底，这象征着有数百亿美元被投入海洋这个地球上名副其实的最大的无底洞。

电缆利用率的低下和不可避免的价格下降，导致环球电讯公司在完成建设的同时陷入财务困境。在70亿美元的亏损后，从未实现过年度盈利的环球电讯在2002年1月28日正式申请破产保护。环球电讯当时拥有224亿美元的资产和124亿美元的债务，这让它成为有史以来申请破产保护规模最大的一家电信企业。

1999年4月的《福布斯》杂志的封面故事以温尼克为主角，标题是“以光速致富”——他凭借持有的环球电讯公司50多亿美元的股票市值荣登当年福布斯富豪榜第68位，被誉为美国历史上用最短时间成为亿万富翁的人。但后来的事实证明，环球电讯的崩盘速度同样毫不逊色。在2002年破产计划尚未被法院批准时，环球电讯的股价已经跌去99%。

但环球电讯的破产之路并不孤独，相伴它左右的还有NextWave、MobileStar、Excite@ Home、Omnisky、Yada等一系列的新创公司。不仅如此，在不久之后的2002年7月，MCI WorldCom公司申请破产保护，以超过安然公司两倍的1 000亿美元资产成为美国历史上规模最大的企业破产案。

通过连接、提供价值，在同质化竞争中以快速和大规模的基础设施投资和建设取胜，在成长道路上充满着兼并和收购，最后“剩者为王”，依靠资本的力量在需求风口上光速崛起，但又在市场增长遭遇瓶颈时面临瞬间崩盘的风险，身处光纤产业的环球电讯并非前无古人、后无来者。往前追溯120年，铁路公司在美国内战后的繁荣中迅猛发展，大规模的投资浪费造成了市场崩溃，被称作1873年恐慌。而往后不过20年，一类基于互联网技术产生的信息和交易撮合平台型企业同样陷入了相同的增长和衰竭循环。

第一节　成也平台，败也平台：从交易平台模式本源客观审视互联网多边平台模式的竞争力和不足

互联网信息与交易撮合平台是在互联网技术驱动下产生的新商业模式，它通过构建互联网界面，为供需双方提供直接交换信息、商品或服务的场所。

由于平台上同时活跃着供需两方和其他多个可能的参与方，互联网信息与交易撮合平台又被称为互联网多边平台。以平台架构的层次进行划分，平台的参与主体主要由平台拥有者和平台用户构成。

平台拥有者负责平台的构建和运营，包括建设互联网交互界面、营销与推广平台吸引各方入驻、设计筛选机制以明确平台的准入门槛、开发一系列的匹配机制和工具帮助平台参与者之间实现精准互动等。

平台用户是平台的使用者，主要包括平台上的供给方、需求方和面向供需两方提供互补价值的互补品提供方。供给方在平台上提供价值单元（信息、产品或服务），如入驻淘宝、美团的商家以及加入滴滴提供载客服务的车主。需求方在平台上检索并消费价值单元，如在淘宝、美团上购物和在滴滴平台上发布打车需求的消费者。互补品提供方在平台上面向供需两方提供交易界面之外的价值，以获取在平台上的生存空间，例如淘宝上为商家提供产品拍摄或页面美工的公司或个人。

互联网多边平台的定义与特征

平台拥有者搭建互联网交易界面，并实现平台与用户的连接以及不同用户之间的连接，构成了互联网多边平台的全部运作流程。互联

网多边平台模式具备以下的独有特征。

1. 互联网多边平台是以互联网界面为核心的虚拟平台

首先，互联网多边平台是一种虚拟平台，它实现了交易界面的互联网化，从而打破了传统商业世界中存在的诸多物理限制，例如商品陈列与销售的空间限制、门店覆盖半径的地域限制等。但也正因为如此，在如今的AR、VR、人脸识别等有助于实体门店虚拟化的技术尚未成熟之前，平台一般不会涉足线下，以充分发挥互联网平台的威力。其次，互联网多边平台以界面的互联网化为核心，一般不涉及其他价值链环节的互联网化改造，例如产品的研发设计端、生产制造端和物流配送端等，它们由平台上的各类参与方各司其职。

2. 互联网多边平台是一个开放的多边平台

平台上存在多种用户，它们相互吸引，并在平台的规则引导下，利用平台提供的一系列工具实现互动。为了广泛吸引供给端、需求端和互补品提供端的用户入驻，互联网多边平台一般保持极高的开放性。即使平台有时会为用户设定一系列的准入门槛，但受到动力和能力的限制，互联网多边平台模式的门槛设置普遍不高，以避免平台用户数下降导致的平台崩塌风险。

3. 互联网多边平台实现了平台用户之间的直接互动

除了搭建互联网交互界面之外，互联网多边平台不参与传统价值链中任何环节的价值创造和传递。平台的各类用户在平台上进行直接和即时的互动，传统产业链中的中间交易环节被取消。相对于传统的线下交易平台模式（例如批发市场、购物中心等），互联网平台利用数据技术大幅提升了平台用户之间匹配的精准度和交互的效率。

4. 互联网多边平台上的用户具有多属性

无论是平台上的供给方、需求方还是互补品提供方，平台用户在加入一个平台的同时也可以加入其他的平台，这种近乎零成本的操作可以帮助他们实现自身效益的最大化和风险的最小化。互联网平台的多属性特征甚至比传统线下交易平台更加突出，由于线下交易平台一般占据了线下的一个核心区位，消费者在多个平台之间的迁徙不可避免地由于距离远近而需要付出更高的时间成本，商家的迁徙意味着它将很可能会失去一个地段区域内的大部分消费者。

5. 互联网多边平台具有跨群网络外部性

跨群网络外部性即网络效应，即平台上每增加或减少一个用户会对同边的用户或另一边的用户产生影响，前者被称为单边网络效应，后者被称为跨边网络效应。网络效应需要在平台用户规模达到一定数量之后才能产生，这个数量被称为临界点。临界点的存在消灭了传统线下交易平台触发网络效应的可能，让网络效应成为互联网多边平台的专属特征。但值得注意的是，网络效应区分为正网络效应和负网络效应，它既可以让平台通过用户数量的指数级增长而快速崛起，也可以让平台在用户数量下降时一瞬间崩盘。

6. 互联网多边平台具备数字化基础上的极限化规模经济和范围经济优势

互联网多边平台是一个以互联网技术为核心的虚拟平台，互联网的无边界性和低边际成本一方面让平台在理论上可以将产品卖遍全球，获得最大限度的规模经济优势；另一方面可以叠加平台的开放性，让平台广泛吸纳外部供给者，不断拓展产品和服务边界，从而获得最大可能的范围经济优势。

7. 互联网多边平台具有正向的网络效应

在平台用户规模突破临界点后，互联网多边平台具备的正向网络效应被触发。一边用户的增长带来同边用户或跨边用户的自发增长，平台进入正向网络效应驱动的自膨胀阶段。正向的网络效应是互联网多边平台最为重要的竞争力，也是它能够在短时间内实现指数级增长的动力源泉。

8. 互联网多边平台具有强大的效率优势

互联网多边平台的效率优势部分来源于产业链的扁平化，由于平台用户能够在平台上实现直接和即时的互动，平台在理论上能够消灭传统产业链中的所有中间环节，从而实现产业链的极致扁平化，大幅提升产业效率。互联网多边平台的效率优势还来自平台在互联网技术支持下的数据沉淀和机制建设，平台上的用户能够基于平台的推荐和撮合实现精准和高效的匹配。

以极限化的规模经济和范围经济为基础，以正向的网络效应为龙头，以强大的效率优势为尖刀，互联网多边平台模式曾经帮助一个又一个企业在互联网的浪潮下实现了指数级增长的神话，如淘宝、腾讯、百度、美团、滴滴和今日头条等。

互联网多边平台优势中暗藏的缺陷

但我们同样看到，有更多的平台在一段时间的鼎盛之后又归于沉寂，或回归产品模式，如凡客、麦包包；或被兼并收购，如土豆网、赶集网；或在不断地转卖中始终处于不温不火的崩盘边缘，如安居客、当当。当然，还有绝大部分的交易平台型公司已经在创业的各个阶段销声匿迹。最为可怕的是，即使是曾经那些高高在上的现象级头部公司，如今也陷入了由于新用户增长乏力造成的估值危机中。以腾讯为例，虽然坐拥10亿用户，但在移动互联网新增流量渐告枯竭的2018年，市值已经跌去万亿元，股价接近腰斩。

一个商业模式的失败因素往往暗藏在它成功的基因里，互联网多边平台模式的不足和缺陷同样离不开模式本身的特性。

1. 平台开放和即时互动性造成的平台噪声

一方面，出于对平台规模经济、范围经济和网络效应的追求，互联网多边平台的竞争力在很大程度上取决于平台的开放性。平台本身并无动力设置严苛的参与方筛选标准来提高平台的准入门槛。另一方面，互联网多边平台不参与产品价值链中的价值创造过程，只为供需双方和其他的平台用户提供直接和即时交互的场所。平台对产业的陌生使其并没有能力设置精细和专业的标准用以参与方的选拔，或者对参与方提供的产品、服务质量及产品与服务的创造过程实施有效监控。例如，百度搜索平台上的虚假医疗推广信息已经数次引发大众舆论危机，但至今仍然屡禁不止。

2. 平台用户的多属性导致的平台弱稳定性

互联网多边平台对于用户的低黏性造成用户可以在不同的平台间进行近乎零成本的迁徙，这意味着平台在花费高昂代价获取用户后，却可能无法有效地留存用户和实现用户价值的最大化变现。平台的弱稳定性造成了平台发展过程中的强者恒强和一家独大效应，即那些具有最大规模经济和范围经济效应（能够最大化留存用户和实现用户价值变现）的平台很容易通过“合并同类项”蚕食或合并同类对手来进一步巩固和增强平台的领先优势。优酷与土豆的合并、美团与大众点评的合并、58 同城与赶集的合并，国内互联网多边平台模式的发展史从某种意义上来说就是一部平台兼并史。

3. 互联网模式在数字化技术深化演进背景下的迭代不足

平台模式的一大先进性来源于它摆脱了产品或服务提供模式的迭代宿命，后者作为平台的供给侧参与方在平台上通过与需求方的即时互动实现自发迭代。但互联网多边平台模式以互联网技术为核心，依然没有逃脱由于数字化技术本身深化演进带来的平台迭代陷阱。数字化技术发展至今，至少经历了以计算机与互联网普及为代表的数字化 1.0 阶段和以大数据、云计算、物联网、人工智能为核心的数字化 2.0 阶段，中国的数字化商业也正在经历从消费互联网到产业互联网的过渡。即使在消费互联网阶段，依然可以被更加精细地按终端划分为 PC（个人计算机）时代和移动互联网时代，或者按线上线下的关系划分为以线上为核心的阶段和线上线下融合的 O2O 阶段。其中数字化商业的每一个细微的阶段跃迁都有可能对既有平台提出严峻的迭代挑战，例如 PC 搜索之王百度曾经一度由于没有提前布局移动互联网而险遭淘汰，而消费互联网时代无可争议的巨头阿里巴巴和腾讯在面对如今即将到来的产业互联网时代，依然在穷尽所能探索平台模式的进一步演进。面向未来，只要数字化技术继续向前突破，数字化商业格局尚未成形，平台迭代的脚步便不会停止。

4. 负面网络效应的凸显

互联网多边平台模式最为重要的特征在于它拥有跨群网络外部性（即网络效应），但网络效应有正负之分。当网络效应为正，平台将遵循梅特卡夫定律（平台价值与平台用户数的平方成正比）展现出指数级增长的威力；但如果网络效应为负，平台同样会存在短时间内断崖式下跌甚至瞬间崩盘的风险。最近几年，国内各种 P2P（点对点）网贷平台在一端失控（如集中挤兑）后的快速崩盘是平台负面网络效应凸显的典型例证。

互联网信息与交易撮合平台模式是以互联网技术为核心支持的商业模式，它具有虚拟性、开放性和多边性、直接和即时互动性、平台用户多属性、跨群网络外部性等特征，从而在数字化的基础上拥有了极限化的规模经济效应和范围经济效应，能够在网络效应为正的条件下实现指数级的增长，并具备传统价值链模式无法比拟的效率优势。但与此同时，平台噪声、弱稳定性、迭代不能和负面网络效应的存在同样使得平台始终面临崩盘风险。成也平台，败也平台，互联网多边平台模式的进一步进化与升级已经势在必行。

为什么说交易撮合平台的下一站是产业赋能平台？

产业赋能平台是产业深度数字化的产物，它延续了互联网信息与交易撮合平台模式的全部优势，并通过投资一系列数字化界面和产业基础设施，有效弥补了后者的缺陷和不足，具体体现在以下几个方面。

1. 产业赋能平台能够有效降低平台噪声，消解负面网络效应

产业赋能平台在交易环节数字化的基础上实现了全产业链条的数字化，一系列的产业基础设施投入让它相对互联网多边平台更有能力加强对供给端的监控。产业赋能平台还是一个真正实现了客户导向的商业模式，更加明确的客户立场让产业赋能平台有充足的动力去有意识地弱化平台的开放性，提升供给端加入平台的准入门槛。产业赋能平台既有能力也有动力降低平台噪声，从而能够最大化地消解平台的负面网络效应，凸显平台的正面网络效应，确保平台的

可持续成长。

2. 产业赋能平台能够弱化平台用户的多属性，提高平台的稳定性

在从交易撮合平台进化为产业赋能平台的过程中，平台能够跳出同质化的泥潭，寻求到差异化发展的多种可能性。不同的价值选择决定了平台不同方向的产业基础设施投入，而包含交易环节在内的更加全面和多样的产业基础设施，能够让产业赋能平台建立起与平台用户的深度连接，从而提升用户在不同平台间的转移成本，弱化平台用户的多属性，提高平台的稳定性。

3. 产业赋能平台以全息的数字化、智能化技术为基础，能够有效应对平台迭代

相比互联网信息与交易撮合平台以交易界面的互联网化为核心，产业赋能平台全面应用大数据、云计算、物联网、人工智能、AR/VR等不断沿革的数字化技术，并实现了全产业环节的数字化。即使在交易环节，产业赋能平台也不再只是单一重视互联网平台的搭建，而是围绕客户的需求场景构建线上线下融合的全息化交易界面。未来随着新技术演进一旦出现新的交易界面，产业赋能平台以客户需求为中心的立场要求它第一时间将新的界面纳入平台的界面体系当中。

第二节　从信息和交易撮合平台到产业赋能平台：互联网多边平台模式的进化四部曲

如果说从传统价值链模式向产业赋能平台模式的变革是一场从产品到平台的彻底重生，那么从交易撮合平台模式到产业赋能平台模式的演进更像是一场从平台到平台的自然进化。全息化数字技术的深度

应用、在交易环节互联网化的基础上实现全产业环节的数字化、在平台扩张的过程中探索多平台模式，共同构成了互联网信息与交易撮合平台继续向前进化的全部核心要义。

互联网信息与交易撮合平台面向智能化产业赋能平台的进化大体分为四个阶段：平台稳固、平台增强、平台进化和平台扩张。在平台稳固和平台增强两个阶段，交易撮合平台将在交易平台模式的范畴内通过自我净化和提升夯实模式本身的竞争力，同时又为后续面向产业赋能平台的进化奠定更加坚实的基础。在平台进化阶段，由于在前两个阶段已经在一系列的数字化能力上有了深厚积淀，平台将进军产业，通过新建数字化产业基础设施或对传统的产业资源进行数字化改造，并构建一系列的赋能工具和机制，正式由交易撮合平台进化为产业赋能平台。在平台扩张阶段，产业赋能平台将通过平台嵌套和平台包络两种模式实现从单一平台到多平台的构建，多平台一方面将进一步拓展平台的用户和产业边界，另一方面也将在包括大数据、智能化技术等在内的数字化基础设施层实现平台最大范围的协同效应。

平台稳固：解决方案扩展和交互界面的无缝化

平台稳固是互联网信息与交易撮合平台消解平台噪声、对抗平台弱稳定性、实现平台迭代和最大化降低平台负面网络效应的第一步，也是交易平台得以持续发展和继续向前进化的基础。平台稳固阶段的具体举措包括：平台解决方案边界的确定和持续扩展、平台交互界面的无缝化构建。

1. 平台边界的确定和解决方案扩展

互联网信息与交易撮合平台是互联网技术席卷传统产业的自然产物，大部分平台型公司在创业阶段以单一或少数几个核心品类为突破口，搭建互联网交易界面并开展面向供需两端的大规模引流，形成多个在不同产业分而治之的产业垂直平台。但由于平台模式的开放性和对于范围经济的追求，几乎所有的交易平台都经历了从产业垂直型平台到综合型平台的边界扩张过程。例如，淘宝从服饰品类逐步扩展到了全品类，京东、当当、凡客也分别从家电、书和服饰品类出发，开展了诸多全品类的尝试。而最终的事实证明，平台交易属性同质化造成的“一家独大”的效应的存在，让绝大多数平台的全品类化努力都以失败而告终。例如，京东至今仍然没有摆脱在数码家电上的品类烙印，处于破产边缘的当当的归属权已经几易其手，凡客更是彻底放弃平台路线重新回归产品。

产业赋能平台为交易撮合平台提供了模式进化的第二条路线，它们不用再停留在交易平台的红海，在无边界品类扩张的道路上经由平台竞争的独木桥加冕成为最后胜出的唯一王者，而是基于价值取舍和解决方案边界确立拥有了模式深化的多种可能性。

首先，定义平台的解决方案边界。

交易撮合平台需要确立平台的解决方案边界，一方面避免平台由于边界的模糊性走上品类无止境扩张从而最终和综合型交易平台正面交锋的道路；另一方面解决方案的聚焦将帮助平台明确未来产业基础设施投资的方向，实现面向产业赋能平台的进化。

平台的边界取决于平台的创业初心。由于平台的开放性，平台边界往往不会受到平台资源的硬性约束。相比管道型模式遵循的“我有什么”所以“我能做成什么”的从自我出发的路径依赖式战略思考逻辑，平台模式采用的是“我要成为什么”所以“我需要整合什么”的从客户端出发的价值创新型战略思考框架。“我要成为什么”在表象上外显为平台使命或平台的创业初心，但内核是平台的客户价值定位，即平台致力于帮助客户解决何种问题。正如脸书创始人马克·扎克伯格所说："解决问题已经成为新时代最为重要的创业初衷。"以国内两家知名交易平台为例，淘宝网在"让天下没有难做的生意"的使命引领下已经成长为融合交易、支付、物流、金融等多元业务的枝叶繁茂的阿里生态帝国，唯品会则始终坚守打折平台定位，聚焦时尚领域，为客户提供富有性价比的折扣正品。

平台应该提供涵盖产品、服务、内容的完整解决方案。在明确平台致力于为客户解决何种问题之后，平台应该在相对清晰的边界内通过产品、服务与内容的扩展实现客户问题的"一站式解决"。站在客户端的"完整解决方案"的思考框架一方面将帮助平台跳脱产品层面的品类扩展的局限思维，从产品、服务、内容 3 个层面的互补品空间寻找到可能的新的业务增长点；另一方面也有利于平台通过涵盖产品、服务和内容的全面解决方案的提供深化客户价值，从而提升平台对客户的黏性。以原国内时尚导购平台蘑菇街为例，在实现了与同类平台美丽说、淘世界的合并之后，如今已经转型成为社会化电商平台，在为时尚女性提供服饰箱包等时尚产品交易和导购服务的同时，也通过女性时尚购物社区的建立和全球街拍数据库、红人 UGC（用户原创内容）直播、PGC（专业生产内容）精品栏目、自制短视频等多种手段为客户提供大量的专业时尚类内容。

平台应当跟随使命的迭代拓展解决方案边界。以打造产业赋能平台为目标，交易撮合平台虽然并不主张解决方案的无界化扩展，但随着平台能力和竞争环境的变化，平台依然需要在使命迭代的引领下通过边界扩展实现解决方案的进一步完整化。以"让出行更美好"的滴滴平台为例，曾经在使命的引领下拓展了专车、优选车、顺风车、单车、摩托车等多元业务，为客户提供多样化的出行解决方案，但出于未来新能源汽车和无人驾驶技术赋予"美好出行"的新内涵，滴滴已经将推动建立新能源汽车及配套服务体系、发展智慧交通和无人驾驶列为未来发展的重要战略。

其次，基于平台边界不断充实解决方案。

在定义平台一个阶段内的解决方案边界之后，平台需要在实践中不断从产品、服务、内容3个维度充实解决方案。在解决方案扩展上获得先发优势、速度优势和规模优势的平台将取得合并其他同类平台以及向产业赋能平台继续进化的优先权，如滴滴、美团、58同城、优酷、蘑菇街等。

2. 围绕客户生活场景的无缝化界面扩展

凭借互联网技术本身的领先性，互联网信息与交易撮合平台曾经在与线下传统企业（包括传统价值链公司和线下平台公司）的博弈中展现出巨大的竞争优势。但时至今日，仍然有85%的实物零售消费来自实体店，线下门店依旧是实物消费的核心载体。未来，随着AR/VR、传感器、物联网、人工智能等数字化技术的成熟，线下门店将逐步走向数字化、智慧化，在客户的消费渠道占比中扮演更加重要的角色。因此，从线上走向线下，互联网交易平台的落地将是平台界面扩展的第一步。

不仅如此，数字化技术正在加速渗透和改造消费者的日常生活，并催生出无处不在的消费场景，例如社交、游戏、各种智能终端近年来都在成为新的消费入口。平台在构建线上线下融合的界面体系的基础上，还需要时刻关注新场景和新模式的出现并积极布局，以稳固平台地位，并为客户提供“随时、随地、随性”消费的良好体验。

平台增强：强化技术投入，全面提升供需两端的用户体验

通过一系列的扩展活动，平台能够稳固解决方案和界面两大主干支架，从而极大提升平台的稳定性。在此基础上，平台需要以供需两

端的用户体验为核心，进一步强化技术投入，凸显互联网交易撮合平台模式本身的竞争力。

平台此时的技术投入主要发生在界面端，目的是提升平台用户体验和平台用户之间交互的精准度和效率，主要包括以下内容。

提升客户端消费体验的技术投入，例如以 VR/AR/MR（混合现实）技术为代表的新设备及显示技术、以射频识别（RFID）和信息传感设备技术为核心的物联网技术、以人工智能和自动化技术为基础的智能机器人技术等。以服装产业为例，越来越多的公司大规模采用上述技术进行智慧门店的打造，它们利用 VR/AR 试衣镜为客户提供试穿便利，利用 RFID 物联网技术建设智能货架、智能试衣间等来改善客户的门店内体验，甚至利用自然语言处理技术和智能机器人来为客户提供智能化的导购推荐服务。

提升供给端使用体验的技术投入，例如打车平台优步为了节省司机空车时间和提升司机获客效率构建的司机端需求预测热图（heat map），淘宝、美团等实物商品或服务交易平台为了提升商家营销效率而投入开发的精准营销和获客技术，美拍、抖音、快手、喜马拉雅等音视频分享平台为内容创作者提供的音视频编辑与处理技术等。

提升供需双方交互精准度和效率的技术投入，集中体现为建立在大数据基础上、实现精准撮合的技术性算法。例如，作为基于数据挖掘技术的信息推荐与分享平台，今日头条能够在 5 秒钟内通过机器学习的算法解读使用者的兴趣基因，并在用户每次动作后的 10 秒内更新用户模型，从而为用户精准推荐为他们量身定制的各种资讯。亚马逊、淘宝、云集等商品交易平台同样在算法技术上进行持续投入，从过去“千店一面”的格式化界面走向“千店千面”的定制化界面，为客户提供精准、高效的个性化购物体验。

面向供需两端的技术投入不仅将提升平台在交易撮合上的竞争力，

也将为平台在下一阶段进军产业、构建产业基础设施积累一定的产业经验和奠定良好的技术基石。

平台进化：深入产业，构建数字化赋能型产业基础设施

经历平台稳固和平台增强两个阶段，交易撮合平台将凭借平台解决方案的拓展、平台界面的拓展和平台技术的推进，在规模经济、范围经济和交易撮合效率上获得相对于同类平台的全面优势。平台在此时将面临重大的战略性方向选择：一是横向拓展，继续通过扩大产品层面的解决方案边界，成为范围更大的综合性交易平台；二是纵向拓展，通过深入垂直产业、构建产业基础设施，进化成为产业赋能平台。大量的平台商业实践证明，后者成为绝大部分交易撮合平台面对业已形成牢固地位的头部交易平台（如亚马逊、淘宝）时的现实选择。但互联网流量红利的日渐衰竭和产品范围拓展空间的日趋狭小，将使头部交易平台也终会遭遇规模经济和范围经济的天花板时刻，此时，向产业进军并升级成为产业赋能平台将成为交易平台继续进化的唯一选择。

交易撮合平台向产业进军的目的在于促进产业的供给侧创新，释放产业的创造者力量，并从中获得平台的新增长空间。在平台进化阶段，平台需要践行的举措主要包括：构建产业基础设施、实现产业基础设施的模块化和创建平台与创造者之间的赋能关系。

1. 构建产业基础设施

构建产业基础设施是交易撮合平台迈向产业赋能平台的关键步骤，它将使交易撮合平台过去沉淀的数据和数字化能力有条件渗入产业，并转化为产业的实际生产力。

平台需要在“最简价值链”中定位产业基础设施。最简价值链是指价值创造和交付过程中由那些必不可少的环节组成的基础链条。以

消费品产业为例，传统价值链包括研发设计、生产制造、品牌营销、一级代理、二三级代理、终端零售服务等多个环节。但在去中间化的平台架构下，其中诸如一级代理、二三级代理甚至品牌营销都属于本身并不创造价值的多余环节。去除这些中间环节，消费品产业的最简价值链将简化为：研发设计、生产制造、终端零售。最简价值链所产生的能力是产业创造者进行创意试验和变现的必备能力，因此也是产业赋能平台构建产业基础设施的方向所在。例如，优酷土豆、爱奇艺、腾讯视频等中国领先的视频平台在向产业赋能平台升级的过程中，都采取了多种措施来帮助用户创造内容（UGC）和扶持专业合作伙伴创造内容（PGC），包括通过自建或与影视制作方合作的方式进军视频内容制作环节等。

平台投资的产业基础设施应当是传统产业链条中效率较低的环节。只有在那些力量薄弱、效率较低的环节，产业基础设施才能通过提升效率来凸显平台投资的必要性。例如，物流一直是传统零售产业链条中的薄弱环节，因此京东通过大规模的投资甚至牺牲很长时间的盈利来自建物流体系，使快速高质量的配送一度成为京东相对淘宝等同类平台的突出竞争力。房产交易平台链家在向产业赋能平台贝壳的升级中同样选择了房产交易链条中的低效环节进行重点突破，例如链家相继打造了VR带看、VR讲房等工具，以改善经纪人带看和房产信息介绍的低效问题。

平台应当根据产业基础设施的规模经济效应来选择不同的进入方式。只有在那些具有很强规模经济效应、创造者凭借个体力量很难投资进入的环节，平台才有必要和可能通过规模性的持续投资形成平台在产业基础设施端的能力积淀。对于京东平台上的任何一个品牌商家，建设一个超级物流体系可能都无法通过自身业务规模来有效分摊成本，因此京东选择通过自建方式进入物流环节。而在一些规模经济效应不强的环节，平台则可以通过开放整合的方式来构建产业资源池。例如，淘宝上的卖家需要页面美化与设计服务，但淘宝并不会在这个极其分散的领域投资自建基础设施，而是通过平台开放的方式吸引那些个体创业者或小公司入驻平台，并撮合这些专业服务提供商与平台上的卖家形成合作关系。

2. 实现产业基础设施的模块化和可调用

平台投资产业基础设施的目的并不是为了自主参与产业经营，而是为了通过产业能力集成赋能产业中的创造者，充分释放产业内的创新力量。因此，平台必须实现产业基础设施的模块化以帮助产业能力的随需调用。

平台需要构建模块化、积木式的产业赋能中台。中台的概念最早起源于美军的作战体系，美军通过在中台沉淀和集中强大的作战能力，形成对前线小分队依据战场情况灵活作战的即时支持。在产业赋能平台模式中，“大中台、小前端”式架构被广泛采用。平台将核心业务或核心产业能力下沉至中台，通过中台对能力的集成和封装形成模块化的服务能力，最终服务于前端的产业创造者。阿里巴巴是中台架构的较早践行者，早在 2015 年阿里巴巴即提出“中台战略”，将商品、交易、会员、营销、结算等贯穿电商运营全流程的基础能力收敛至中台，为前端淘宝、天猫、聚划算等多个业务纵队提供基础服务支持。在阿里巴巴的规划中，中台不仅需要将基础能力标准化和规范化以为前台提供支持，还要能够在与前台的互动中发现新的能力，并进行新能力的开发、注册和能力列表更新。

平台需要对基础产业能力进行去耦合化封装。去耦合化指的是平台中组件的相互独立程度，一个组件内的变化不影响平台中的其他组件，因此，平台在中台应当形成一个“积木独立”的结构。通过产业创造者对中台能力组件的调用，平台和产业创造者形成相互依赖的内部整体化关系。但是从平台的整体视角来看，它们只是一个高度组件化的平台的一部分，它们自身以及它们相互之间互动关系的变化并不对平台与其他产业创造者的互动产生影响。在平台实践中，去耦合化主要通过能力的封装过程实现。平台将基础产业能力封装至中台，犹如将中台打造成一个黑箱，产业创造者只需要在遵守平台规范的前提下，通过接口访问和调用中台的功能和服务，而不用知道中台内部是如何运作的。通过封装模式的设计，平台实现了与产业创造者在能力互补层面的强链接，同时也实现了在架构和运作流程上的隔离。

平台需要在中台提供标准化的接口。接口是平台和产业创造者之间达成的协议，它指定了平台与产业创造者之间基本的交互规则。在构建强大中台的基础上，平台需要为产业创造者提供标准化的交互接口，即提供一系列明确的工具、规则和机制来帮助产业创造者实现与平台的交互。为保障平台架构的去耦合化，平台和产业创造者之间禁止发生在接口之外的交流。换句话说，对产业创造者来说，接口即平台。以微信开放平台为例，微信开发了包括语音智能接口、图像智能接口和语义智能接口在内的三大接口，为使用微信平台的移动应用开发者、网站所有者和公众账号所有者在语音识别和合成、图像识别和视觉搜索、语义理解等方面提供随需调用的能力解决方案。

通过构建产业基础设施和实现基础产业能力的模块化和可调用，交易撮合平台实现了对产业的正式进军和面向产业赋能平台的模式进化。如果说在平台稳固和平台增强两个阶段，平台功能只是在发生“量”的变化，那么在平台进化阶段，平台功能将发生“质”的升级——从单一的交易撮合到交易撮合基础上面向产业创造者的全面产业能力赋能。

平台扩张：在平台演化中探索多平台协同模式

经由平台进化阶段，交易撮合平台实现了面向产业赋能平台的进化，但平台仍然保持单一平台的发展框架。而在平台构建产业基础设施的过程中，存在着多种可能性，使得平台发生从单一产业平台到多产业平台的衍生，多产业平台最终将在数据和价值协同层面产生复杂的智能化协同效应。

单一产业平台成长为多产业平台的手段主要包括：平台嵌套、平台包络和平台生态化。

1. 平台嵌套

平台嵌套是指平台为深化原有的解决方案而在主干平台内部衍生出单个或多个子平台的过程。以视频平台为例，消费者在观看视频时往往会产生分享视频信息和感受的需求，视频平台与社交平台具有较高的需求侧互补性，因此大部分的视频平台都会选择内嵌社交网络平台来构建植根于视频平台的用户社交圈。

2. 平台包络

平台包络是指当平台提供者从一个平台市场进入相邻的平台市场时，利用共同的用户基础以捆绑的形式提供多平台服务。与在主干平台内部衍生出的嵌套子平台不同，平台包络是在主干平台之外的单个或多个互补品领域衍生出单个或多个平行平台的过程。例如，阿里巴巴在交易平台的基础上衍生出了支付平台、物流平台、云计算平台等一系列的平行平台，这些平台相互协作形成了面向平台用户的平台包络，从而为平台上的商家提供了更加完整的生意解决方案。

3. 平台生态化

平台生态化是指平台在经由平台嵌套或平台包络形成多平台体系之后，平台将各个平台的冗余能力开放给平台用户之外的其他用户群体，从而形成平台生态系统的过程。以亚马逊为例，亚马逊在平台进化过程中构建了全球领先的强大物流平台，而亚马逊物流平台服务于亚马逊交易平台上的商家之外，也将多余的能力开放给其他的商业用户，甚至包括亚马逊的竞争对手，这是平台生态化的典型过程。亚马逊云计算平台的形成过程同样如此，经由多个平台对不同用户群体的开放，亚马逊已经进阶成为一个无比复杂的平台生态系统。

4. 多平台智能协同

基于数据化智能的网络协同效应正在成为未来智能商业竞争力的核心，而由多平台组成的平台生态系统将能够让多平台在与多用户的交互过程中产生的海量信息得到并联，从而在智能商业世界产生难以想象的数据网络张力或数据网络协同效应。以阿里巴巴为例，淘宝平台 2017 年的成交总额突破 3 万亿元，菜鸟网络日处理数据量超过 7 万亿条，支付平台在 2017 年“双 11”当天的支付峰值达到每秒 25. 6 万笔，这些海量数据的协同将产生无法预测的创新效应，并使得创新更加精准和高效，新零售物种盒马鲜生的横空出世和一炮而红就是典型例证。

与通过连接用户创造价值且“以光速致富”和“以光速破产”的环球电讯相似，交易撮合平台由于模式本身的特性，同样在“指数级增长”的光环下存在“垮塌式崩盘”的可能。而经由平台稳固、平台增强、平台进化和平台扩张 4 个阶段，互联网信息与交易撮合平台将进化为智能化产业赋能平台，甚至由多个产业赋能平台组成的复杂的平台生态系统。各个领域产业赋能平台的涌现将共同引领我们进入智能化的未来商业，这个世界的一切工作将围绕创造展开，并由人类的想象力驱动向前。

本章小结

产业赋能平台的第一个源头是传统多边交易撮合平台的进化，因为后者普遍面临一系列问题。

平台开放和即时互动造成的平台噪声。无法设置严苛的筛选标准将使互联网多边交易平台面临严重的平台噪声。

平台用户的多属性导致的平台弱稳定性。用户在多个平台间近乎零成本的迁徙，使得平台的稳定性比较差。

技术演进下的平台迭代不足。数字化技术不断进步，依托某一稳定的数字化技术形成的平台面临着替代和迭代威胁。

负面网络效应的凸显。互联网多边交易平台同时具备正和负的网络效应，这将使得互联网多边平台也能像其迅速崛起一样迅速崩塌。

互联网多边交易平台向产业赋能平台的变革升级势在必行，变革分为 4 步。

1. 平台稳固。扩展解决方案，并构建无缝的多渠道交互界面。

2. 平台增强。强化技术投入，增强正的网络效应，提升用户的满意度。

3. 平台进化。深入进军产业链，构建数字化、模块化的赋能型产业基础设施。

4. 平台扩张。构建多个平台协同的平台化数字生态，产生智能化复杂协同效应。

第四章

平台进化的案例和启发

从数字化交易平台向产业赋能平台进化，前景辉煌却路远且艰。为了提升自身的稳定性，面对日渐复杂的平台竞争格局，一些先行者已经开始了从数字化交易平台向产业赋能平台的进化之路。为了对读者有更多的启发，我们将通过介绍一组中国和海外数字化交易平台进化升级的案例，为大家带来更加鲜活的感受。

第一节　阿里新零售：打造零售业的超级赋能平台

要说近两年来商业财经界最火的词，一定非“新零售”莫属。马云在2016年云栖大会上提出五新（新零售、新制造、新金融、新技术、新能源）观点，认为作为纯粹的线上交易平台的纯电商时代很快会结束，未来10年、20年，没有电子商务一说，只有“新零售”一说。

在提出“五新”观点后，作为传统的数字化交易平台巨头，阿里巴巴开始在新零售领域全面发力，尝试和推进各种各样的实践，一方面开始构建推动零售业整体升级的基础设施，另一方面更深入地改造传统零售业，并亲身参与了一些典型实体零售企业的转型升级。阿里巴巴在新零售领域的大规模投入和不断推进，也带动腾讯等互联网巨头以及几乎所有的零售业重要玩家卷入其中，零售业的超级产业赋能平台开始逐渐形成。

什么是新零售

尽管大家对“新零售”这个词很熟悉，但一千个读者眼中有一千个哈姆雷特，每个人对新零售的理解并不相同，甚至大相径庭，其中不乏对新零售的误解与偏见。有的人认为新零售就是线上线下渠道的融合，因为电商渗透率已经很高，新客户获取越来越难，阿里巴巴提出新零售，目的是向线下要流量。有的人认为新零售就是O2O，线上下单、送货上门；线下下单、线下消费；线下体验、线上下单。有的人认为新零售就是智慧门店，包括无人商店等新的业态形式，以及用数字技术对传统门店的改造，如智能支付、智能导购等。还有的人认为新零售就是新业态重组，如生鲜与餐饮的组合。

没错，这些都可以算是新零售的内容，都是新零售区别于传统零售的地方。但这些观点大多侧重于从门店或销售的视角来看待新零售，而新零售的内涵远不止这些。

新零售到底是什么，其实马云和阿里巴巴一开始也并不清楚。但随着阿里巴巴新零售业务轰轰烈烈地展开，在不断的实践、总结和改进中，新零售似乎正在变得清晰。

1. 新零售的内涵

阿里巴巴对于新零售的标准解释是：新零售就是基于数据驱动的对于商业三个要素“人、货、场”的重构。

作为五新执行委员会的主席，张勇对新零售进行了进一步的解释：新零售就是企业以互联网为依托，通过运用大数据、人工智能等先进技术手段，对商品的生产、流通与销售过程进行升级改造，进而重塑业态结构与生态圈，并对线上服务、线下体验以及现代物流进行深度融合的零售新模式。

张勇认为，新零售是用大数据和互联网重构“人、货、场”等现代商业要素形成的一种新的商业业态。在他看来，商业的本源是人、货、场，新零售推动以人（消费者）为中心的商业重构，让消费者在合适的时间、合适的地点，遇到合适的商品。重构的核心是要发生化学反应，使真正的商业价值获得本质的提升。从这个视角出发，阿里巴巴不断地去尝试，看各种零售的业态在新零售思想下该变成什么样子。

关于新零售的内涵，我们大体可总结为以下几点。

(1) 以消费者为中心

传统零售的核心是场，也就是业态，不同的业态有不同的面积、不同的客群、不同的商品组合、不同的价格定位。各业态之间泾渭分明，你是大卖场，我是便利店，你是卖日用品的，我是卖家具的，每个业态都可以满足一大群消费者的部分需求，却很难满足一个消费者的大部分需求。在传统零售模式下，商家只知道卖了多少货，却也很难真正了解是谁购买了这些货，更不要说深入了解消费者的需求了。

但随着互联网以及其他数字化技术的快速发展，每一个消费者的日常活动都可以变成大数据，在哪里坐了车、到哪里去，在哪里上了Wi-Fi（一种传输技术，用于无线上网）、时间是多久，在哪里购了物、买的是什么，浏览了哪了网页、浏览轨迹是什么……像阿里巴巴这样拥有多个平台、丰富应用场景的公司，通过大数据分析，越来越有能力做到比你更了解你。大数据技术的出现，使得零售商有可能真正了解每个消费者的个性化需求。

新零售就是要抛弃传统零售不重视消费者个性化需求的弱点，以消费者为中心，为每个消费者重构业态、商品和服务，以满足消费者的极致个性化需求。

甚至，消费者已不再是被动地接受已有商品的消费，而是成为商品生产的一个起始点，成为商品链条的重要参与者。C2B（从消费者到企业）将不再只是口号，而是会在商业实践中逐渐得到贯彻落实。

(2) 数据驱动和技术驱动

新零售的最大推动力量来自数据和技术。

目前电商的数据化已比较充分，消费者上网的硬件设备（手机、电脑）、IP地址、登录的电商网站、搜索的关键词、浏览商品的轨迹、用过商品之后的评价、网购的频率、金额、价格偏好、产品风格偏好等，以及卖家（上样、发货、商品表现等）、快递公司（快递时效等）

和其他相关方（如代运营等）的各种数据都被一一记录。

未来实体零售业的每个环节同样都将尽可能地线上化、数据化，形成丰富的大数据，使实体零售也像电商一样可以即时了解消费者的需求动态，了解每一个环节的经营现状，令快速决策、快速调整、快速满足客户需求成为可能。

云计算、分布式计算、人工智能等新技术使得大数据有了用武之地。未来零售业的运营决策将主要依靠机器，而不需要人为干预。数据不是为了支持人的决策，数据就是决策，由机器自动完成。动态的优化会是人工智能不断升级的过程，即基于算法的自动高速迭代。

新技术不仅支持商场和商品的决策优化，也支持支付、物流、供应链等其他环节的创新。

（3）对零售产业链进行重构

在银泰二十周年年会上，阿里巴巴 CEO 张勇表示：新零售不是“原有零售 + 互联网”，而是零售产业各个环节利用技术发生革新，展现不一样的生命力。只有真正把数字技术和商业完美结合，才能带来真正的不同，由此会带来既像百货又不像百货，既像购物中心又不像购物中心，既像超市又不像超市的全新业态。

如何用大数据和新技术对零售产业链进行重构，这是新零售革命的核心，但也是最难说得清楚的地方，需要在新零售实践中逐步探索。

首先是业态的重构。从某种意义上来说，未来什么业态已经不重要了，只要能更好满足消费者需求，任何业态都可以。可以只有 App 没有门店，直接送货上门，可以是无人商店，可以是任何商品和任何服务的组合，可以加入各种各样的互动体验，更多的可能是各种业态的融合和整合。现有的零售业态区分将可能被完全打破，零售新物种将迎来大爆发。

其次是后台环节的重构。以供应链为例，在传统零售业中，供应链主要还是局限在供应链的后端，即采购、生产、物流等职能，和消费者、销售渠道的协同整合严重不足，导致孤岛现象、牛鞭效应、门户之见的出现，这让供应链的反应总是很滞后。而在新零售中，为即时响应消费者瞬息万变的需求，在数据和技术的支持下，供应链要主动参与到更加前端的服务消费者的工作中去，供应链的结构和形式都要发生改变。

新零售对人、货、场的重构，最终是为了实现两个主要目的：极致的消费体验和极致的商业效率。

新零售能成为一个时代的关键词，是因为它本质上就是以大生产、大品牌、大流通为特征的工业时代零售业态，向以大数据智能、全场景融合和精准供需匹配为特征的互联网时代零售业态的根本转变。

新零售一经提出即受到了广泛关注。新零售的发展方向是清晰的，但内涵在不断充实，举措在不断尝试、调整和升级。未来新零售到底会发展成什么样，我们很难想象，也许现在才刚刚开始。

阿里巴巴 CEO 张勇曾经公开表示，这个世界上本来不存在新零售，今天说的描述都是不完整的，最终都要靠实践不断去探索。

2. 站在更广的视角上理解新零售

传统零售是与传统工业大生产相匹配的产物，是在数字技术不发达的背景下，以牺牲个性化为代价，让消费者在同等成本下获得尽可能多的商品，也是在原有技术水平下最有效率的商品流通方式。但随着数字化技术的突飞猛进，个性化与成本、效率之间的矛盾已可以被消除，甚至使用新技术能够在实现个性化的同时获得效率的提升。

新零售是对工业时代传统的、垂直的、封闭的、线性的供应链结构做了一次彻底的打散重组，它将形成未来网状的社会化合作的全新方式。而未来将是智能商业的时代，它建立在网络协同和数据智能两个核心机制之上，这是新商业文明的基因双螺旋。

马云提出的“五新”（新零售、新制造、新金融、新能源、新技术），新零售仅是其中之一。零售只是商业的一个环节，但由于是最贴近消费者的环节，容易产生变革的动力，也由于有电商发展的基础和阿里巴巴等巨头的推动，新零售成了五新中最先被实施的一个。

未来随着新零售的突进，其他四新如果不能跟进变革，势必将制约新零售的进一步发展。新零售的发展本身对其他四新的发展也有示范效应和带动作用。最终在新零售的带动下，大数据和新技术将向所有产业、所有环节渗透，推动全部产业的升级。这将反过来为C2B化的零售产业超级平台的真正实现打下基础，也促使新零售最终得以真正实现。

阿里新零售的实践

阿里巴巴在打造新零售的超级赋能平台进程中充分体现出自身执行力的强悍。在新零售到底是什么还不完全清晰的情况下，阿里巴巴已经在生鲜、百货、电子、购物中心、家居、超市、食品、酒类、奢侈品、杂货店、分销等各条零售战线上，以自建、控股、参股等方式，全面、快速展开对新零售的探索（参见表4－1）。

表4－1　阿里巴巴在提出新零售后新建或参股、并购的公司（项目）

零售业态	公司（或项目）名称	股权关系
超市、百货商场及购物中心	银泰商业	全资控股
	百联集团	战略合作
	联华超市	参股
	新华都	参股
	三江购物	参股
	高鑫零售	控股
	中央商场	联合设立新零售子公司
	东方股份	参股
	亲橙里购物中心	自建

续表

零售业态	公司（或项目）名称	股权关系
生鲜	盒马鲜生	自建
	易果生鲜	控股
家居家装	居然之家	参股
	House Selection 生活选集	自建
	有住	战略合作
	Hometimes 家时代	自建
	in junior 潮童体验馆	自建
食品	ONMINE 天猫新零食馆	自建
酒类	1919	参股
奢侈品	魅力惠	控股
化妆品	丽人丽妆	参股
电商	如函控股	参股
	猫宁电商	控股
无人店	淘咖啡	自建
本地生活	饿了么	全资控股
新零售服务	闪电购	参股
	零售通	自建
	龙图信息	参股
	百胜软件	控股
	石基信息	参股

超市、百货商场及购物中心在整个零售业中占据最重要的位置，也是当前阿里新零售探索的重中之重。生鲜作为电商渗透率相对较低而线下购买又非常高频的品类，也非常受阿里巴巴的关注。家居也是电商渗透率较低的品类，而且对于门店的体验要求较高，阿里巴巴显然兴趣浓厚，一下子开了 3 家不同类型的店铺。另外，阿里巴巴也非常重视可以提供新零售相关服务的业务，为未来向其他零售企业赋能

积淀基础。

新零售是一场前无古人的试验，阿里巴巴作为领航人，难免会走许多弯路。一年多的新零售探索，阿里巴巴也积累了不少有益的经验，有些好的模式已经开始在其他试点项目上进行推广。我们下面重点介绍几个有代表性的阿里新零售项目。

1. 盒马鲜生

近两年实体零售最受关注的店铺无疑是盒马鲜生。自从2016年在上海金桥低调开出首家店铺后，盒马鲜生独特的“生鲜超市+餐饮+App电商+30分钟送货上门”的新模式迅速在生鲜行业甚至整个零售业引起了轰动，成了新零售的一个标杆，吸引了大批零售业人士前来参观学习。在盒马鲜生的示范效应下，不想错过风口的零售业大佬纷纷开建类似店铺，如永辉超市的超级物种、京东的7FRESH、美团的小象生鲜、联华超市的鲸选以及步步高的鲜食演义等。

（1）消费体验

品类丰富、可满足一站式购买。店内生鲜品类十分丰富，很多海鲜、肉类、水果都是从国外进口的，水产区面积非常大，波士顿龙虾、帝王蟹等在其他生鲜超市难得一见的品种应有尽有，同时组合一些调味品、烘焙食品和日用品，可以满足中产消费者一站购买生鲜食品的需求。

消费方式多样、便利、跨界。消费者既可以在店内购买、在店内直接加工，也可以在店内购买、回家加工，还可以通过App下单、等待30分钟送货上门（5千米范围内），甚至可以在店内消费现成的餐饮，享受十足的便利。盒马鲜生既是生鲜超市，也是餐饮店，还是外卖中心。

价格总体比较实惠。店内生鲜产品价格总的来说比较实惠，尤其是进口产品价格则比市场价格便宜不少，而日用品等补充性产品价格比市场上略高。

（2）运营和供应链

数字化。数字化和数据驱动是新零售的基本特征，这一点在盒马鲜生身上也得到了很好的体现。在盒马鲜生购物，消费者需要下载盒马的 App，注册会员（也可以用淘宝或支付宝账号登录），并通过支付宝付款，这样消费者的购买轨迹都将数字化并被记录。

通过建立销售端的客户信息，就能知道客户的年龄、性别、买了什么商品、购买的频次、购买的时间、购买的喜好、购买的行为习惯、购买后的评价等，盒马门店也就知道了需要补什么货、什么时候补货，从而指导买手去采买什么货、采买多少货、什么时间采买、什么时间送达。盒马鲜生背后的大数据支持系统，再加上配送时的算法优化，能够保证把最适销的商品准时送到门店。

在一年多的探索中，盒马鲜生实现了线上线下的数字化管理，从而达到整个管理过程、销售过程可量化、可追溯、可评估、可优化。目前，盒马鲜生从会员、营销、商品、交易、供应链，到门店作业各个环节都已经实现了全面数字化，可以对每个动作、每个流程用数据评判好坏。比如，由于实现了数字化，盒马实施了多工种的复合使用，一个员工可以早上送货，中午送货完成了，就做上架，下午则忙着做检货，晚上 8 点以后可以做补货。原来这些工种是完全分离的，现在的复合工种大幅度提高了员工效率。

源头直采。盒马的很多果蔬产品是直接从果蔬基地自采进货的。门店会在每天 12 点清点，清点后就知道门店哪一种果蔬缺货、需要从哪儿补货、补多少货，系统将订单信息传至生产基地，生产基地在 15 点前收割（高温季 17 点），17 点从基地运出到盒马冷藏 DC 仓，第二天早上 7 点前就运到门店。这样不但保证了果蔬最适量、最快捷、最经济的配送，也保证了果蔬的鲜度和质量。

由于没有了中间环节，菜品在保证新鲜度的前提下也降低了价格。传统超市做海鲜的通常做法损耗很大，而损耗这部分的毛利会放在定价里面，因而一般定价要高于50%。盒马鲜生源头直采以后，把这部分比例去除掉，可以做到毛利20%，从而让利给消费者。

盒马鲜生的部分海鲜、水果和天猫超市一样，都由天猫在海外的采购团队来完成。如美国的车厘子、波士顿的龙虾等，都已经和天猫生鲜、天猫超市实现了采购协同。

O2O运营。线上线下一体化的运营系统，包括物流WMS（仓库管理系统）、ERP（企业资源计划）和财务、门店POS（销售终端）、物流配送、App、会员、支付、营销等，复杂程度远超传统电商及线下商超。这套系统正是盒马鲜生对电商和商超进行重构的结果。

盒马鲜生将物流仓储作业前置到门店，和门店共享库存和物流基础设施，店内部署了自动化物流设备进行自动分拣，大量减少了对人工的依赖。盒马的后场比较大，一般为1 000～2 000平方米，可以将大量的订单在后场直接出货。

一系列的新举措使得盒马鲜生几乎开一家火一家。盒马鲜生成熟店（开业1年半以上）的平均坪效达5万/年，是传统生鲜超市的3～5倍，线上客单价为75元，占比60%，会员月平均花费为575元。

盒马鲜生一系列正确的举措，并非一开始就如此。首店上海金桥店在开业后平均3个月就进行一次大改造，正是不断的试错纠错，才获得了如今的成功。

在验证了模式可行之后，盒马一边仍在不断改进，一边又在全国狂奔发展。截至2018年8月，盒马在全国共已开出66家门店，其中上海20家，北京13家。除一线城市外，盒马也已经进入了苏州、杭州、成都、贵阳、西安、武汉、南京、福州、宁波等新一线和二线城市。

目前阿里巴巴已经开始在商超业态上复制盒马模式。以大润发为例，原来大润发自己做的电商网站飞牛网，尽管投入大量费用进行推广，但发展仍然不温不火，在阿里巴巴入主之后，将飞牛网改成了大润发优鲜，并采取3千米范围1小时内送达、满29元免配送费的策略，重新激活了大润发的电商业务。大润发也对各运营管理环节进行了数字化改造，店内还安装了自动化的物流装备。大润发在华东地区的所有门店还推出盒马鲜生自有品牌的生鲜食品，即日日鲜及帝皇鲜，涵盖蔬菜、肉类及海鲜等品类。

盒马鲜生还与大润发合资，在苏州推出了定位中型超市、面积近1 000平方米的盒小马，这是一个迷你版的盒马与大润发的混合体，既有生鲜，也有日用品，同时线上线下一体化运营。阿里巴巴推出盒小马到底是什么目的？是做社区店，还是要进军乡镇市场？我们拭目以待。但有一点可以肯定，阿里新零售的脚步正在不断加快，未来像盒小马这样的试验会越来越多。

2. 银泰商业

银泰商业无论是店铺数量和规模，还是经营业绩，在中国百货业中都居于领先地位。

阿里巴巴和银泰的合作由来已久，2014年3月战略入股，2015年7月完成控股，阿里巴巴对银泰的控制权逐步提升，合作的范围也越来越广。如今银泰通过私有化，完全融入阿里巴巴的新零售版图。

如果说盒马鲜生是平地起高楼的话，那么银泰更像是旧城改造。而关于银泰新零售的进程，CEO陈晓东认为，应第一做好数字化，第二是网络化，第三是智慧化。网络化是基于数字化基础上做的人与人、物与物的连接。而智慧化中，智是知道，慧是减法，减去无效、低效的。

过去两年，银泰首先从“人、货、场”中的“人”切入，完成了数字化会员累积，使得对这些客户可触达、可识别、可运营。目前，银泰正在进行货品的数字化，通过对货的洞察，进行人货的适合匹配，让整个经营效率获得提升。银泰最终要完成的，是对整个商业场景的数字化重构。也就是说，银泰商业在通过数据和互联网技术的应用，解决零售系统中最根本的效率问题。

(1) 人的数字化和会员打通

2015 年，银泰开始孵化喵街，倡导一种“线上线下双融合”的消费方式。消费者可以通过喵街 App，查询到需要的商品信息和促销信息，也能通过 App 来网上下单，配送可以选择场内送货、快递到家、定时达等方式。消费者在场内的行为都将被迁移到喵街 App 上，演变成了“看得见的新零售”。在银泰，进店、逛店、走进专柜、上下楼，甚至离场等各个场景下，客户都可识别，将客户旧有的采买数据丰富成了跨维度的行为数据。

还有一项新零售改造，是数字化会员运营。2017 年年初，银泰推出数字化会员注册，将线下客户转为“喵街”会员。同年 8 月，银泰在中国百货业率先推出付费会员制度，建立双向互动的会员网络体系，从线上线下全面收集客户的数据。客户每年交 365 元会费，即享受全场商品九折优惠，还有专享停车位、专享爆品等“特权”。目前银泰数字化会员人数已达 200 万，付费会员人数近 30 万。

目前银泰会员已经完成和天猫、淘宝系的会员账号互通，和支付宝也已打通。会员互通不是难在技术，而是难在利益的重新分配。每个公司都把会员作为自己的核心，双方在做账号打通时，基于商业的决定因素大于技术层面的因素。

(2) 货的数字化和供应链打通

百货业作为“二房东”模式，天生对商品掌握力不足，供应链冗长低效，商场与品牌商、供应商之间存在天然的博弈关系，使得商品难以打通，难以实现“好东西不贵”。

在 2017 年银泰商业三位一体新零售大会上，银泰 CEO 陈晓东表示，新零售的未来需要品牌商、零售商、互联网平台融为一体，共同协作。原来品牌商、零售商与客户的关系是单向的、树形的、倒置的，在新零售下，应该和客户建立一个双向的、新型的关系，同时，更要有突破性的优化供应链，给客户提供好的商品。银泰的未来目标是不收租金和扣点。

几年前，银泰就开始推动代理商升级，力求缩短供应链。经过努力，目前品牌商直接跟银泰签约（品牌直营）的比例已达到 70% 左右。对于某些强势品牌，如果一时无法实现品牌直营，银泰会采取迂回的方式提升店铺级别，比如要求对方扩大店铺规模、保证银泰百货重点门店的 SKU（库存量单位）最新最全，等等。

为了试水，银泰推出了类似 C2M 模式（customer to manufactory）的“ITM 计划”（银泰柔性定制），从绘制客户画像开始，在前端收集客户的定制需求，直接由品牌方的工厂组织生产。由于需求先于生产，库存风险几乎降为零，极大地提高了供应链的效率。2017 年七夕，银泰与珠宝品牌曼卡龙（Mclon）联合推出独家定制款珠宝——“小恶魔”系列套装，所有银泰门店曼卡龙专柜的销售额同比增长 338%。

银泰致力于将自己与供应商的关系从零和博弈转变为共同服务客户，这是一项需要更多耐心和更大突破才有可能完成的任务。付费会员卡的推出也是银泰从根本上改变与供应商关系的又一次尝试。如果不收租金，供应商能够提供特别好的货品、特别好的价格，对消费者来说肯定是一件好事，可以吸引更多的会员。银泰也在思考，未来的收入来源能不能从租金和扣点转为会员费呢？

（3）场的数字化和新模式试验

对于场的数字化，目前更多的是在试验多样化的新零售业态。

2015 年 6 月，精品超市品牌“Choice 西选”推出，首家门店同样开在银泰的杭州武林总店，主打海淘热门产品，覆盖美妆、母婴、食品、生鲜、时尚家居等品类。

2015 年 11 月，儿童类集合品牌“in junior”开业，店内商品以线上知名度、性价比高的童装、玩具、儿童用品为主。

2016 年 2 月，全球名品多品牌集合品牌“西有”推出，直接对接海外买手店，同时有自己的买手团队从全球的知名品牌处采购，商品以服装、手袋、配饰为主，目前平台已有超过 100 家全球时尚买手店入驻。

2016 年 11 月，首家全渠道买手店“集货”开业，主打饰品、女装，商品主要来自精选的线上品牌、本土设计师品牌。

2016 年 12 月，在银泰杭州武林店开出了第一家店“生活选集（house selection）”。店铺面积约 1 200 平方米，店内商品全部来自天猫上的优质淘品牌，覆盖包括家纺、餐厨、家具、儿童、宠物以及摄影这些跨界服务在内的六大品类，是当下流行的生活方式类集合店。店内的每件商品都附有二维码和电子价签，扫码即可转至生活选集的天猫旗舰店，电子价签上的价格会自动保持线上线下同步。此外，店内还设有一台天猫智能导购仪，人站在前面会自动生成门店所有商品的导购目录，点击商品即可出现介绍与购买链接。客户可以选择在门店直接购买商品，自行拿走或由店铺邮寄到家，也可以选择在线上天猫店购买，同时享受银泰体系内包括售后在内的所有服务。

2017 年 6 月，银泰百货和天猫联手打造了一家叫作“ONMINE”的零食馆。面积近 300 平方米，其中 1/3 的区域为零食陈列区，另 2/3 为休闲体验区，还设有云货架，呈现不直接卖的商品，仅提供扫码线上下单。开业当天，无现金交易比例达到了 90%。

截至 2018 年 9 月，银泰在全国拥有 62 家门店，人的数字化已基本完成，商品数字化程度达到58%，90%的客户进店手机辅助化。数字化转型带来了销售额的大幅度提升，同店销售额增长18%，为10年来最高增幅。银泰未来将继续推进货的数字化以及场的数字化，这也是最难的部分。

银泰自身的新零售变革远未完成，但也已积累了不少经验和能力。2017年12月，银泰与南京中央商场成立“新零售发展公司”，开始输出其摸索的新运营模式，根据收益收取管理费。

3. 居然之家

居然之家是中国家居建材流通业的龙头企业之一，2017年销售额为608亿元，总开店数达223家。2018年2月，阿里巴巴与泰康等联合入股居然之家，阿里巴巴以及关联投资方最终以54.53亿元注资并持有15%的股份，成为其第二大股东。居然之家成为阿里新零售的试点之一，是阿里巴巴家居业新零售的最重要的阵地。

阿里巴巴主要通过天猫与居然之家进行合作。天猫与居然之家重点做的就是家居卖场人、货、场方面的数字化重构，以数据为底层技术和核心驱动力，提升消费者在家装家居消费中的物流、服务、金融等方面的体验。

阿里巴巴入股居然之家后，在半年多时间里，居然之家对新零售的探索主要在以下几个方面。

（1）打造“云设计家”平台

它是在原有的“居然设计家”的基础上，加入了天猫的人工智能技术，形成的一个全新的设计平台，主要解决的是用户在整装领域的痛点。

在此之前，居然之家就很重视设计家平台的打造，因为平台聚集了众多的设计师，其最初的设想是，通过聚合众多设计师打造一个流量入口。但事实证明，光有设计师远远不够，因为整装还涉及装修公司、物流配送、安装等多个环节，想要确保每个环节都不出错并非易事。

与天猫共同打造云设计家后，这个平台提供的服务就更加标准化和透明化了，也就是为用户提供一种更加有确定性的服务。例如设计师给出用户整装方案后，整装用到的家居用品，云设计家平台统一提供居然之家门店内销售的商品，让客户不用担心商品品质和价格。

（2）家居跨界的探索

阿里巴巴入股后两个多月，由原居然之家北京丽泽店改造而成的居然之家体验 MALL，即实现重新开业。居然之家体验 MALL 实现了家具建材、生鲜超市、餐饮影院、儿童娱乐、数码智能、体育健身及居家养老等大消费业态的全覆盖，成了居然之家从“大家居”向“大消费”转型的第一个样板店。

商场从 2018 年 4 月底开门迎客以来人流量比之前大有提升，尤其是周末节假日，附近居民没事也会进来逛逛，也有不少消费者专门来看电影、吃东西，人流量非常不错。

但商场人流主要集中在 3 层的啵乐乐儿童主题乐园、4 层的怡生健身房以及 5 层的居然吃货天下和居然耀莱成龙影城等区域，家居建材区域虽然占据更大的面积，可人流量依然稀少。

从目前情况来看，向综合性购物中心转型有可能不是居然之家未来的主要方向，因为到目前为止，新的体验 MALL 并未开张，而且居然之家又开业了一家居然之家天猫智慧家居馆，仍在探索其他转型方向。

（3）家居新零售店铺的探索

这家居然之家天猫智慧家居馆就是原来的居然之家北京金源店，不仅外表修葺一新，对门店内部也进行了大刀阔斧的修整，各种智能终端随处可见，布局更具设计感。

智能导购台、智能广告屏、智慧推荐屏等设备遍布整个卖场，不仅能让客户看到某件家具在房屋内的真实效果，而且也大大缩短导购员向新客介绍商品的时间。

客户还能在智能屏上实现一键下单，再通过支付宝或者刷银行卡的方式在店内完成支付，不再像以前那样需要走到卖场固定的结算台去完成支付。

通过线上线下的新零售融合，不仅线下商品可以用手机天猫扫码加入购物车一并付款，还能使用同城快速配送，在天猫上随时查看物流信息，预约配送、预约上门安装以及打分评价。天猫引领的“30 天无理由退换货”也将在居然之家落地。

装修试衣间极大地提高了体验效率。在体验大屏前，客户可以看到各种风格的样板间，选择自己喜欢的样板间后，再输入自己的户型数据，点击“一键替换”，只需 30 秒，就能看到这种风格的装修在自己家究竟是什么效果了。用手机天猫扫一扫就可以带走设计图，还可以跟设计师沟通个性化设计。

通过装修试衣间生成的装修方案还带有明确的报价单，方案中所有的货品都能在天猫和居然之家买到，设计方案 99% 还原，预算不会超标。从某种程度上说，装修试衣间打通了设计、零售、客户 3 端，全面升级了家装、家居的消费体验。

天猫全面改造了居然之家金源店的数据指挥中心，近 10 块大屏实时显示着卖场里的一切动态，包括实时客流、会员画像、人均停留时长、产品热度、品牌交易情况等，消费者的所有购物轨迹都可以被清晰地记录。从消费者到店、逛店、购买、交易、离店、服务的全链路都实现了数字化，沉淀下来的数据未来将成为平台乃至品牌方调整产品品类、进行营销决策的依据。这就让以前家居卖场纯粹“盲目的业绩或问题”变得可视化、可追溯、可分析、可调整、可改变。

沿着金源店商圈半径25千米画一个圆，阿里巴巴用大数据对这50万人的消费轨迹进行分析，可以判断出这50万人当中有5万人在未来半年之内可能要进行家庭装修，还可以判断出这5万人当中有1万人的消费能力与居然之家相符合。对这1万人再进行分析，可以判断出他们喜欢的装修风格是欧美式的还是中式的，抑或是极简风格的。

居然之家卖场的数字化不仅满足了消费者更高的需求，而且提高了居然之家内品牌商和经销商的经营效率。卖场中庭原本的纸质广告位已经变成电子大屏，可以让入驻门店的广告租赁颗粒化程度更高。卖场内各处布置的摄像头、地动仪可以更精准地获取客流信息，进行热点和动线分析。

居然之家作为商场，里面虽然有少量自营门店，但主要还是经销商门店。金源店目前还完成了对25家经销商门店的改造升级，利用数字化工具对他们的消费者定位、画像以及产品的生产、配送、安装等进行全链路监测，店内实现用智能设备让客户感受房屋真实的三维空间、装修效果等。

天猫智慧家居馆更有可能是居然之家未来的方向。2019年天猫“双11”之前，居然之家对27个城市的41家商场完成数字化改造。2019年“双11”，在阿里巴巴的助力下，居然之家实现销售额208.81亿元，比2018年的业绩提高了74%。

2019年12月，在居然之家借壳中商上市的庆祝仪式上，居然之家董事长汪林朋特意强调：“要进一步深化和阿里巴巴的战略合作，推进企业数字化的改造进程，成为数字化时代新零售的标杆。”

4. 零售通

零售通是阿里巴巴B2B事业群于2016年推出的、一个为城市社区零售店提供订货、物流、营销、增值服务等的互联网一站式进货平台，实现了线下零售小店的升级。

根据中国连锁经营协会的数据，中国现有便利店（含石油系）9.8 万家，销售额 1 334 亿元，主要分布于一、二、三线城市，而在更广阔的四、五、六线城市和农村市场，分布着约 660 万家杂货店，背后有着万亿级的广阔市场。

零售通要做的，其实就是通过数据化的方式为这些小店赋能。零售通能给小店提供丰富且有竞争力的商品，建立高效仓配体系，以及基于大数据的营销策略和选品指导。而小店能给零售通带来海量的数据信息，同时作为商业的毛细血管与社区智能链接。

零售通目前以二到六线城市作为主要的布局方向，打造从品牌商、供应商、经销商、零售小店到最终的消费者的全链路数据化，用数据驱动的方式完成小店业态的升级。

和高度数据化的线上场景不同，对线下小店来说，货是核心，改变小店的货品结构成了零售通赋能小店新零售的第一步。除了降低小店必卖品成本，零售通给小店的第二件武器就是差异化的商品。

零售通帮助小店和品牌商、经销商优化选品的“智选频道”已正式上线。它根据淘系数据和高德地理位置数据，对小店进行办公商圈、景点商圈、医院商圈等 13 个类属商圈划分，对不同类别小店推出不同的大数据选品方案。这些零售通智选商品和小店的场景、人群进行结合，让小店选品更加精准。

有了货品结构的改变，是小店新零售改造的第一步，第二步零售通再以货架的方式来逐步改造小店的场景。比如零售通推出的天猫小店，就是对小店业态“场”的改变的一个尝试。

只有实现了货和场的变革，才能让小店实现数据和人的连接，打通品牌到小店和消费者的整体营销通道，真正实现基于消费者的千店千面。

零售通不仅帮助小店升级，也帮助品牌商升级其渠道管理和营销。联合利华、恒安、保洁、威露士、乐事、费列罗等国际国内大品牌均已与零售通建立合作关系。

蒙牛也是零售通的合作品牌商。蒙牛的新零售项目不是颠覆传统渠道，不会损害经销商的利益，而是以经销商为主干，去赋能原有的供应链体系，帮助经销商提高效率，降低成本。只有在充分权衡了经销商的能力、阿里巴巴的推广技术能力和蒙牛自身的库存能力等各方利益后，才真正落地实施。

与零售通合作后，零售通的订单数据与蒙牛一级经销商直接打通，实现一级经销商能直接分销到更深的层次。过去，一级经销商想要把商品下沉到乡和村，就需要在这些地方再设下一级经销商，于是便增加了多级分销的成本。此外，由于各个村子具有分散性，订单量有不确定性，一级分销商不能准确安排配送车辆的数量，并且还要在各个村都跑一趟，所以物流成本长期以来居高不下。与零售通合作后，一级经销商能直接收到零售通的订单，准确知道乡、村一级需要多少货，具体是哪些小店需要等，所以物流成本极大地降低了。

零售通在帮助蒙牛全链条提高效率、降低成本的同时，如何让自己的销量得到长足发展呢？核心是要做好数据营销。因为阿里巴巴拥有的是囊括很多行业的广度数据，而蒙牛作为乳制品行业的领军企业，拥有的是单个行业的深度数据，深度数据与广度数据相结合，产生的化学反应会让双方受益匪浅。

在大数据合作方面，阿里巴巴目前开放了数据银行，蒙牛则把自己在行业内的深度数据上传到阿里巴巴的数据银行，这样做的真正目的是：通过阿里巴巴广度的用户标签，发掘一些潜在的目标用户，然后针对这部分用户进行精准投放，最后将阿里巴巴平台上众多的潜在用户转化为自己真正的用户。这种方法无疑能有效降低投放成本，这也是蒙牛愿意把数据开放给阿里巴巴的真正原因。

进入新零售发展阶段，蒙牛不仅要千人千面，还希望运用大数据分析能为客户量身定制一些产品。“甜小嗨”甜牛奶就是这样一款产品，即依托于大数据研究，专门为年轻消费群体定制的一款互联网牛奶。该产品在各大电商平台一上线就销售了十几万箱，短短几个月，就发展成为预计年销售额 5 000 万元的专属品牌。可以说，这是蒙牛进行数据化营销的一次成功的试水。

阿里新零售的实践，表现出了如下几个特点：

决心大，动作快。自从提出新零售概念后，阿里巴巴就快速展开了对一系列新零售标的公司的并购，内部也在快速进行相关系统改造。

品类、业态几乎全覆盖。阿里新零售项目涉及消费者日常购物的绝大部分品类，也涉及绝大部分的零售业态，显示了阿里巴巴作为零售业霸主的雄心壮志。

多种模式进行。新零售项目，既有控股公司，也有参股公司，还有合作公司（如百联集团）；既有新设立的项目，也有原有零售业务的改造。

充分利用阿里巴巴现有的数据和技术基础。几乎所有新零售项目都会与阿里巴巴现有的数据体系打通，充分利用阿里云、菜鸟、天猫等现有的平台基础设施，形成阿里巴巴基础设施后台对前台的强力支持和赋能。

阿里新零售对零售产业的赋能与改造

阿里新零售本质上是阿里巴巴利用其先进的数字化技术和强大的智能化零售业基础设施，通过线上线下的融合以及对传统零售业进行改造和赋能，提升零售业的整体运营效率和消费体验。新零售最终的实现，主要是靠阿里巴巴作为产业赋能平台，赋能于其他零售商，而不是阿里巴巴一家干了所有零售的事。

1. 新零售目前还在探索期，未来潜力巨大

（1）模式尚未成熟

阿里巴巴拥有零售业最丰富的场景应用经验、最领先的数字化技术、最庞大的数据资源和最全面的基础设施，在新零售产业赋能方面具有最强大的能力。尽管如此，除了电商之外，阿里巴巴对线下实体零售的各种场景的赋能能力仍然明显不足，目前新零售的成功案例也寥寥可数，在大规模推广复制的新零售模式只有盒马鲜生和零售通，而盒马鲜生和零售通本身也并不成熟，自身模式还在不断调整中。

总的来说，阿里新零售的发展方向是清晰的，但具体的模式还非常模糊，整体发展尚处于探索期，这也是阿里巴巴为什么大量并购典型实体业态的代表公司的原因。通过自建和并购（包括上市公司的私有化），强化自身对新零售标的公司的控制力，以便在没有短期业绩压力的情况下进行各种新零售试验，最终探索出几种可行的成熟模式。

从菜鸟、阿里云等阿里系新业务的发展轨迹看，阿里巴巴作为一个创新者，对于一项全新业务的模式探索往往需要 3～5 年的时间，新零售的模式探索可能也不例外。

盒马鲜生的横空出世，对银泰、居然之家门店的改造，无人零售店的推出……阿里巴巴推出的每一个零售新物种，都获得了巨大关注。未来阿里巴巴完全有可能尝试更多的新物种，从中感受总结新零售之道。

（2）未来潜力巨大

尽管阿里新零售还处于萌芽初发的状态，但实施新零售之后的业绩已开始爆棚。2018 财年（2017 年 4 月～2018 年 3 月）是阿里巴巴实

施新零售后的第一个财年，年报显示，阿里巴巴集团收入2 502.66亿元，同比增长58%；核心电商业务收入2 140.20亿元，同比增长60%；天猫实物GMV（网站成交金额）增速高达45%，持续扩大其市场优势。2018年3月，阿里巴巴中国零售平台的移动月度活跃用户达到6.17亿，较前一年增长1.1亿。阿里巴巴还上调了2019财年收入指引，预计集团整体收入的增长将超过60%。

马云3年前曾谈道：阿里巴巴业务矩阵轮流领跑，轮流扛鼎，过去是B2B 3年，然后是淘宝3年、天猫3年，未来3年是蚂蚁金服领跑，2019—2021年阿里云接棒，2021—2024年菜鸟网络成为引领者。新零售业务完全有可能成为继菜鸟网络之后新的领跑者。

2017年中国网络零售额为7万亿元，而全年社会消费品零售总额为36.6万亿元，如果阿里巴巴能从电商交易平台向零售产业赋能平台转型，未来的规模潜力无法想象。

2. 阿里巴巴仍在不断强化基础设施

作为五新执行委员会主席，张勇认为，能够将阿里巴巴集团的核心能力形成一张大图，最大化地为用户创造价值，这将是五新战略的核心工作。

“未来20年，阿里巴巴不是一家电商公司，而是一家赋能公司，它的使命是不断通过新技术给中小企业赋能。”在2017广州《财富》全球论坛上，马云给了阿里巴巴这样的定位。

阿里巴巴现已拥有淘宝、天猫等电子商务平台，可以为实体零售商提供线上销售渠道、线上交易工具和技术服务，支付宝可以提供数字化支付保障，菜鸟网络可以提供全国性物流仓储、配送支持，阿里云可以提供先进的云计算支持。相关基础设施都是国内第一、全球领先，但阿里巴巴仍在继续强化其基础设施和赋能能力。

例如，阿里巴巴于2018年联合蚂蚁金服以95亿美元完成了对饿了么的并购，这不仅扩大了阿里巴巴本地生活服务的市场份额，丰富了应用场景，而且饿了么旗下的蜂鸟配送对于强化阿里巴巴本地配送服务也具有非常重要的价值。

每一个新零售项目、每一家实体店的数字化改造，都为阿里巴巴提供了丰富的数据，如通过与居然之家的合作，阿里巴巴获得了大量的户型数据。而大数据是智能时代的能源，有了丰富的数据，再加上智能算法，可以让阿里巴巴真正做到比“你”更了解“你”。

在2018年8月上旬举行的第二届阿里供应链开放日，阿里巴巴抛出了新零售的一个“核武器”——智慧供应链。新零售时代，要求企业在正确的时间，把正确的商品，用正确的方式，销售给正确的客户，如果没有一流的供应链，这一切都无法实现。

除了菜鸟网络的供应链服务能力在不断提升，阿里巴巴内部也生长出很多带有供应链属性的业务，比如天猫国际、盒马鲜生、淘宝心选等。它们与菜鸟网络协同作战，打造了一套国内乃至全球最顶尖的智慧供应链体系，用不同的模型来适配不同类型的商家。

3. 赋能效果初显

虽然阿里巴巴的新零售模式仍在探索中，基础设施也仍在不断强化中，但阿里巴巴对零售产业的赋能已开始体现。

盒马鲜生在阿里新零售项目中相对比较成熟，在验证了模式可行之后，阿里巴巴将盒马的模式快速向大润发、新华都等控股或参股的传统超市复制。

根据大润发与阿里巴巴的新零售改造计划，除了数据共享、供应链进驻、系统及POS硬件之外，配送将是很重要的一环，是对传统大卖场销售外延的拓展。

大润发借鉴盒马的 3 公里生活圈案例，上线了“大润发优鲜” App，以提供生鲜、乳制品、烘焙食品、肉类、快消品为主。2018 年第一家上线该 App 的大润发上海杨浦店已经挂上了悬挂链系统，用于拣货与商品传送，节省 App 在线订单的备货时间。高鑫零售年报引用 2018 年 12 月的数据称，大润发杨浦店每天的在线订单数超过 1 000 笔，其中生鲜类占比超过一半。“大润发优鲜” App 已拥有 33 万活跃会员（注册用户约 100 万），每位会员每月的购买频次超过 4 次。

继大润发之后，“盒马模式”又输出到了新华都。目前新华都在福建的 31 家超市已经全面接入淘鲜达，进行新零售改造。数据显示，初步改造后，门店毛利提升 10% 左右，门店经营人效（人均销售额）提升 15% 。其中，位于福州市中心的新华都超市华林店线上订单占比已达 35% 。

被称为阿里新零售基座的天猫，如今不再只是线上的概念，天猫新零售带来的物流业、线上线下效率全方位提速，为消费者切实解决了购物痛点，也扩大了服务体验上的优势。例如，北京、上海、广州、深圳等各大城市都已配备了天猫超市 1 小时达服务。天猫酒水更是依托线下门店，实现了 29 分钟快速送达。

天猫还在全渠道、数字营销、数字供应链管理等方面赋能品牌，成为全球品牌转型升级的主阵地。截至 2018 年 3 月 31 日，天猫拥有超过 15 万个品牌。新成立的天猫奢侈品平台 Luxury Pavilion 也已有近 50 个全球顶级品牌入驻，成为国际顶级品牌进入中国市场的首选。

阿里新零售对其他产业赋能平台的借鉴意义

阿里巴巴无疑是这个时代规模最大、场景最丰富、数据最多、能力领先的产业赋能平台，而零售是世界上就业人口最多、业态最多样、环节最复杂的一个行业。从阿里新零售的实践中，计划或正在走向产业赋能平台的企业应能获得很多的启示。

1. 成就真正的产业赋能平台，其复杂性和难度超乎想象

从某种意义上来说，目前所有的产业平台都不成熟，虽然有一些赋能的成分，但离真正的赋能都还有很大的差距。真正的赋能建立在对产业全链条的改变的基础之上，平台承担了产业链条上的很大一部分工作，而让平台上的企业可以“轻松”利用平台进行创业和创新。

尽管阿里巴巴的资源与能力独一无二，但对实体零售的赋能能力仍然不足。目前阿里新零售在店面的智能化设备应用、消费者入店后的行为记录、数字化支付、本地配送等方面已有实质性的进展，对供应链的改造也才刚刚开始。阿里目前仍处于新零售模式的探索阶段，这一阶段可能仍要持续一段时间。在模式和思路相对成熟之后，对零售产业的改造，以及新零售基础设施的打造和成熟，则可能需要更长的时间。

产业赋能平台的打造，难度超乎想象，每一个有志于成为产业赋能平台的企业，都应做好充分的思想准备，都要具备巨大的决心和勇气，才有可能取得最后的成功。

2. 产业赋能平台需要全场景、全链条推进才能实现

产业赋能平台的打造显然是个系统工程，聚焦于产业某一环节或某一局部的平台很难实现对入驻平台的企业的赋能。只有全场景介入、全链条推进，从根本上改变产业分工的格局，重塑整个产业，才能实现更好的赋能。

阿里新零售的实施就是这样，从一开始就不是局限于某一业态或某一品类，也不仅仅局限于店面环节，而一下子就涉足各个主要品类、主要业态，涉足店面、配送甚至供应链等各个环节。这样做虽然在开

始比较难以见到效果，可一旦各品类、各业态、各环节在数据和技术等方面发生化学反应，产业赋能的效果将得以指数级放大。

前期应以相对封闭的方式打造基础设施和基本的赋能能力，后期则可通过开放来实现基础设施和赋能能力的升级。

产业赋能平台对于每一个产业来说都是新鲜事物，而且产业赋能平台将改变整个产业的格局，与原有格局下的企业能力要求有很大不同。产业赋能平台在成形之前往往缺少行业号召力和利益的吸引力，难以组织产业中拥有较好资源与能力的企业共同参与。因此，产业赋能平台在发展初期想要通过整合来获得赋能能力往往不可行，自己投资、自己试验的相对封闭的方式往往更为可行和快速。

在产业赋能平台基本成形后，平台往往已具备巨大的行业影响力，完全可以吸引更多的合作伙伴参与其中，可以优中选优，通过合作伙伴的动态调整，实现基础设施和赋能能力的持续升级。

阿里新零售赋能平台作为阿里巴巴未来战略的一个内核，正通过多种方式深度实践和不断进化，阿里巴巴一方面通过典型项目的参与来积累产业资源与能力，另一方面也已开始对产业参与者的改造和赋能。相信随着腾讯等对手的不断加入，中国零售业必将迎来更具想象力的未来。

第二节　王兴的无限游戏：吃喝玩乐尽在美团

《有限与无限的游戏》是王兴非常喜欢的一本书，他表示：“有限游戏在边界内玩，无限游戏却是在和边界，也就是和规则玩，探索改变边界本身。实际上只有一个无限游戏，那就是你的人生，死亡是不可逾越的边界。与之相比，其他的边界并不是那么重要了。”如果你读懂了这段话，那么你就会相信，王兴带领的美团会带给你无限的想象。

实际上，今天的美团已经不断地超越其起初的边界，演变成一站式本地生活服务产业赋能平台，进入你生活的每一个角落，并正在全面推动着生活服务产业的深刻重构。

美团的平台迭代：T 型战略

美团创办于2010 年，以团购起家，成立不久，便遭遇千团大战。相比拉手、窝窝团、24 券、团宝等已在 150 ~ 300 个城市开通的领先者，当时在 94 个城市开通的美团，在业内属于中游，并没有太强的规模优势。

虽然美团的城市优势并不明显，但是 CEO 王兴要求开通的每一个城市必须符合科学：按照一个城市的人口、淘宝消费指数、肯德基数量及电影院的数量等指标来计算投入产出比，只有投入产出比合适时才会扩张。后来，他发现开错了 4 个城市，随后立即果断地将这些城市关掉。在团购大战最关键的时候，美团提出主要做好两件事：一是发放期权，稳定军心；二是强调资本寒冬要来了，得做正确的事。

当对手在各地疯狂扩张时，美团却撤掉了 4 个城市，这就是美团所谓的坚持做正确的事。随着资本寒冬的到来，走向疯狂的对手顷刻间倒下，此时处于良性发展状态的美团吹起了进攻的号角。2011 年 11 月，美团将团购的业绩带向了行业第一，成功搭建了以团购为基础的领先交易平台。

随后，王兴的无限游戏开始了。他认为，互联网对服务业改造的速度和程度，会超过互联网对商品零售业的影响，因此生活服务业存在着大量的机遇。2012 年，美团开始以团购业务为基础，推进 T 型战略，由团购平台转型为 O2O 生活服务平台。2012—2013 年，美团用一年的时间孵化出外卖业务，扮演起美团新的导流入口，激活团购存量用户。同一时间美团还先后上线了电影票、酒店、旅行票务等业务。

这时的美团开始从团购平台向一站式生活解决方案平台迈进，即基于团购形成的流量，大肆向电影、外卖、酒店等垂直领域扩张。2015年，美团与大众点评合并，成为国内最大的综合性生活服务平台。2017年之后，美团先后进入网约车、在线短租、在线旅游等行业，平台之路再度升级。按照美团的解释，它的目标是成为“吃喝玩乐”一站式服务平台。

王兴表示：“我觉得美团进入的行业没有边界，它不是以一个个行业和业务本身去划分的，而是以用户习惯、用户价值为依据的。美团的未来，取决于生态生产率和壁垒有多高。生态生产率的优势有多大，决定了公司能走多远。”

美团的平台版图：吃喝玩乐全都有

美团已经成长为国内最大的综合性生活服务平台，一边连接了生活服务商家，一边连接了消费者。看似无界的美团，围绕打造全生活服务场景的覆盖，形成四大生活服务业务，分别是美团到店、到家、旅行、出行。

美团到店业务是消费者通过线上查找并决定店铺，甚至在线上下单支付，再到线下实体店铺进行消费的一种业务模式。针对到店的特性，美团点评将原到店餐饮、餐饮生态、到店综合及智能支付业务，重组为新到店事业群，线上线下全面协同、双向打通，增强全场景用户体验，深化全链条商户赋能。美团到店平台的竞争优势体现在，消费者可以搜索及发现商家信息、进行预订、购买电子代金券、在线点餐、在线支付及撰写评论，全场景获取用户体验。

美团到家业务是指消费者线上下单、支付，商家提供送货上门或上门服务，餐饮外卖是到家的核心业务。美团借助到家场景，向大零售生态布局，统筹生鲜零售，加大外卖业务，强化外卖配送网络，建设生鲜零售。美团通过实施配送智能调度系统柜，有效降低了配送成本，缩短了配送时间，提高了配送准时率，打造其核心壁垒。

美团的旅行业务虽处于起步阶段，但美团点评可以凭借其掌握的庞大流量、交叉的业务体系，在此领域中分一杯羹。美团的优势在于将餐饮玩乐的高频用户，大量引向相对低频的酒旅业务。由于美团酒店用户以年轻客户为主、黏性高、活跃度强、独立用户多、向竞争对手转化的可能性低，因此未来具有较大的发展潜力。

美团将出行业务的“线”连接到平台各类场景的停留“点”，打造生活服务闭环。出行在美团中扮演连接网络的角色，将到家、到店业务串联起来。美团打车业务承担 3 公里外的出行，美团共享单车承担 3 公里内的出行，美团打车与美团的外卖、电影票、酒店旅游产生协同作用，美团共享单车则凭借巨大的流量资源成为美团场景的最佳“连接器”和全新用户流量“入口”。

围绕到店、到家、旅行和出行，美团构建了产业内最完整的生活服务一站式解决方案，强化了客户和商户端的网络效应，形成了具有一定用户黏性的生活服务超级平台。

美团的平台赋能：与商户一起让生活更美好

王兴曾围绕着一把空椅子对大家说：“这把椅子上坐的是我们的外部伙伴，我们要坚持以他们为中心。虽然我们还不太了解他们，但我们有很好的基础可以了解他们，从而更好地服务他们。”王兴口中的外部伙伴就是平台上的各类商家。美团秉承“心态开放，方式多样”的理念，通过深化与引进各种工具和基础设施来赋能商家。

为了帮助商家简化经营压力，实现竞争力升级，美团提出了营销赋能、数字化赋能、经营赋能、产品赋能、物流赋能和金融赋能六大环节的全面赋能。营销赋能是发挥美团点评在拉新、老客户留存方面的优势，为商户提供便利。数字化赋能是联合更多的开发者、软件商为商户提供数字化基础设施建设。经营赋能是发挥美团点评的商圈数据、用户数据等，并引入第三方服务商为商户提供从选址租赁、装修等涵盖经营管理全流程的一站式服务。产品赋能是发挥平台数据等优势，帮助商户有效引导和生产出匹配用户需求的个性化产品。物流赋能是借助美团外卖，将这种能力逐步延伸到所有生活服务领域，实现同城3小时必达的物流能力。金融赋能是除了美团小贷等金融产品外，美团点评还成立产业基金龙珠资本，继续以合作、投资等多种方式来支持合作伙伴。

美团在赋能商家的过程中，也在不断开放引入一些外部伙伴的资源与能力，比如美团就非常充分地运用了与腾讯的合作资源。美团与腾讯的合作包括微信钱包、小程序、地图、微信卡包等，共同打造一个“吃喝玩乐+社交”的商户赋能超级平台。腾讯表示：“美团点评是微信支付线下餐饮商户拓展重要的合作伙伴，在线下支付领域的智能POS、二维码、秒付等多种产品，将帮助腾讯迅速覆盖餐饮市场，为餐饮商家更好地提供服务。”

美团与腾讯合作为商家带来的好处非常多。首先，为商家增加流量、增加客源。美团点评自身平台的强大流量入口，加上拥有微信、QQ的腾讯，将形成一股合力，为商家带来大量流量。其次，提升商家的线下收银和对账的效率。美团点评的智能POS、二维码、秒付、小白盒等多款产品，聚合了微信支付等多种收银方式。最后，提升商家运营的数字化能力。例如，消费者在商家支付后，商家还能通过微信发券，并自动同步到微信卡包。

为了进一步升级对商家的赋能能力，2017年11月，美团正式发布了生活服务开放平台，通过对商户、开发者、服务商等全面开放，与商户在团购、数据统计、会员等功能上实现集成对接，并推出覆盖休闲娱乐、丽人、KTV 等 200 余个细分行业的系统解决方案，为商户提供经营管理全生命周期的一站式服务，为生活服务领域商户深度赋能。美团的赋能策略已从初期的营销赋能走向全产业链赋能，用技术和数据赋能商户，提升商户经营管理效率，推动传统业态升级，向着“网上城市综合体”的梦想迈进。

美团的平台治理：形成闭环打击

2018 年 8 月，乐清女孩乘滴滴顺风车遇害案，引发外界对平台公司治理问题的关注。致力于打造本地生活服务平台的美团，覆盖吃喝玩乐等不同领域，如果平台上的企业出现问题，就有可能危害消费者的生命，引发的连锁反应也是不可估量的。当美团一路狂奔时，做好平台治理，王兴的无限游戏才能一直玩下去。

美团作为网约车业务的新军，一开始就对运营车辆严格审查。美团建立“线下验车、人脸识别、临时抽检”三大审核机制，全方位治理“套牌车”。美团要求所有新入网的车辆和驾驶员，在线上完成三证（行驶证、驾驶证、身份证）及人车合影、人证合影的审核之后，还需要驾驶员驾车前往线下验车服务点，由专人按标准流程进行人车合影、行驶证与车辆信息对比、三证合一等审核。线下验车不能通过的，平台将予以账号封禁处理。

美团引入 AI（人工智能）技术进行智能审核。新注册驾驶员在首次接单前、更换手机设备时都会触发 App 端人脸识别，通过技术比对确认实际运营驾驶员与平台注册信息及公安部门登记信息是否一致。人脸识别未通过的驾驶员将不能接单，需重新提交信息，经平台审核后材料仍有问题的，需要进行线下验车。

作为生活服务类平台，刷单是美团在平台治理上最大的挑战。刷单的危害在于扰乱了消费者对商家的正常判断，侵害了消费者的合法权益，破坏了平台良性的生态环境。2017 年 5 月，美团通过内部邮件实名公布了 10 起反腐打黑刑事案件。这 10 起案件有一个明显的特点，就是集中刷单骗补。刷单是包括美团在内所有电商平台欲除之而后快的“毒瘤”。美团设有专门的诚信团队，他们独立于业务团队之外，职责就是不断与刷单、虚假评价等作弊行为斗争。此外，诚信团队还会通过系统算法和人工结合的方式进行日常稽查，并配合公安、工商联手打击刷单团伙。对于虚假评价，目前美团点评有 300 多种算法进行筛选，已可剔除 98% 的虚假评价。

美团还设立诚信“重案组”，全面加强对刷单和虚假评价的监控和识别手段，线上线下联动收紧“法网”，在“事前 - 事中 - 事后”让打击手段形成闭环，让刷单等违规行为无可遁形。在事前环节，美团启动对商家数据库中商家信息、历史订单、消费者评价的全面校准，并以此为基准建立商家诚信“PLUS”体系。在事中环节，美团全面升级监控体系，通过实时风控系统和数据挖掘技术，精准抓取可疑行为，并通过美团旅行算法专家组的升级版追溯识别算法，判断是否属于刷单。在事后环节，如果判定某商家首次刷单，美团旅行将对其立即下线，并加强商家教育，重申刷单风险。

平台治理的成败左右平台的品牌声誉，完善的平台机制能够降低平台参与者受欺诈的风险，降低平台噪音，从而提升平台的吸引力。美团的不断扩张，更容易暴露出平台的问题，伤害到用户的利益，对其平台治理提出更加苛刻的要求。这就要求美团高度重视其自身扮演的平台治理者责任，为打造一个更安全、更健康、更高质量的生活服务赋能平台而努力。

第三节　沪江 CCtalk：引领“知识变现、人人为师”的时代

沪江全力打造的 CCtalk 平台，承担着公司未来的业绩重任，肩负起赋能教育行业实现整体升级的重任。CCtalk 一方面通过商业模式创新，赋能网师，实现 IP（知识产权）价值最大化；另一方面加强人工智能领域的投入，优化智能学习，搭建全新的教育场景，为机构、老师、学生重新定义在线课堂，共筑教育新生态。曾经的沪江以数字化的沪江网校引领互联网教育的发展，而今天的 CCtalk 正以打造产业赋能平台为手段，驱动互联网教育产业的转型。

从 BBS 论坛到 S2B2C 教育赋能平台

2001 年，上海理工大学的大三学生伏彩瑞创办沪江语林论坛，帮助在校学生免费共享外语资料，分享外语学习经验。2005 年，伏彩瑞研究生毕业决定创业，将沪江语林论坛更名为沪江网，将其转向正式的公司化运营。早期，沪江网凭借优质的内容，积累了大量的用户，带来了一批广告客户，帮助公司走出创业初期的资金危机，并实现了逐步盈利。

2007 年，沪江网获得江苏工业园 100 万美元风投，开始崛起。同年，沪江网开通沪江商城业务，承接 BBC（英国广播公司）、VOA（美国之音）官方内容授权，在线售卖新东方在线、中华会计网校的课程。

2009 年，沪江完成 A 轮融资，这笔融资帮助其上线沪江网校，既为企业提供定制服务，也满足个人语言学习的需求，沪江开始向综合性学习平台迈进。

2016年10月，沪江集团面向未来布局的核心产品CCtalk上线，承载起沪江平台化升级之路。早期的沪江语林论坛是一种C2C（个人对个人）模式，接着上线的沪江网是B2C（企业对个人）模式，而沪江网校代表的是B2B2C（供应商对企业对消费者）模式，CCtalk则是要打造S2B2C的互联网教育产业赋能平台。

沪江网校与CCtalk共同支撑起沪江，沪江网校代表着沪江的“现状”，CCtalk则代表着沪江的“未来”。为了实现自身的转型升级，沪江计划3年内花10亿元打造CCtalk。

CCtalk平台赋能：“网师”知识变现

作为着力于赋能在线教育产业的平台，CCtalk推出为“网师”赋能的概念，主要面对两类老师：一类是自带生源有个人IP的老师和机构；另一类则是有自己的内容，但是缺乏互联网营销经验的传统机构老师。

推动一名“网师”的成功必须具备几个要素：首先，要有一个在线教学工具，能够满足老师利用互联网进行教学；其次，要有一个交易类的电商平台，完成整个教学和商业的闭环；最后，要对老师进行运营赋能，教会他们基本的互联网运营的技能。此外，平台的流量和生源也是网师选择平台非常看重的要素。

CCtalk原本是为教学而生的产品，为了给教师网上授课打造理想之地，CCtalk通过“直播+录播+互动”的方式还原真实课堂教学场景，搭载答题、浮层白板、词典、学生举手上麦等老师教学所需的工具，将切实的教学需求融入直播场景中。同时，CCtalk还形成了一个完整的平台闭环，从课前预告、课件发布，到课中直播、白板答题卡、举手上麦互动，再到课后课程回放、作业、营销收费等。

“网师”颜远绅在入驻CCtalk之前，跨越多个网络平台才能完成引流、付费、教学等，入驻 CCtalk 后可以一站式解决。他的新传考研答题班的售价为 4 000 元，而同样的课程在同类平台上的最高售价不超过 200 元，客单价提升了超过 20 倍，同时高质量的技术保障也让他很满意。CCtalk 为“网师”提供高质量、高定价、轻运营的保障，让他们专注于教学内容的打造。

CCtalk 以“汇聚天下网师”为旗号，帮网师赋能，充分放大其个人价值，打造强势 IP。为此，CCtalk 整合直播大数据推出“直播教学指数”。该指数复刻网师的上课效率、工具使用、互动情况、网络状况，再与历史数据形成对比，帮助网师发现差异找出问题，提升自己的上课技巧和教学效果。CCtalk 旨在通过实时互动课堂、完整的商业闭环、为网师搭建服务团队，为中小型职业教育机构和独立的网师提供个人 IP 的包装和知识变现的平台。

未来 CCtalk 将成立百万网师“汇智联盟”。综合业务量前 100 名的老师将享受到不同层级的平台打包服务。服务内容包含行业高交流平台，核心企业运营管理系列培训课程，以及渠道、运营、策划等多方面的 CCtalk 平台资源，以更好地为优质创业网师“赋能”，提升网师在渠道推广、包装宣传、营收转化等方面的综合能力，帮助更多的网师实现 IP 价值最大化，最终实现与 CCtalk 一起重新定义在线课堂，共建未来教育生态圈。

沪江合伙人、CCtalk 总裁孔薇表示：“汇智联盟”的成立，标志着 CCtalk 所定义的网师群体进入快速爆发的新阶段。我们希望通过首批 100 名头部网师的带动效应，号召更多优质的教育工作者加入，与 CCtalk 一起重新定义在线课堂，共筑教育新生态。自称“教育界的再造者”的 CCtalk，通过教学工具、高并发、实时通信及平台化的“四位一体”，形成一个完整的在线教育平台闭环，为网师提供全套系统支持，即教学工具、课程营销、社群学习、云和大数据等一站式解决方案。

CCtalk 平台技术：人工智能落地教育行业

沪江率先实现人工智能在教育行业的落地，开发了行业内首款规模化应用的人工智能学习产品“Uni 智能学习系统”。该系统的优点在于通过“了解你、匹配你、陪伴你”3 个阶段的学习步骤为用户量身定制学习方案，提供“大数据分析－用户画像－能力评估－路径规划－个性化教学－学习效果评估”的智能学习“大循环”。沪江已经形成二三十人的人工智能专项横向团队，通过每个产品线上的产品经理、技术开发、运营，不断提升人工智能的技术高度和应用能力。

音视频是 CCtalk 的基础技术，通过运用 RTC（实时时钟）技术去做万人课程，提升音视频速度，同时通过与其他在线教学工具的实时功能匹配，提升功能之间的协作性，可以给予用户更好的上课体验。CCtalk 研发的实时互动视频技术，如多向视频、屏幕分享、提升广播工具和定制媒体质素等技术，可同时承载超过 3 万个直播视频课程，而每个课程可容纳高达 17 万人同时在线。

CCtalk 通过人工智能研发了助教功能，可以为新来的学生介绍过去几天的教学内容，分析群内最活跃的用户等。老师建立类似微信群、QQ 群的群组，在群内布置作业、解决问题。类似的功能，让老师、知识达人对平台形成极高的依赖性，吸引更多的用户，其付费能力也转化为 CCtalk 平台课程的变现能力，提高了网师的留存度，形成一个螺旋上升的正循环。

CCtalk 在人工智能领域还有一个有趣的尝试：搭建全新的教育场景，探索学习的新模式。当用户是学生时，沪江提供的是学校场景；当用户是白领时，提供的则是商务场景。场景、内容、学员三者结合，提升用户学习的兴趣，增强用户的耐心，让学习不再枯燥。沪江的人工智能将学习行为、学习内容、学习产品深度融合，创建出个性化学习的解决方案，实现了线上教育千人千面。

伏彩瑞表示，未来10年教育行业的发展方向，一定是人工智能+人的智能。CCtalk进入人工智能领域具有先天的优势，过往的十几年里，沪江积累了丰富的数据，同时，平台又会记录老师上课过程中的历史数据。CCtalk结合积累的数据，再通过人工智能的算法、深度学习、挖掘数据，来提高学习的效率、教学的效果，最终将推动沪江成为智慧化的学习平台。

2017年，沪江发布全新战略，未来将围绕教育生态重点发展两大业务：以沪江网校为主体的B2C业务和以CCtalk为主的赋能平台业务。沪江将依托1.5亿用户，借助先进技术优势，深度挖掘用户行为数据的价值，反过来推动沪江产品和业务的发展。用户、数据、技术共同支撑沪江迈向更大的教育生态，而CCtalk正是沪江迈出的第一步。从用户、产品到技术，CCtalk都拿出了漂亮的数据，支撑起独立融资的信心，也为沪江登陆港交所做了背书。

未来几年，中国在线教育市场仍将保持稳健增长，作为开放赋能平台的CCtalk，在教学、技术、营销、生态等方面已经具备突出优势，期待沪江能带领互联网教育进入智能教育时代，通过打造智能教育的创新引擎，赋能教育行业实现产业的整体升级。

第四节　网飞：影视制片与发行的一站式赋能平台

2018年，网飞（Netflix）的市值陆续超越康卡斯特、迪士尼等影视行业的传统巨头而成为新的王者。起家于在线租碟业务的网飞，用短短二十几年（网飞成立于1997年）的时间，已从在影视行业吃边角余料的打杂小弟，成长为主导全球影视行业未来发展方向的龙头大哥。

网飞之所以如此成功，就在于其紧随互联网技术发展而不断优化升级的平台商业模式。

网飞商业模式的进阶

1. 网飞 1.0：以三无会员制为特色的网上租碟业务（1997—2006）

诞生之初的网飞是一家提供网上租碟业务的渠道商，所面临的直接对手是全球最大的录像带、VCD、DVD 以及 VCD 游戏连锁出租机构——百视达（Blockbuster）。

百视达借助数据化分析周围居住群众的人口特征来决定藏碟的种类的店面运作模式，打败了诸多竞争对手，成为碟片租赁行业的霸主。然而，门店通过数据分析来决定藏碟类型的模式虽然能够为特定社区提供相对定制化的服务，但与线上无所不包的海量选择相比就有点相形见绌了。无店面、轻资产化的线上运营模式已然使网飞具有了以小博大的资本。

仅仅凭借互联网技术打破时空界限的渠道重塑力，碟片租赁门店像书店一样走向没落只是时间问题。只是等到那一天到来时，碟片租赁行业的霸主未必是网飞。

1999 年 9 月，网飞率先推出了无到期日、无逾期费、无邮费的三无会员制（月会员费 19.95 美元，每次最多可租 4 张碟），对单碟计价、逾期罚款的固有模式造成了强烈的冲击。三无会员制极大地提升了用户体验，在百视达的垄断城墙上砸开了一个难以补上的缺口。网飞的这一商业模式的创新将百视达逼入了一个进退两难的困境：不跟随，用户就会持续流失；跟随，在营收中占比将近 20% 的逾期费又不是说放弃就能放弃的。

最终，百视达的市场份额被网飞蚕食殆尽，于 2010 年被纽交所强制摘牌。这家巅峰时期拥有近 6 万名员工、超过 9 000 家门店的巨无霸企业最终湮灭在了历史长河之中（参见图 4－1）。

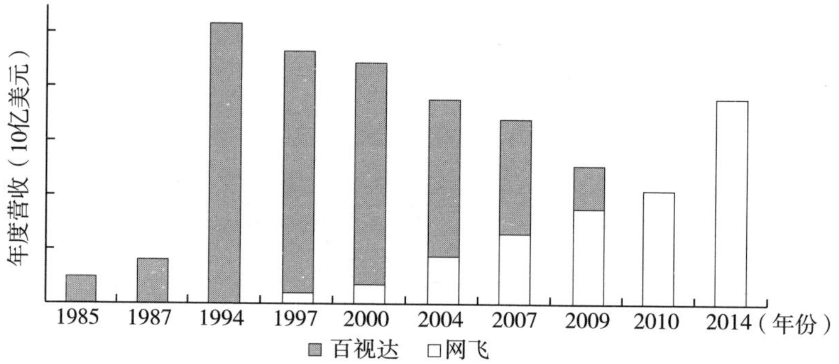

图 4－1　百视达和网飞年营收对比

尽管此时的网飞只是一个奋战在租碟市场中的小角色，但是其处处以用户体验为先的战略格局注定了它不会止步于碟片租赁行业老大的位置。毕竟用户始终都在渴望更为便捷、流畅、清晰的视频播放体验和充满创意、制作精良的视频内容，这是致力于提升用户体验的网飞绕不过去的两道关卡。

2. 网飞 2.0：推出无广告纯订阅的流媒体服务平台（2006—2011）

随着技术的发展，窄带互联网时代终结，足够的带宽使在线观看视频成为可能，并且宽带的普及率不断提升（2006 年美国家庭的宽带普及率比 2005 年上涨了 40%，达到 8 400 万人），自 20 世纪 90 年代就已经出现的流媒体技术终于成熟并逐步走上主流舞台。考虑到在线点播的用户体验远胜于在线租碟，网飞决定涉足纯数字化运营。

订阅价格低廉的流媒体平台开始冲击电视网络。网飞的月订阅费只需要 8 美元左右，而主打精品内容的 HBO 电视台月订阅费则高达 130 美元。凭借价格优势，流媒体平台对电视网络用户产生强大吸力。在这期间，网飞的订阅会员数不断攀升，从 400 多万一路上扬并最终突破2 000万。

但是，订阅会员数持续上涨的背后显露出越发残酷的现实：网飞始终是为影视内容生产巨头服务的打工仔。美国影视业利润最丰厚的是内容生产与发行环节，而网飞在这两大环节皆无话语权。另外，更为恐怖的是，网飞需要不断地购买优质内容来吸引用户，内容购买成本越来越高且永远受制于内容生产商。

所以，虽然技术进步使视频卡顿不再是一个问题，并且用户数也确实在不断上升，但是不掌控影视行业核心竞争资源——内容的网飞始终与影视巨头相差甚远。另外，此段时期的网飞还是主要依靠线上租碟业务实现盈利。

3. 网飞3.0：自制内容与赋能内容制作商，一站式影视制片与发行，大数据精准推荐（2011年至今）

2011年，网飞拆分DVD租赁和流媒体服务，各自收取订阅费7.99美元/月。此时的网飞尚未涉足内容制作领域，激进的订阅费增长策略使其用户流失80万，公司股价在半年时间下跌75%。同年，网飞开始涉足内容环节。

2013年，网飞的首部自制剧《纸牌屋》正式上线，引起强烈反响，订阅用户数大增并首次超过HBO，成功坐上了美国流媒体的第一把交椅。此后，网飞不断加码“自制+数据化赋能基础上的独家版权买断”的内容投入，内容制作现金支出持续增长（参见图4-2）。

由于抢先进入内容领域，网飞具有了明显的先发竞争优势。2014—2017年，网飞进行了3次提价，总幅度达37.5%，但订阅用户数不降反增。网飞的独家精品内容成功培养了用户黏性和忠诚度（参见图4-3和图4-4）。

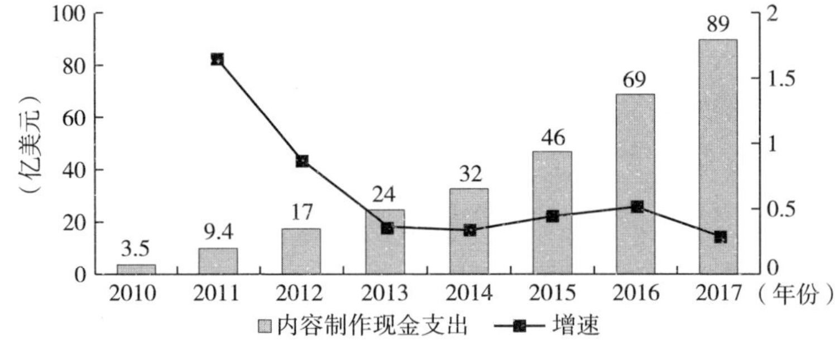

图 4-2　网飞内容制作现金支出及增速

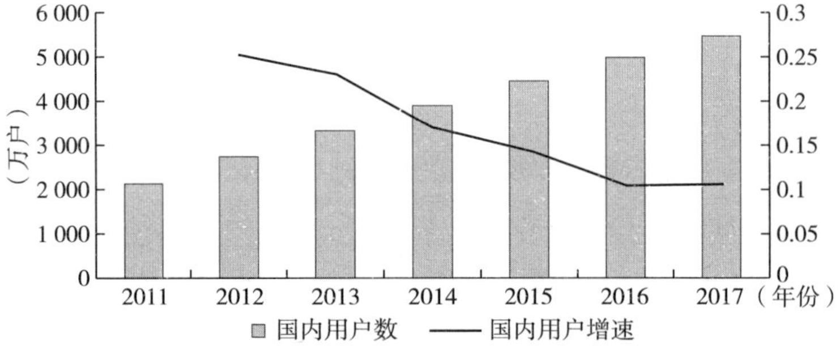

图 4-3　网飞国内用户数及增速

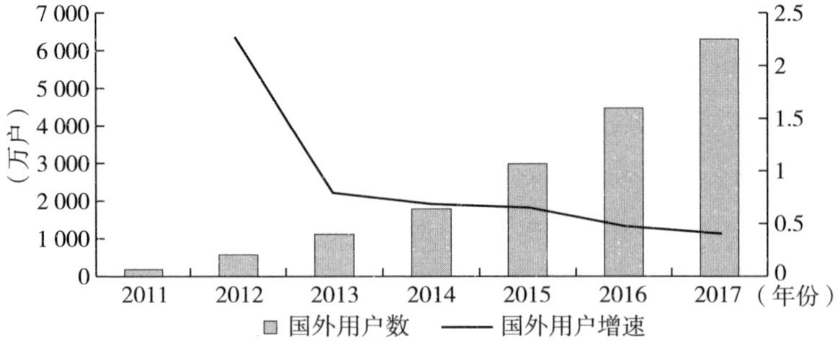

图 4-4　网飞国外用户数及增速

网飞沿影视产业价值链自下而上，从边缘化的渠道商一步一步转型成为集制片和发行于一身的影视产业平台。在内容和科技的双轮驱动下，网飞不仅成功闯入影视行业的核心区域，而且反客为主。网飞利用平台优势参与内容制作与筛选，为获取独家自制内容奠定基础，同时购买全球独立电影及电视剧的发行版权，并绕过传统的发行渠道，加快影片的商业变现速度。

另外，网飞用大量的算法及模型打造大数据推荐系统，实现针对每个用户的个性化推荐。上亿用户的浏览记录和影片评级又可以进一步被大数据系统分析，进而指导内容的自制和采购（参见图4－5）。

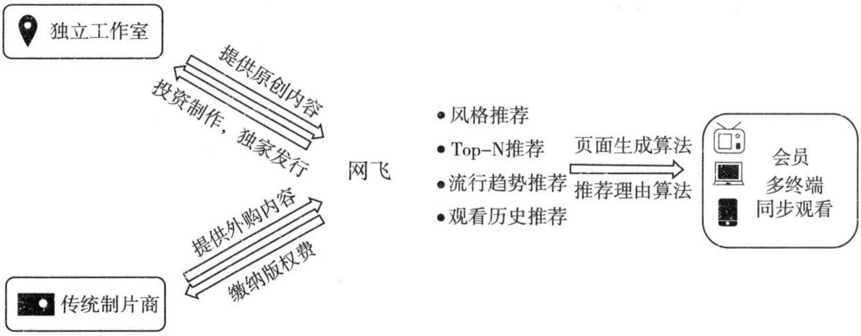

图4－5　网飞商业模式3.0

网飞的制胜之道

1. “低价”是永不过时的竞争武器

“低价”能否具有极强的杀伤力，关键要看竞争对手能否轻易跟随。早期，百视达不敢轻易跟随网飞的三无会员制，最终彻底落败。现在，老牌的影视巨头同样不敢轻易跟随网飞的低价策略。

有线电视订阅是HBO、迪士尼等传统大厂的主要营业收入来源。一旦跟随网飞的低价策略进行流媒体平台的压价竞争，有线电视的订阅量必然会受到影响。曾经为HBO、迪士尼等传统大厂带来丰厚利润的有线电视网络虽然已显颓势，但出于利润的考量又不能轻易割舍。

同时追赶两只野兔，难免会一无所获。

2015—2016 年，美国的电视台收视率持续下跌，其中 43% 的收视转移是网飞造成的。网飞的营收稳步提升，最终超越了定价高昂的传统影视巨头。例如，HBO 电视台的月度订阅费为 130 美元，自建流媒体平台的月度订阅费为 14.99 美元（网飞的月度订阅费相当于这个价格的六折）。然而，早在 2014 年，HBO 的营收就已经被网飞超越。

2. 重金砸出内容壁垒

影视是一个游走在技术和艺术之间的行业，用先进技术提高观看体验固然重要，但制作精良的内容才是兵家必争之地。

网飞在内容投入上一向出手阔绰，现金支出持续增长，现已接近 90 亿美元，为流媒体行业第一。一方面，网飞高度重视原创剧（自制内容投入占内容总投入的 20% ~30%），用行业的顶薪挖顶尖的人才，制作堪比电影的电视剧。另一方面，加大购买优质影视剧的网络独播权。另外，为吸引国外用户而购买当地已经大热的头部影视作品。

在内容上的重金投入带来的是高忠诚度用户流量汇聚的回报。截至 2017 年，网飞已经占据北美流媒体市场 51% 的市场份额，而位居第二名的市场份额仅为 22.1% 。

另外，Second Measure 最新调研报告显示，网飞的付费用户忠诚度远高于其他流媒体。网飞用户愿意长期订阅，并同时订阅其他流媒体平台作为补充。80% 的网飞用户只订阅网飞，仅 17% 的用户会同时订阅 hulu，而 62% 的 hulu 用户会同时订阅网飞。

3. 技术成就极致化观影体验

网飞是一家互联网技术基因强大的流媒体平台。流畅、多终端、个性化的极致观影体验是网飞的另一道护城河。

为获取流畅的观影体验，网飞广泛地与外部宽带服务商和云计算服务商进行合作。网飞与美国四大宽带服务商（时代华纳、康卡斯特、美国电话电报公司、威瑞森）合作，购买其宽带服务，为用户流畅观看视频提供足够的网速。网飞是全球最大的云计算用户之一。向亚马逊云租借存储资源、服务器及计算能力，以快速便捷地满足用户搜索、推荐需求。

顺应用户多终端观看视频的需要，网飞积极拓展与终端厂商的合作。目前，网飞已经能够通过手机、平板电脑、笔记本电脑、游戏机、智能电视机、机顶盒等多种终端设备推送流媒体服务。

个性化的观影体验有赖于强大的数据分析及推荐系统。网飞组建AI算法实验室对视频进行微细化分类，视频标签多达8万个。网飞运用机器学习，针对用户的观影偏好进行个性化推荐。另外，网飞手中掌握全球近1亿用户的观影数据，内容制作的立项、拍摄和宣传皆由大数据驱动。

当下的网飞已然是全球最大的影视制片与发行的一站式平台，而且还在考虑收购影院以增强对线下发行渠道的掌控力。只是如此辉煌的城堡周围并没有很深的护城河。“内容＋技术”的竞争门槛尚不足以构成深不可渡的护城河，无论是传统的影视巨头还是新晋的互联网玩家（例如亚马逊），都有机会通过提供更优质的内容和更极致的观影体验来挑战网飞的霸主地位。想要在影视行业的顶峰站牢脚跟，网飞还有很长的路要走。

第五节　未来酒店：阿里巴巴重构酒店业的未来

未来的酒店会是什么样子的？过去3年，阿里巴巴旗下的“未来酒店”通过赋能酒店行业逐步给出了一个清晰的答案。“未来酒店”基于酒店行业的困境，以“新零售”为指导，向酒店行业开放数据，提供先进信息管理系统，在技术支持下让客户享受到全新的酒店服务。“未来酒店”始于在线酒店平台，随着线上线下数据打通，赋能的成熟，创新体验产品的丰富，将华丽转身成为酒店生态服务平台，成为连接阿里生态与行业生态的桥梁。

阿里巴巴：定义未来的酒店

马云在阿里巴巴“网商大会”上提出“五个全球”的概念：全球买，全球卖，全球运，全球付，全球游。其中全球游是阿里巴巴从战略角度上首次提出来的。所谓“全球游”是中国人以后在全世界旅行，不需要护照、手续等烦琐流程，只需要刷脸就能实现。阿里巴巴要实现这个梦想，需要找到一个切入点，而衔接旅游产业上下游的酒店成为其理想的选择。

早在2015年3月，阿里旅行（2016年更名为“飞猪”）就发布了“未来酒店”战略，即在第一阶段线上预订，可享受信用住的基础上，实现前台入住时可随时体验信用住，突破预订渠道限制，打通线上线下全场景，信用住惠及更多消费者和酒店。也就是说，消费者通过信用住，免去了住店、退房时的烦琐手续，享受到前所未有的住店与离店体验。

2016年，“未来酒店”2.0版上线，对于用户来说，阿里巴巴将入住体验升级为VR在线选房、提前开发票、智能门锁、自助刷脸入住等；对于酒店合作者来说，阿里巴巴发布众筹计划，赋能酒店商家，解决酒店运营成本问题。阿里旅行为“未来酒店”制定的目标是：让用户体验更极致，让酒店自己运营酒店。相比于1.0，未来酒店2.0会在全球最大酒店集团万豪酒店落地，这会对整个酒店行业变革起到巨大的推动作用。

近几年，酒店业经营状况面临着巨大考验，在线平台的冲击导致生存空间频频受到挤压。酒店行业急需快速适应市场变化，建立新的销售体系，推出差异化的产品和服务。“未来酒店”战略正是看到这一点，借助阿里巴巴的用户分享、数据能力、营销平台等为酒店业提供“一站式解决方案”。通过“未来酒店”的赋能，酒店行业在改善收益、精准营销、提升入住率等方面都将获得显著提升。

“未来酒店”的三板斧

飞猪认为未来的酒店应该有四个方面的能力：第一个是基于一个信用体系，打造酒店和消费者之间互相信任的一种极致体验；第二个是酒店有全场景的运营能力；第三个是互联网赋能到酒店平台之后，酒店能够自运营；第四个是所有的酒店都能够有运营会员体系的能力。“未来酒店”的打造正是以这 4 个能力为参考标准，具体朝着 3 个方向努力。

1. 消费升级，打造极致的用户体验

飞猪的用户超过 83% 是 85 后，90 后用户旅行消费是 70 后的两倍以上，年轻用户的旅行消费远超过上一代。消费者的旅行行为在发生变化，从过去以玩、旅游为主，逐步进入到度假、休闲的状态。消费者的旅行方式也在发生变化，过去会制订周密的计划安排，现在旅行则更随意，旅行的方式变得越来越年轻。旅行行业出现的一系列变化，迫使酒店行业必须在客户服务上做出改变，而酒店行业反应的滞后，则促使了“未来酒店”的入局。

“未来酒店”致力于创造一种高效连接消费者和酒店的全新模式，提供以酒店为核心场景的吃住行游购娱全业态的消费。“未来酒店”通过大数据创新，用户凭借信用获得免押金、免查房、免排队、甩卡

离店等服务，提升用户体验，一年累计为用户节省了超过300万个小时，帮助用户免掉了60亿元的押金。“未来酒店”尝试以信用体系来开发在线签证系统，让消费者很方便地在线填写资料，为不同国家的签证申请带来便捷。

“未来酒店”为用户创造的极致体验体现在一些微创新上。在入住时，用户只需在阿里旅行App上打开摄像头或者在酒店的扫码设备上扫入脸部，即可完成入住的办理，无须在前台等待身份验证、登记身份信息。在开发票时，用户只需要点击订单界面的“预约发票”按钮，填写发票信息即可。用户还可以选择发票送至房间或自行到前台领取，结合信用住免押金、免查房、免排队，零秒离店，排队开发票将成为历史。

“未来酒店”的发展与用户体验的质量休戚相关，从1.0版本到2.0版本，对用户体验的要求从提升到打造极致、从产品设计到技术开发，始终围绕用户。阿里巴巴对“未来酒店”的战略设计是试图帮助酒店和消费者之间建立信任。当酒店的用户体验得到改善，消费者的信任会油然而生。“未来酒店”作为新兴的酒店平台，做好信任的功课，可以一端将用户牢牢留在平台上，另一端则赋能酒店，实现酒店的全面升级。

2. 开放数据，解决酒店业的痛点

随着艺龙、携程等OTA（在线旅游）的诞生，酒店行业迎来了第一次信息化改造，让价格公开透明，从而带来了新的客源。过去几年，酒店与OTA的关系开始发生微妙的变化，酒店对OTA又爱又恨：一方面，OTA的确为酒店带来可观的房源；另一方面，OTA为酒店带来新的痛点——高佣金低效能、信息不畅通、账期长等。

OTA为了丰富平台上的客户，不断扰乱价格体系，迫使一些大的

酒店集团开始另谋出路，希望寻找到与线上结合的新方法。“未来酒店”即诞生于这样的背景下，根本目的在于以自身的酒店大数据平台挑战传统 OTA 模式，彻底改变市场格局。正如飞猪总裁李少华表示：“阿里旅行将让传统企业扔掉 OTA 时代的拐棍，借助互联网的力量重新站起来，释放更多潜能。”

酒店与 OTA 合作中的痛点在于酒店在 OTA 面前逐渐失去了话语权，包括房价、客源渠道，以及运营、营销活动等，沦为对方的“打工者”。酒店希望更多地参与预订环节的运营、营销，拉近与用户的关系，与 OTA 打通用户的数据。而数据作为 OTA 最宝贵的资产，自然不愿意与酒店分享。“未来酒店”的第一步，就是开放数据，酒店根据“未来酒店”提供的用户大数据做分析，开展线上营销、运营，拥有极大的自主权。

过去 3 年，飞猪将自己的会员体系向所有酒店集团开放，并帮助酒店在会员体系上做了两个层面的规划。第一个层面：如何发展酒店的会员体系，包括会员互通、权益互换、品牌认知等。第二个层面：酒店如何把会员体系做强。飞猪希望帮助酒店唤醒沉睡的会员，为酒店创造高价值的客户，从而实现互联网时代创建酒店行业数据化信息高速公路的目标。

以万豪酒店为例，因为与携程在价格上的矛盾，携程降低了万豪酒店的搜索排名。随后万豪酒店转向与“未来酒店”合作，双方实现会员互通：一定等级的飞猪会员，可以直接成为万豪金卡会员，免费获得价值不菲的万豪双人早餐、行政酒廊以及房型升级等服务。此外，万豪还与阿里巴巴的会员体系实现了互通。包括万豪在内的酒店，借助“未来酒店”开放的数据，开发与酒店相关的边缘性业务，实现收益的多元化。

“未来酒店”将数据开放后，效果是显而易见的。以酒店最担心的No－show（指用户预定后未实际入住）率为例，数据表明，传统OTA平台上酒店No－show率在40%～50%，而“未来酒店”推出信用住后使之降低到30%以下。“未来酒店”打通酒店和平台的会员体系，让散落在平台上和各家酒店会员卡里的“积分”真正“当钱花”。“未来酒店”的目标是通过与酒店行业的协作，打造一种新形态的酒店服务模式——有温度、有质感、有信用。

3. 技术赋能，打造智慧酒店

“未来酒店”背后站着阿里系的五大势力——淘系的3.5亿活跃用户、芝麻信用、支付宝、花呗、阿里云和石基。其中阿里云和石基扮演着关键的技术角色。阿里云提供云计算与大数据处理能力，用户可以在该平台上开发和部署针对酒店行业的各种应用，为酒店提供前台、餐饮、销售、客房、中央预订、会员运营等全方位的互联网服务。

而在“未来酒店”上线前一年，阿里巴巴以28.1亿元入股主要从事酒店信息管理系统软件的开发与销售的石基信息。各大酒店获得“未来酒店”的数据支持，背后就源于石基开发的PMS（酒店管理系统）。PMS基于云技术、云应用，优化酒店管理、住客体验开发，模块包括消费者信用体系、行情预测、支付结算、酒店营销、收益管理等，酒店可以根据需要选择服务模块。PMS的长处在于跨平台异构系统间的数据对接，打通国内市场上几乎所有的主流系统商，让酒店行业的数据相对自由地流动起来。

“未来酒店”引以为傲的“刷脸入住”，离不开PMS的支持。在“刷脸入住”的过程中，对接公安系统认证，双方结合实现信息实时互通。飞猪打通了公安系统认证到PMS的全流程，成为酒店方、PMS以及公安系统中间重要的支撑平台。采用“刷脸入住”系统，消费者只需要一次身份认证，对酒店和消费者来说都大大节省了时间，准确率达到 99%。

根据“未来酒店”的规划，将在已经有所成效的云 PMS 创新基础之上，升级定位，实现“IaaS——基础架构即服务”“PaaS——平台即服务”“SaaS——软件即服务”的三位一体。从数据中心到技术中心，“未来酒店”在酒店行业地位日趋稳固，为酒店赋能的方向日趋清晰，酒店在产品设计与营销上也日趋自信。

“未来酒店”为酒店引入人工智能语音设备“天猫精灵”，用户在客房里可以通过语音互动，让“天猫精灵”帮助实现控制房间空调温度、开关灯光窗帘或空气净化器等电器，还能语音呼叫酒店提供餐食和饮品，基于位置，提供酒店内部或周边餐饮、娱乐等信息。

“天猫精灵”对于酒店来说非常重要的一点在于增加与用户之间的接触点，帮助酒店更好地理解用户，清晰地了解用户的喜好，挖掘用户的潜在需求，进而更加有针对性地完善酒店服务与产品。“未来酒店”希望借助“天猫精灵”，改变酒店客房死板的服务，以更为灵活和个性的方式实现酒店业的服务升级。

“未来酒店”不遗余力地在酒店行业加码技术，是在追求场景式酒店消费，借助新的互联网技术，打造新的应用场景。“未来酒店”呈现的场景消费使旅行的流程变得简单，满足多重消费需求，让消费者享受到更美好的生活。从“未来酒店”、未来景区，到未来机场，涵盖吃住玩乐各方面，阿里巴巴希望打造出完整的消费闭环，而“未来酒店”正是闭环的关键，承担起阿里巴巴大生态的整体布局的重任。

阿里巴巴进入酒店行业的时机，正是酒店行业转型的迷茫、艰难期。过去 3 年，“未来酒店”的成功，为酒店业转型打开了新的视野，寻找到了新的成长空间。“未来酒店”赋予酒店行业智能化升级的工具和方法，通过技术创新，改善用户体验，建立新的消费场景；通过数据的开放，打通用户与酒店，支撑酒店新业务的探索。酒店行业在摆脱 OTA 制约的同时，获得“未来酒店”赋能后将脱胎换骨，一种全新的酒店服务模式逐渐走到消费者面前。

第六节　柏堡龙：从提供 T 恤设计外包服务到打造全球时尚产业赋能平台

柏堡龙成立于2006年，最初从事T恤设计外包服务，而后于2016年成立时尚全产业链生态赋能平台——衣全球（1WOR），想要汇聚和赋能于来自全球各地的原创设计师品牌，致力于打造全球时尚生态圈，核心理念是“每个人，都是一种生活方式”。

柏堡龙能否借助衣全球真正做到汇聚全球原创设计师品牌、打造全球时尚生态圈以及实现“每个人，都是一种生活方式”的供需极致配对，目前并不好下定论。但是，在“打造时尚全产业链生态平台”方面，柏堡龙的探索具有非常大的价值。

以“设计”为支点，撬动时尚产业生态

虽然不同行业的产业价值链的复杂程度是不同的，但是有一点是共通的：利润并非在产业价值链的各环节之间平均分配。这也就意味着，选对所切入的产业价值链环节，往往可以实现以同等的辛劳换取几倍、十几倍甚至几十倍于产业价值链其他环节合作伙伴的丰厚利润。

服装行业价值链包括设计、生产、销售等几大环节。服装产业价值链一般的利润分配结构是：设计占40%，营销占50%，生产占10%，即设计和营销处于价值链的高端，经济附加值较高，生产加工处于价值链的低端，附加值最低。

我国服装行业的发展现状是：大部分企业处于产业价值链的低端“生产”环节，大型品牌服装企业注重“营销”环节的投入，然而利

润丰厚、进入壁垒较高的“设计”环节则没有受到应有的重视或者说企业没有能力去涉足，目前“设计”业务主要分散于品牌服装企业、专业服装设计企业及服装设计工作室中，开放化、规模化、专业化程度俱低。

因此，就国内服装行业来讲，“设计”环节急需整顿和提升竞争力，而柏堡龙所聚焦的正是服装“设计”。

综上所述，从国内服装行业供给端的发展现状来看，“设计”确实是薄弱环节。但是，倘若需求端对服装消费没有“设计”方面的足够重视，那么供给端在“设计”环节的努力至少在近期内也难逃“有价无市”的尴尬局面。

然而，当下的服装消费越来越呈现出时尚化、个性化、碎片化的趋势。

随着物质条件的不断改善以及精神层面多元化趋势越来越明显，消费者开始要求更多差异化的款式以满足其对自身个性的表达，而且借助互联网无限连接的力量，消费者也可以尽可能地找到对自己胃口的“小众”品牌。

但是，因设计能力的限制，大品牌越来越无法阻止消费者的流失，小众品牌或买手店则面临“爆款”之后难以可持续发展的瓶颈。因此，消费者端仍然存在着需求得不到极致满足的痛点。

为满足消费者时尚化、个性化、碎片化的诉求，快时尚巨头ZARA（飒拉）的做法值得借鉴。Inditex（ZARA母公司）全年推出的SKU超过20 000个，其中ZARA单个品牌每年推出的新品就超过10 000个。为了满足如此大量的款式需求，Inditex的做法是将大量的买手分派于各种秀场和酒吧等时尚场所，跟踪世界各地的最新时装，并及时汇报；公司通过门店访问数据库，结合买手带回的时尚潮流，由设计师与生产、运营专员一起决定新款式的设计或旧款式的改进，乃至所用面料、剪裁工艺以及定价区间。

所以，无论是大品牌企业还是小众设计师品牌、买手店，只有拥有数量多、质量高的SKU，或者数量少、质量高但受众触及渠道通畅的SKU，才可以更好地生存发展下去。

但是，即便是国内的大型服装品牌企业，想要模仿ZARA的做法都具有相当大的难度。所以，倘若行业中能够出现一个专注于设计的大型专业平台，来为行业内的其他从业者赋能，那么行业内的其他从业者就可以在无须打造类似ZARA的复杂系统的情况下拥有与ZARA相媲美的设计能力。

柏堡龙搭建的平台所针对的正是行业内广泛存在的“设计”痛点，一方面为设计师赋能解决“打版”、“面料”以及“供应链+销售渠道”这三大方面的问题；另一方面激发平台上设计师的创造力，为时尚服装行业赋能，解决长期存在的对设计独特的服装的选款瓶颈。

平台化运营模式铸就核心竞争力

不同于欧美服装设计环节已经进入高度专业化分工阶段，我国的现代服装设计起步较晚，较正式的具有行业意义的服装设计行为是从20世纪80年代才开始的，从业者主要分为3种：品牌服装企业的设计部门、提供规模化设计及配套生产服务的专业服装设计企业、服装设计工作室。目前，国内尚不存在以平台化方式运作的大型服装设计企业。

相比于国内服装设计领域的其他从业者，柏堡龙的优势正在于其平台化的商业运作模式，集专业化和规模化于一身。

服务模式由封闭化的“一对一”推销转变为开放化的平台展销。柏堡龙主动根据市场潮流趋势进行设计，初始设计不针对特定客户，仅设计款式被客户购买后，才根据客户具体要求提供后续完整的设计服务，如色彩、面辅料研发、款式设计、打版制样等，且为客户提供配套生产服务，整合从设计到成品的服装前端价值链，帮助客户缩短了前导时间，降低了产品成本。

设计体系由高度专业化分工的模块组成，设计能力得以规模化输出。柏堡龙的设计体系由7个模块小组（咨询收集、印花、绣花、款式、整合、面料研发、流行色）构成，其输出的设计款式是由各模块协作完成，不依赖于单一设计师，实现规模化作业，令设计时间大幅缩短，设计作品的丰富性也大幅提升，使其得以以较低的成本为客户提供设计服务。

持续积累多样研发优势，设计能力稳步提升。优秀的服装设计离不开同样优秀的面料、制版等工艺。柏堡龙面料设计开发与款式设计同步进行。面料研发部根据时尚资讯、现有技术基础及与设计师的沟通情况，利用前瞻性提前布局面料开发方案，对各种参数进行测试，设计开发出特有的面料。柏堡龙在技术部设有专门的版房，拥有生产、质检等全部设备，制作样衣速度较快，并从生产工艺和款式剪裁等方面对原有设计提出改进意见；公司设计款式较多，且大部分制作成设计原型，使公司的制版技术人员积累了丰富的经验，进一步完善了公司的制版工艺。

正如二战之前的工业文明初期，个人发明比较普遍；二战以后，随着科技复杂性的提高，个人发明走向没落，取而代之的是以企业、科研机构、学校等社会组织为载体的集体发明。柏堡龙集专业化和规模化于一身的平台化设计模式，因其速度快、数量多、质量高的设计产出能力，必将获得远超传统服装设计企业的竞争优势。

全产业链布局谋取未来

“设计”是柏堡龙时尚设计生态圈的核心，但是柏堡龙的战略布局却不仅仅局限于服装“设计”环节，而是涉足整条时尚产业链，从设计到生产、销售等无所不包。

柏堡龙这样做的原因很简单：一是“一条龙”式的设计外包服务可以为客户提供更为极致的服务，增强客户黏性；二是增强对时尚全产业链的掌控力可以更好地赋能独立设计师，吸引更多的独立设计师加入，从而不断增强其以“设计”为内核的时尚生态圈的竞争力。

柏堡龙在布局时尚全产业链时所采取的做法是“自营+整合”的路子。

设计环节。柏堡龙正在打造设计师云创平台，积极引入外部设计师，重点整合、集中国内外优秀设计师，为其提供产业链、资金、培训教育等支持。与此同时，柏堡龙拥有一支庞大高效的内部设计师队伍。截至2017年年末，柏堡龙旗下设计师人数逾270人，年内设计款数超过10 000款。

柏堡龙为设计师提供资金及行业资源支持的众创空间已投入运营，为设计师提供面料及打版支持的设计师服务中心也已开始有设计师入驻。柏堡龙未来将为知名度、风格等各异的设计师提供不同的设计师孵化方案，并通过股权投资孵化更多的独立设计师品牌。例如，2017年1月16日，柏堡龙全资子公司衣全球与希素设计签订《明星设计师孵化协议》，投资独立设计师品牌“俙XI”49%的股权。

生产环节。柏堡龙拥有一定的自有产能，可以提供实时应变。同时，柏堡龙拥有多家长期合作的外协供应商，可以更灵活、快速地调整生产规模。柏堡龙所在地及邻近地区服装产业链健全，拥有众多织造、染整、水洗、印绣花、面辅料等企业，可以较为容易地寻找到合格的原材料供应商及外协加工厂商。

销售环节。柏堡龙拥有自己的线上商城——衣全球及相应的App，并同时在天猫、京东等电商平台开设旗舰店，线下还开设时尚设计体验店。柏堡龙的销售对象分为两类：2B，服装品牌商、买手店、淘宝店等；2C，终端消费者。

在柏堡龙的时尚设计体验店中，进行样衣的陈列、展示，时尚买手可以在该体验店进行试穿、体验、产品搭配等，而被买手选中的款式则可以进入下一阶段的实际生产阶段。柏堡龙陆续通知客户前来选款，并根据客户的不同情况，为其开放针对性较强的服装设计原型展示馆。

柏堡龙的时尚产业生态赋能平台雏形初现并呈现出良好的发展态势，但这不是终点，而是起点。未来，柏堡龙希望以设计师平台为圆心，形成“自有设计师团队＋设计师云平台＋线上线下零售批发渠道＋时尚产业供应链管理＋明星设计师孵化＋设计师学院”的闭环运营的全球时尚设计生态圈。也许到那时，真的可以实现“每个人，都是一种生活方式”的构想。

第七节　土巴兔的仰望：做家装界的阿里巴巴，让人类的居住更美好

在土巴兔2018年度的“筑梦万家”年会上，创始人王国彬动情地讲道：即使脚下泥泞，也别忘了仰望星空。土巴兔历经10年，经过3次平台模式的迭代，在小、散、乱的家装行业中开拓出一片新天地。站在新10年的起点上，土巴兔将坚定平台升级战略，重新定义自己，以更开放的心态，与不同规模、不同特色的装修公司合作，满足消费者多元化的需求，打造家装新零售的孵化器，成为一个围绕美学、健康、科技、快乐而创新创业的产业赋能平台。

互联网家装发展扫描：野蛮生长

由于传统家装进入门槛低、管理不规范，造成家装行业问题频出，

包括处处不透明、客户体验差、施工猫腻多等。在互联网高速发展的大背景下，传统家装迎来了一次变革的机会，互联网家装孕育而生。2010 年之前，成立于 2005 年的齐家网、2008 年的土巴兔，成为互联网家装领域最早的一批试水者。随后的 5 年，2010—2015 年，互联网家装发展波澜不惊。

2015 年，在国家提出“互联网 +”的政策大背景下，80 后、90 后成为家装消费主体，从萌芽到发酵，互联网家装迎来了爆发，这一年被称为“互联网家装元年”。2014—2015 年，相关企业数量增加了 10 倍，从 20 家跃升至 200 家，2015 年融资数量达到 53 次。互联网家装相对于传统家装，局部提升了客户服务质量，包括部分消除了信息不对称、降低了家装成本等。

虽然互联网家装解决了传统家装的某些顽疾，但自身的问题却引发整个家装领域新的痛点，比如互联网家装无法提供个性化服务、质量问题频发、客户体验差等。正因为如此，互联网家装在经过 2015—2017 年的疯狂后，遭遇了大洗牌，仅在 2015 年就有四五成企业走向倒闭。与此同时，2016 年家装新零售概念横空出世，一些企业开始通过赋能解决家装行业的痛点，实现家装行业的深度变革。

在互联网家装与传统家装不断碰撞的过程中，互联网家装领域形成了三大阵营：自营的互联网家装企业，以爱空间为代表；垂直细分领域企业，以塞纳春天为代表；平台型企业，以土巴兔为代表。自营的优势在于通过加强对工人、工期的管理，提高客户的满意度。垂直细分的优势在于专注于产品，对装修的一切向用户负责。平台的优势在于用户交换，信息撮合。到底哪种模式代表未来的趋势还不清晰，业内普遍认为，随着客户需求的不断升级和竞争压力加大，平台向产业深入渗透会成为一个共同的趋势。

平台模式的演化：走向赋能平台

土巴兔从成立起就确定了做平台的模式，早期（2009—2011）是立足于信息服务的平台，即1.0阶段。当时行业最大的问题是信息不对称，土巴兔通过找装修公司“免费试吃”的形式来让用户选择，赢得用户的信赖，节约装修公司找业务员的成本。这一阶段，为土巴兔积累了用户，奠定了家装入口的地位。

进入2.0阶段，土巴兔开始采用重度垂直交易模式，打造交易服务平台，为用户提供从信息的撮合到交易的撮合、资金监管等一站式的服务。2014年，土巴兔进入高度垂直交易平台，帮助装修公司进行工地、工长的管理，施工的标准和规则管理，输送到消费者家中材料的管理，真正实现装修满意付款。

进入3.0阶段，土巴兔开始打造赋能平台，进入开放闭环的生态。赋能阶段有三大特征：一是土巴兔直接派给工人和工长，并参与管理；二是通过地理位置的高效匹配，实现物料供应随时满足需求；三是与供应链各方实现开放合作。通过以上三点，土巴兔提升了用户装修需求中的安全感，帮助装修企业实现了精准营销，降低了获客成本。

走向赋能平台的土巴兔，开始对标阿里巴巴。土巴兔CMO（首席营销官）杨璐表示：“用户来到平台就能被识别，我们能知道用户从开始到后续的所有服务中都需要什么。以前我（土巴兔）只能提供给你前端服务，但是今天可以全链条给你整合提供服务，你要什么服务就有什么服务。”

平台产品的扩容：深度介入

土巴兔平台模式的三次演化，形成呼应、支撑的是推出一流的工具产品。这其中有两款关键的产品，在土巴兔走向赋能平台中起到了举足轻重的作用。一是被誉为“家装界支付宝”的装修宝，二是引发家装行业革新的“云工长”。王国彬曾说：“我唯一一次独裁，就是推行装修保。”“装修保”对于土巴兔的重要性可想而知。

“装修保”是用户将资金托管在土巴兔平台，根据工程进度，土巴兔分批把钱支付给装修公司。“装修保”解决了资金托管的基本问题，分散了集中支付的高风险性。“装修保”还提供免费客观的第三方质检验收服务，在关键节点进行验收，当质量不合格时，要求整改到合格为止。只有业主满意后，装修公司才能收到相应的款项。“装修保”记录消费者对装修公司的评价、口碑及排名，深刻影响着装修公司的商业前景。

“装修保”的成功推出，拉开了土巴兔进入家装消费金融领域的大幕。随后，土巴兔联合建设银行、招联金融推出“装修贷”，实现业主先装修后还款，为业主最大限度实现住宅装饰效果提供资金保证。土巴兔将消费金融与家装消费场景相结合，开创了“互联网金融＋家装服务”的新模式，打通一站式优质家装服务入口，实现了自身生态圈的扩容。从“装修保”到“装修贷”，土巴兔将 B 端、C 端绑定在一起，构建起新的产业信用体系，更以金融为跳板，迈出打造家装生态的关键一步。

长期以来，家装行业存在的问题主要表现为“小、散、乱”，质量管理混乱成为行业的一大痛点。土巴兔认为解决问题的关键在于以人工为突破口，这也是土巴兔进入 3.0 阶段的核心任务。2016 年，土巴兔推出“云工长”业务，标志着土巴兔进入家装 3.0 阶段。所谓“云工长”，即吸引工长入驻，在加入的同时，接受互联网操作、职业规范等相关培训，考核成功后才能接单。

“云工长”还建立了一套完善的管理体系，从服务态度、装修技艺、工程质量、管理能力、用户口碑等方面对工长进行定期考核，依据考核结果进行属性划分与评级，以此形成有效的激励机制。“云工长”的特点，在于满足用户直接找工长的需求，重度把控工长的水平，提高服务和家装的质量，改观用户对家装行业的印象。

“云工长”的本质在于通过土巴兔平台赋能工长。表现在工长获得相应的技能，直接与客户对接，获得稳定的订单。要发挥出“云工长”的赋能特质，王国斌特别提出需要具备的 4 项能力：流量、管理、服务链、供应链。只有具备一定的流量，才能保证工长获得稳定的订单来源。管理能力强调的是土巴兔深知工长的需求，通过有效沟通达成合作。土巴兔打造的云调度系统、云呼叫中心等技术，能更好地服务工长。土巴兔还提供统一的主辅料，让装修公司和施工队使用标准一致，去掉诸多中间环节，节约了用户成本。

“云工长”通过赋能于工长，充分维护了用户的利益。“云工长”采用平台统一定价，避免业主与装修团队的讨价还价。“云工长”对工长实现了精细化的管控，工长按照平台的规定进行施工，保证用户的权益。另外，“云工长”还为用户提供预算审核，杜绝错报漏报。用户通过“云工长”降低了找工长的成本，根据平台上的口碑自主选择工长。“云工长”在做市场试探时，坚持“新模式不推广，只用口碑来检验实力”的原则，仅在北京和深圳进行试点，开单量远超预期，获得了业主的一致好评。

易观发布的《中国互联网家装行业年度分析 2017》报告指出，九成用户在选择装修公司的时候先看口碑。从“装修保”到“云工长”，也能看到口碑在其中的分量。土巴兔互联网事业部总经理张会鹏表示：“未来 5 年将是家装业的口碑红利时代，业内重视口碑的企业将有更多的发展机会。”基于这些认识，土巴兔在 2017 年通过运营多年的经验和海量的数据分析，发布“云口碑”信用体系。整个信用体系包括五大维度：业主评价、项目经验、工期数据、企业实力和施工质量，其中最直接的评价要素是业主评价。

“云口碑”实际上是为家装企业建立一套口碑值，对平台上的家装企业口碑赋能，让优质的家装企业脱颖而出。“云口碑”对于用户来说，在选家装企业给出了量化指标做参考，受到认可的家装企业，获得越来越多的订单，获得更大的收益。“云口碑”已经成为一种激励机制，为了赢得良好的口碑、评价，家装企业纷纷开始主动改善服务质量。

平台战略的升级：“大”的深意

目前，土巴兔已经成长为国内最大的互联网家装平台，有日均4万的装修需求量，全年GMV的增长超过77.8%。面对庞大的4万亿家装市场，土巴兔应有更大的作为。新零售时代的到来，增强了土巴兔的信心，打算做家装行业的孵化器。2017年6月，土巴兔推出“千亿万家”计划，未来5年，培育超过1 000家产值破亿元、10 000家产值破千万元的家装企业。

“千亿万家”计划的核心在于平台赋能的升级。土巴兔清晰的提出从3方面为家装企业赋能。首先，土巴兔将会开放由云客服、需求精准匹配、转化模型库、客户管理、经营分析、家装互惠联盟组成的智慧营销平台，帮助家装企业获客。其次，土巴兔的大数据信用体系将会帮助行业规范市场环境，帮助家装企业建立品牌影响力，降低用户决策门槛。最后，开放Tumax3D云设计系统，这是一个给设计师使用的专业智能设计平台，包含快速出图、VR全景效果、供应链整合、智能算量、一键导出等服务，能最大限度地匹配用户需求，大幅提高设计师的工作效率。

为了提升平台赋能的效果，土巴兔建立了信用保证、效率提升、组织升级三大家装企业辅导体系，基于大数据的分析、“云口碑”的成熟，重新构建用户与家装企业的关系，提升用户的信任度。土巴兔通过云设计体系、云调度体系，甚至是OA系统、金融系统、智能家居平台技术方案等，避免人、财、物等资源的不合理使用，帮助家装企业提升效率。基于家装企业向设计与施工管理方向发展，土巴兔帮助其建立相应的组织结构。

土巴兔升级后的赋能平台战略遵循两个基本的逻辑。一是从问题出发，回归到行业本身，着眼于行业存在的基本问题，提出具有可行性的方案。土巴兔的三大体系对标行业内的三大问题——信用不透明、规模不经济、组织不协同，然后通过一整套赋能策略逐步化解。二是从方法出发，以开放的心态，和不同规模、各种风格的家装企业合作，吸引不同技术级别的工长加入，给予认知、技术上的培训，为用户提供多元化的产品，匹配用户的需求。

王国斌表示："我们开始越来越清晰、坚定土巴兔的战略方向，那就是S2B的大平台战略。"何谓大平台？家装企业只做好装修、设计等分内的事，平台则承担供应链管理、技术研发等，扮演起家装行业业态聚合者和推动者角色。在平台之前加上一个"大"，意味着土巴兔开始从交易平台企业向生态赋能企业迈进，它正努力打造一个更具品质的家居生态圈，开创一个让家装在数字化技术的赋能下更透明、更美好的全新时代。

第八节　交易平台企业向产业赋能平台转型案例的启发与思考

数字化交易平台向产业赋能平台进化是大势所趋

随着亚马逊、阿里巴巴、腾讯等全能型平台不断向各个细分领域覆盖，许多在镁光灯下曾分外光鲜的垂直细分领域数字化交易平台纷纷陷入绝境。最近5年，一大波以细分产业为利基的电子商务平台或者破产清算，或者被全能型平台企业购并，蔚为壮观的线上电子商务浪潮，最终只剩下叱咤全球的几大巨头。究其缘由，其实是由垂直电子商务平台在全能型电子商务平台面前的一系列竞争劣势所致。

1. 垂直电商的规模经济和范围经济劣势

相较于全品类和全球化的全能型电商，垂直电商无论是在市场覆盖规模产生的规模经济还是品类覆盖范围产生的范围经济上都远不如淘宝亚马逊等全球化的全能电商平台，规模经济和范围经济的双重劣势使得一旦全能型电商在某些品类上重点发力，这些品类的垂直电商生存就岌岌可危，这种竞争形成了不对等的高维度竞争力企业向低维度竞争力企业的降维打击。

2. 垂直电商的大数据学习效应不足

虽然已经和客户建立了数字化的即时链接，但相对全能电商平台广泛、多样和相互联系的大数据而言，垂直电商局限于单一品类的有限的客户大数据，使得垂直电商基于大数据的学习效应明显弱于全能型电商企业。比如阿里巴巴最近开始对居然之家赋能，其主要的大数据赋能能力就来自其他多领域的数据集成，通过更广泛的客户大数据，阿里巴巴能够提前告知居然之家在其门店的有效覆盖范围内，哪些客户家庭正需要装修和购买家居产品，他们的偏好是中式、欧式或者美式，他们是超前消费者还是保守消费者等，这些通过数据学习产生的价值无疑是全能型电商最重要的赋能能力。

3. 垂直电商的网络效应不足

因为局限于有限的品类，所以相对于全能电商平台，垂直电商平台的单边或双边网络效应要远弱于前者，因此当全能电商决定进入某个产业，总是有大量的供给端参与者纷纷“叛变”，接着吸引更多的客户转移到全能平台，最终造成垂直电商平台的流量困境和逐步崩塌。

如今，随着数字化时代的流量红利接近枯竭，传统电子商务巨头也纷纷开始了“重资产化”，它们一方面大规模投资于数字化升级技术，从纯粹的电子商务平台演变成全球数字化时代的基础设施提供者；另一方面开始对重点的几大产业进行产业链的数字化改造，形成对几大产业的赋能平台。这既使得传统电子商务巨头演变成跨越多个领域的产业赋能平台，成为这几个行业的产业面貌重塑者，又使得它们的身躯由虚向实、由轻变重，而这种重资产模式带来的是扩张的边际成本的提升，最终令这些电子商务巨头除了演变成基础的数字化设施提供者之外，也并不能无限制地扩张成为所有产业的基础设施的赋能者。当然，在这些数字化基础设施提供者的赋能基础上，下一步将会产生大量的各个细分场景和领域的产业赋能平台，它们将解构传统的规模导向，改革线性化和静态化的产业结构，形成深度客制化、动态化和充满创意的赋能平台架构。

传统的电子商务交易平台直面由产业互联网技术推动的产业赋能时代，既具有向产业赋能平台转型的一系列先天优势，也具有一系列严重的障碍。

数字化交易平台已经形成了客户端的深度实时连接，在客户为王的客户主权时代具有产业最重要的话语权，如何即时响应客户需求成为万能的客制化平台在下个阶段的主要障碍。

数字化交易平台已经形成了与客户的深度初步连接，通过及时的客户沟通互动和营造客户社区，可以在客户主权时代代行客户作为产业主宰者的王权，但因为数字化交易平台实现的是产业前端的浅层数字化，这一数字化网络既不能深度即时融入和连接客户使用产品和服务的场景，也不能驱动供应链后端按需研制和即时响应，更不能把大量产业链更上游的供应商及大量线下的设施和设备纳入高度共享互联的数字化网络中来，因此很难实现客户的所想即所得。

数字化交易平台强大的客户大数据使得它们具备了产业赋能时代必须具备的数字化眼睛和初步的数字化大脑，如何进一步强化人工智能形成更聪慧和智能的数字化大脑和数字化躯干，成为直面产业赋能时代的核心挑战。

数字化交易平台通过大量的大数据积累和基于数据的标签化与算法匹配，具有了一双数字时代聪慧的眼睛，也有了一定的基础智能，但它们离真正的即时全景大数据化与高度的人工智能化还有很远的距离，这将成为物联网技术实现产业数字化和智能化后交易平台面临的最重要挑战。

数字化交易平台必须利用自身的先发优势，实现向产业赋能平台的加速转型，这样才能一方面深化自身的价值提供能力，另一方面挖掘出相对于别的平台的护城河。

数字化交易撮合平台向产业赋能平台的转型是一场攻坚战

数字化交易平台向产业赋能平台的转型既是大势所趋，也是一场严峻的攻坚战。

1. 信守创业的初心和使命是转型能够实现的前提

数字化平台因为其低边际成本和无边界的特性，容易形成规模并逐步实现垄断，在产业地位基本形成，平台领袖频频出入于产业重要峰会展露自身的重要性之时，很少有平台企业家能静下心来，审视平台创业的初心，回归平台创业的使命：是否在持续增加客户的福祉，是否有利于激活产业中的创造性力量。一些平台在通过迅速扩张和规模血拼之后，开始展现自己作为垄断势力的狰狞面目，一方面在客户福祉方面不思进取，另一方面又开始各种坐地生财的利益榨取，最终这些平台都在不断提升的平台网络噪音和加速逃离的参与者的助推下坠入深渊。

信守创业的初心，恪守平台作为数字化时代超级物种的使命，围绕提升客户的价值，实现极致的客制化和极致的产业效率，才能推动已经成为巨无霸的数字化交易平台进一步启动自我的重生，实现面向全新数字时代的物种升级。

2. 让快生意变慢是形成产业赋能平台必须具备的战略耐心

许多数字化平台的创业者都习惯于快投入快产出，通过不断引入风险投资或产业资本，把数字化平台作为一种快速创造并变现个人财富的手段。而当数字化逐渐进入深水区，数字化技术逐步与线下沉重的实体设施融合，产业赋能平台的成长开始变慢，这个时候需要平台创业团队有更多的战略耐心。产业赋能平台的专业化竞争力就如同厚重庄严的罗马古城，它绝不是一天就可以建成的。如何从心态上实现转变，从习惯快到习惯慢，从习惯于小步快跑的快速迭代到举重若轻的谋定而后动，对于数字化交易平台的创始团队来说是一次转型的挑战。

3. 向创新领域的无人区进行持续投入才有可能形成具备高度赋能价值的专业平台

产业赋能平台绝不是圈一块区域形成一个杂乱苟合的创业者集合，而是要形成一个产业的全新高地，从而让产业的创造者在数字化技术和产业技术的全新高度上，创新客户价值。

作为产业创造者的赋能者，产业赋能平台一方面要开放整合形成大量的外部资源与能力池，使得大量高度专业的资源与能力提供者能参与到产业供给侧的供给质量改革中来；另一方面必须对一些产业前沿的核心产品技术、与产业设施高度融合的数字化技术等进行深度投入，向这些创新领域的无人区进军，成为产业中具有强大外部性的一系列技术性基础设施的推动者和构建者，从而构建产业能力的新高度，并将这种能力持续赋能于产业的参与者。

相对于通过数字化技术的应用，整合现有产业资源迅速膨胀的数字化交易平台，更厚重、更专业、更具战略价值的产业赋能平台的形成当然也是更艰难的系统工程，但我们坚信，交易平台的创造者们只有坚定地朝向产业赋能平台行进，才有可能让平台地位永固，也才有可能真正收获数字化技术深入产业之后的丰硕果实。

本章小结

1. 阿里新零售。作为新零售的提出者和践行者，阿里巴巴布局盒马鲜生、银泰商业、居然之家、零售通等进行全方位探索，通过加强数字化基础平台，新零售赋能初见成效。

2. 无边界美团。美团从团购中胜出，又孵化出领先业界的 O2O 外卖平台，并无边界地扩张至吃喝玩乐等生活服务领域，通过加强平台赋能、平台治理，美团的版图越来越大。

3. 沪江 CCtalk。沪江网校以 B2C 模式崛起于 PC 时代，其新创的 CCtalk 平台，利用人工智能技术赋能网络教师，帮助网师知识变现，以平台赋能力量推动行业升级。

4. 网飞。网飞以互联网租赁模式和低门槛的三无会员制颠覆传统影视租赁行业，开创流媒体产业，并投入重金打造出自制内容和大数据赋能内容制作的流媒体全球平台。

5. 未来酒店。阿里旅行以新技术切入酒店行业，通过消费体验升级、打通大数据和智能技术赋能，重新定义了未来的酒店业。

6. 柏堡龙。柏堡龙打造的衣全球平台，布局全产业链打造赋能平台，汇聚和服务全球服装设计师原创品牌，以实现单人定制的供需极致配对，做出了开创性探索。

7. 土巴兔。经过 3 次迭代，土巴兔实现了对装修工长的赋能，对物料的精准地理匹配，是让消费者放心消费的装修全产业链赋能大平台，正努力建设品质感家装生态圈。

第五章

从传统产业链到智能化产业赋能平台

——传统领袖如何实现平台化战略转型

地球上生命力最强的物种是真菌，它们已经持续生存了 13 亿年之久，历经 5 次大规模生物灭绝而从未消亡。相反，在每次生物大灭绝后，真菌不仅能保持自身继续存活，而且还能通过与生存环境的互动来重建地球，直到外界条件重归稳定，生命得以继续向前蓬勃发展。

真菌的强大生存能力来源于它独特的生存形式——它的大多数组织都存在于一个被称为菌丝体的地下“根结构”中，这使得真菌既区别于通过光合作用实现自养的植物，也区别于虽然属于异养却进化成内部胃/脑结构的动物，产生了依靠外部胃/脑吸取和消化食物的独特结构。

更具体地说，在任何一点上，真菌网络都包含数百万个端点，每个端点都在寻找食物、保护自己的领土，或者发明新的分子来应对可能的生存威胁，例如其他真菌、细菌等。这些网络形成了一种去中心化的共识，即如何使用资源、何时繁殖以及决定使用什么策略以最大可能地保护生物体。

不仅如此，这种由外部胃/脑构成的分布式网络能够在长距离甚至跨物种线路上双向传送信息，并促使真菌网络根据外部环境的反馈不断调整生存形式以快速适应，甚至通过重建外部环境实现向前发展。

真菌学家保罗·史塔曼兹（Paul Stamets）曾经这样描述这个神奇的真菌世界：“我相信菌丝体是大自然的神经网络。菌丝体的交错镶嵌为栖息地注入信息共享膜，这些膜对变化有感知和反应，并共同考虑宿主环境的长期健康。菌丝体与环境保持恒定的分子交流，设计出应对复杂挑战的各种酶和化学反应。”

有人把真菌网络称为最大的地球互联网，真菌在其中通过自发式、分布式、开放化的方式实现与外部环境融为一体，从而获取最为强大的生存适应能力。同样，在产业互联网呼啸而来之际，各种传统产业物种也在延续过去的进化路径，尝试与外部产业环境深度融合，向着智能化、网络化、开放化的更加高级的商业物种迈进。

第一节　四大传统商业物种和它们的拓维进化史

成于规模、败于规模的管道型产品提供模式

1. 管道型产品提供模式的定义与框架

管道型产品提供模式是指通过自主产业链经营的方式生产并向客户交付单一品类产品、服务或内容的商业模式。

以垂直产业链的自主经营为内核，管道型产品提供模式的外在表现为一种单维的线性框架，参见图 5－1。

图 5－1　管道型产品提供模式

2. 管道型产品提供模式的缘起

管道型产品提供模式产生于工业化大生产、消费启蒙与需求同质化和简单规模竞争的时代。

(1) 工业化大生产

以蒸汽和电气为代表的两次工业革命带来了生产端的集约化和规模化，并通过一系列现代即时通信工具和交通运输工具大大拓展了市场的触达空间，从而让过去以手工劳动为基础的个体化、分散化和小规模的手工作坊生长成为以机器化生产为基础的标准化、集约化和大规模的现代厂商。

（2）消费启蒙和同质化需求的野蛮生长

厂商大部分是品类的开创者和品类的象征，它们的崛起和规模壮大基本与客户需求的启蒙和同质化需求的规模膨胀同步。由于欠缺对品类的了解和品类购买经验，客户在品类的“第一次购买”中往往表现出从众效应，他们或因为品牌广告的自说自话而加深对品牌的信任度，或受到同行或熟人的购买经历和推荐的影响。不断蔓延的从众效应造成野蛮生长的同质化需求，为管道型产品模式的规模增长提供了空旷却肥沃的市场土壤。

（3）简单规模竞争

在生产规模化和需求同质化的产业背景下，不断扩大产能和市场覆盖面成为厂商的核心行动法则。产业内的厂商在起初共同分享着品类普及的红利，并通过跑马圈地式的野蛮扩张占领不断涌现的空白市场。但随着市场的逐渐饱和和产业的不断集中，厂商之间互不干涉的自主扩张最终演化成为你争我夺的短兵相接。激烈的同质化竞争成为产业主旋律，产业整体呈现出规模主导的简单竞争格局。

3. 管道型产品提供模式的内涵与竞争力来源

作为现代商业世界中最为传统的商业模式，管道型产品提供模式奉行厂商导向思维，以生产为核心，向客户提供单一品类，并以规模经济效应为主要的竞争力来源。

（1）以生产为核心

管道型产品提供模式奉行“我有什么，就向客户提供什么”的厂商思维，这决定了它们往往聚焦生产环节，内化产品开发，通过面向上游供应商的采购或有限的自主投产实现原材料的供应，并借助下游渠道商的分销或局部的自主零售实现面向客户的产品交付。大规模的广告营销能够为厂商提高知名度和整合上下游产业资源提供帮助，但这依然建立在厂商以生产为核心的整体产业链条的基础之上。

(2) 提供单一品类

出于生产能力的专用性和对产销规模的最大化追求，管道型产品提供模式只向客户交付单一品类。依据产业性质的不同，品类可以具象化为某种单一的产品（例如服装产业的鞋、家具产业的沙发、航空制造产业的发动机等）、单一的服务（例如出行产业的出租车服务、教育产业的留学服务、房产交易产业的买卖中介服务等）或单一的内容（例如媒体产业的专业化体育媒体、财经媒体等）。

(3) 以规模经济效应为主要的竞争力来源

厂商之间的同质化竞争最终可以转化为成本之间的竞争。厂商可以通过多种手段降低成本，例如更加精细化的管理或采用更低的薪酬福利标准。但厂商最为主要的成本优势来源于规模，即通过单品类产销规模的不断扩大来分摊产业链投资成本、内部管理成本和降低厂商面向上下游的交易成本（通过提升议价权获得）。

4. 管道型产品提供模式的威胁与挑战

由于奉行单品类规模增长的“品类冠军”模式，管道型产品提供模式在市场高速膨胀、需求同质化和竞争简单化的时代成为大部分产业的主导型商业模式。以致改革开放后的中国很多产业都诞生了很多品类大王，例如挖掘机大王、沙发大王、羽绒服大王、裤王等。但随着一系列市场环境的改变，这些品类冠军如今正面临着严峻的生存威胁与挑战。

(1) 品类市场红利的枯竭造成品类冠军面临增长天花板

品类冠军成长于品类大规模普及的时代，消费需求的启蒙和同质化需求的蔓延为品类冠军的高速规模增长提供了深厚的市场基础。但经历数十年的市场教育与开垦，大多数品类的市场红利如今已告枯竭，品类冠军的单品类规模增长逻辑与品类市场的规模不增长形成尖锐冲突，现实中的品类冠军纷纷陷入业绩增长乏力甚至断崖式下滑的困境。

（2）日益个性化和解决方案化的需求使得品类冠军深陷“中间品牌陷阱”

为了使产销规模最大化，品类冠军们不仅专注于单一品类，而且在产品层面力求大众化定位，覆盖大多数甚至所有客户的需求。但无论是消费品还是工业品，出于对一站式满足的便利性和低成本的追求，客户需求都逐渐由产品消费向解决方案消费升级。这在那些解决方案配套性和完整性突出的产业尤其如此，例如为了能够呈现整体风格搭配，消费者在服饰、家居等领域纷纷摆脱了过去单品采买的模式，解决方案消费渐成潮流。不仅如此，客户自我定位的细分化和消费能力的专业化使得客户需求日渐个性化，追求大众化定位的品类冠军逐渐在产业的细分裂变中深陷不高不低、不上不下、不老不新的“中间品牌陷阱”。

（3）品类冠军深陷同质化竞争泥潭并日渐面临细分化对手的蚕食和高维物种的“降维打击”

品类市场红利枯竭使得品类冠军增长的主要来源从过去对增量市场的抢占转向对存量市场的争夺，同样奉行单品类规模增长模式的品类冠军纷纷深陷同质化竞争的泥潭。不仅如此，客户需求日渐细分，锁定细分客户实现差异化经营的细分对手不断涌现，品类冠军赖以生存的同质化规模型市场日益被分割和蚕食。更让品类冠军们难以招架的是，迎合客户需求解决方案化趋势的解决方案型公司由于覆盖多品类市场，对品类冠军们形成我消灭你、与你无关的“降维打击”。当解决方案消费渐成主流，品类在客户需求中不再以独立的形式存在时，品类冠军在商业现实中就逐渐丧失了赖以生存的产业基础。

(4) 产业链重投资与路径依赖造成的创新窘境和迭代悖论

在产业链专业能力上的重投资使得品类冠军难以依靠自身能力更新实现迭代，而基于单品类实现规模增长的模式依赖，要求企业的一切策略和行动都只能以规模的最大化为目标，这使得一切有关细分、创新或应变的举动都将由于与规模之间的矛盾而触动整个组织的利益和行为习惯，在组织内部遭遇全面抵制并被扼杀在摇篮里。

立足单一品类，品类冠军凭借品类的集中和以生产为核心的产业链规模布局，实现产销规模的最大化，并从中获取竞争优势。但品类市场规模的天花板、客户需求的个性化和解决方案化、竞争的复杂化，尤其是降维打击的出现以及品类冠军模式自身的迭代悖论，都使得品类冠军的未来充满着危机和挑战。因此，管道型产品提供模式是一种成于规模、败于规模的商业模式。

管道型解决方案提供模式和它们的二维化生存

1. 管道型解决方案提供模式的定义与框架

管道型解决方案提供模式是指通过自主经营或产业整合的方式向客户交付由多品类组成的一站式解决方案的商业模式。出于解决客户问题的需要，管道型解决方案型公司的品类范畴往往不局限于单一形态，而是跨越产品、服务和内容等多种形态并在其中实现灵活组合。

与管道型产品提供模式的线性框架不同，管道型解决方案提供模式外在表现为一种由横向产业链和纵向多品类构成的二维框架，参见图5－2。

2. 管道型解决方案提供模式的缘起

管道型解决方案提供模式的产生源于产业集成技术的成熟、需求

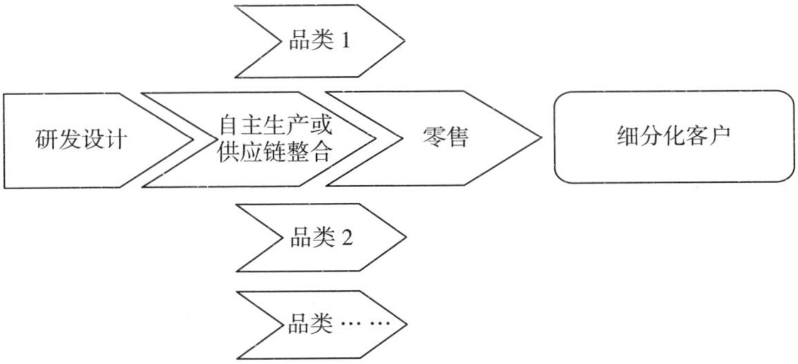

图5-2　管道型解决方案提供模式

的差异化和价值竞争时代的到来。

(1) 产业集成技术的成熟

管道型解决方案公司是一组存在积极的纵向或横向联系的产业部门的集合体，其中核心产业与支持产业部门之间的联系为纵向联系，核心产业与在技术或市场上有互补关系的产业部门之间的联系为横向联系。在产业全球化和信息技术发展的背景下，正是产业集成技术尤其是供应链管理技术的成熟，使得解决方案型公司能够在核心产业的基础上整合互补产业和支持产业，形成相对单一品类更加丰满的解决方案。

(2) 需求细分化和解决方案化

经历从“一次消费”到“多次消费”的历练，客户的专业鉴别和购买能力增强，同时对自身需求愈加了解，这带来两个维度上的需求升级：一是同质化需求的细分化升级，过去的同质化规模市场裂变为多个按照相同属性归类的细分化市场；二是产品需求的解决方案化升级，客户不再购买单一产品，而是购买解决方案以帮助自身高效解决问题。立足单品类规模增长的品类冠军模式是占领需求同质化市场最为高效和实用的模式，而整合产业资源提供多品类解决方案的管道型解决方案模式，是更能迎合客户细分化和解决方案化需求的模式。

(3) 价值竞争

随着客户需求的细分化和解决方案化，产业竞争从过去品类主导的规模竞争转变为细分化、差异化需求主导的价值竞争。相对于面向大多数甚至所有客户提供单一品类的品类冠军，解决方案型公司通过全产业链的深度控制和专业化能力投资与整合，面向某一类客户提供细分化解决方案，以定制化价值的交付实现对细分客户的深度锁定。

3. 管道型解决方案提供模式的内涵与竞争力来源

管道型解决方案提供模式以细分客户需求的差异化满足为核心，通过全产业链的深度控制和专业化能力投资与整合，面向细分客户提供由多品类组成的需求解决方案，并从品类的规模化和品类范围的多元化中寻求到两重竞争优势：规模经济和范围经济。

(1) 以细分客户需求的差异化满足为核心

为追求最大规模，品类冠军的一切行动都是以生产为核心，并以标准化产品提供给大多数的客户。但为了实现差异化价值竞争，管道型解决方案提供商拥有更加明确的客群定位和价值定位，并以细分客户需求的差异化满足为核心来重构产品组合和产业链组织模式，通过细分客户需求的深度满足来实现客户锁定。

(2) 提供需求解决方案

与面向大多数客户提供单一品类产品的品类冠军不同，管道型解决方案提供商面向细分客户交付由多品类组成的解决方案，这里的多品类既可能由多种产品组成，也可能跨越产品、服务、内容等多种形态，根据细分客户的需求灵活组合。

(3) 全产业链深度控制和各环节能力的差异化

为了向细分客户交付差异化价值，管道型解决方案提供商需要通过全产业链的深度控制和各产业环节能力的差异化来形成细分化和专业化的价值提供能力。以服装产业的优衣库和ZARA为例，两者都通过全产业链深度控制面向客户交付一站式服装搭配解决方案，但前者以基本款式、品质感和性价比为主要价值定位，因此尤其注重面料研发，并在终端零售环节采用仓储式陈列，而后者以时尚潮流、快速更新和性价比为主要价值定位，因此打造了全球服装产业最为先进的柔性供应链系统。

（4）竞争优势来源的两重性：规模经济和范围经济

与品类冠军相比，管道型解决方案提供商的竞争优势既来源于由各个品类产销规模扩大带来的规模经济效应，又来源于多种品类经营带来的范围经济效应。由于面向细分客户交付多种品类组成的解决方案，管道型解决方案提供商能够更加有效地分摊全产业链布局带来的高昂成本，同时也更有能力去重构产业链形成与细分客户匹配的差异化经营能力。

4. 管道型解决方案提供模式的威胁与挑战

管道型解决方案提供商通过自主投资或产业整合的方式向细分客户交付多品类构成的需求解决方案，并以此实现差异化价值竞争。但与品类冠军一样，管道型解决方案提供商同样面临不可预知的迭代风险和更高维对手的降维打击。

（1）细分需求迭代或细分市场消失造成的模式整体倾覆的风险

由于消费需求的迭代升级和产业能力的专业化，品类冠军因难以实现产品和模式升级而面临市场分化的威胁，但一切产业投资和产业资源整合都围绕细分客户需求展开的管道型解决方案提供商，却因此要面临更加深刻的系统性风险。管道型解决方案提供商基于投资和整合形成了面向细分客户需求交付定制化解决方案的专业化和系统化价值提供能力，一旦细分客户需求发生改变甚至消失，管道型解决方案提供商则会丧失赖以生存的市场基础，从而使生成差异化价值提供能力的系统模式面临整体倾覆的风险。以国内男装产业为例，商务休闲风格曾经风靡一时，但如今随着男装消费者对于时尚化、休闲化风格的纯粹追求，国内商务休闲男装品牌几乎已经在产业转型的大潮中消失殆尽。

（2）解决方案边界刚性造成管道型解决方案提供商面临更高维对手的降维打击

管道型解决方案提供商通过产业链自主经营的模式创造和交付价值，因而具有相对明确的能力边界和解决方案边界。随着数字化技术对于各个产业的深度渗透，产业资源和能力的协同性大幅提升，促使了更高层次的解决方案提供商在各个产业不断涌现。大多数产业的解决方案提供商层次分布都呈现出套娃的形态，而边界更宽的解决方案对边界较窄的解决方案都将形成“大娃套小娃”式的降维打击。以国内家居产业为例，产业中现存的解决方案提供商至少包括睡眠解决方案提供商、卧室解决方案提供商/客餐厅解决方案提供商/厨房解决方案提供商、全屋解决方案提供商。甚至，包括万科、碧桂园等在内的房地产开发商都已经通过美好家、橙家等业务切入家居产业，通过为消费者提供住房、教育、商业、家居等更为宽泛的商品品类，在家居产业发起了一场围绕“家的解决方案”的生态之战。

产业平台型解决方案模式和它们的类平台特征

1. 产业平台型解决方案模式的定义与框架

产业平台型解决方案模式简称产业平台模式，是指基于主干产品价值链的能力专业化，通过构建和开放一系列产业基础设施，供产业内的外部创新者使用，为其开发和生产平台所需的互补品提供便利条件，以向客户交付更广边界的解决方案和实现供给端更大范围经济的商业模式。

与管道型解决方案模式相比，产业平台型解决方案模式不仅在生产供应环节呈现出开放的特征，更有可能实现技术、品牌、销售、供应链等多个环节专业能力的开放。产业平台在从产品经营到产业经营的道路上更进了一步，但由于面向客户的主干产品仍然经由价值链模式提供，且缺乏供给端和需求端的双边互动以及由此产生的网络效应，产业平台本质上还没有实现完全意义上的平台进化，而是停留在“类平台”的阶段。

产业平台模式的类平台框架参见图5-3。

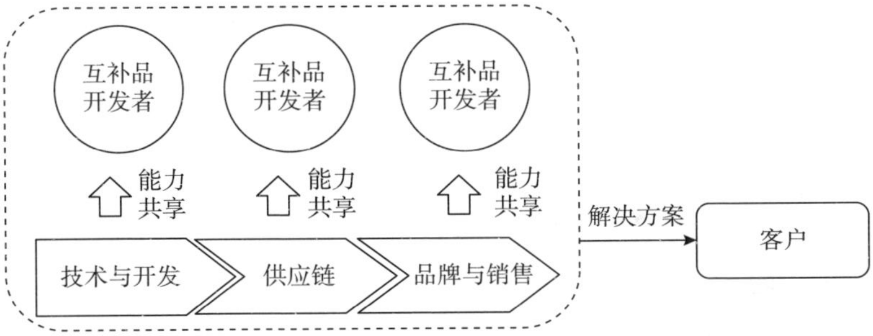

图5-3　产业平台模式

2. 产业平台型解决方案模式的缘起

在产业集成技术、需求细分化和解决方案化以及价值竞争的基础上，产业平台型解决方案模式更是信息化技术普及和企业间竞合的产物。

（1）信息化技术在产业的深度应用

随着信息化技术甚至数字化技术在产业的深度应用，各种信息化交互界面与工具以及标准化接口得以开发，使得产业内各种专业化能力的集成水平大幅提升。除了在生产供应环节开放以集成外部生产资源外，基于技术、开发、品牌、销售等多环节专业能力对外开放以集成更为广泛的产业资源成为可能。

(2) 竞合时代的到来

当产业竞争的主题从简单的规模竞争升级为基于系统布局的价值竞争后，越来越多的公司认识到与竞争对手之间的关系不再是纯粹的此消彼长的零和博弈关系，在竞争中寻求合作、在合作中展开竞争往往能基于各自的竞争优势发挥 1 + 1 > 2 的协同效应。在竞合理念的指引下，很多原本存在竞争关系的公司开始基于利益共享、风险公摊的规则，交换互补型资源，形成优势互补、分工协作的战略联盟。产业平台在战略联盟的形式上更进一步，通过开放产业能力，产业平台吸纳更多的互补品开发者加入平台，以一种更加紧密的方式在主干产品的基础上捆绑更多的互补品，一站式满足客户的解决方案需求。

3. 产业平台型解决方案模式的内涵与竞争力来源

同样是满足细分客户的差异化需求、为客户提供解决方案、对产业链多环节甚至全环节拥有深度控制能力，但产业平台型解决方案模式相比于管道型解决方案模式实现了更大程度的能力开放，并由于一系列共享产业基础设施的存在而具有了“类平台”的特征。

(1) 产业平台是一种有限开放的类平台

围绕着主干产品从产品开发到交付的价值提供链条，产业平台形成了多个环节甚至全环节的专业化产业基础能力。基于这些专业能力的标准化和开放化，产业平台将自身在各产业环节的布局外部化为产业通用的共享基础设施。基于客户的解决方案需求和自身战略需要，产业平台通过设定一系列的标准来筛选外部的互补品提供商加入平台，利用平台的共享设施开发和提供互补品，从而形成以主干产品和多种互补品组成的客户需求解决方案。产业平台需要通过价值链的深度经营保持主干产品的强大竞争力，这是产业平台得以稳固的前提。因此，产业平台在纯粹的管道型模式基础上实现了更加开放，但依然是围绕主干产品价值链经营的有限开放。在面向客户时，产业平台作为打包了主干产品和多种互补品的解决方案提供商出现，平台上的互补品提供商并不与客户产生直接互动关系。综上所述，产业平台只实现了有限开放而没有实现完全开放，只具有共享属性而没有互动属性，本质上是一种类平台。

（2）产业平台具有更加强大的网络协同效应

由于开放集成了一系列专业化的互补品提供商，产业平台在主干产品和平台涉及的互补品领域都实现了专业竞争，具有明显的规模经济效应。产业平台实现了产业基础设施的共享化，通过多元化产品组合分摊产业设施建设成本，具有突出的范围经济效应。但相比于仅在供应环节实现开放、更侧重于整合外部生产能力的管道型解决方案提供模式，产业平台由于多个环节的开放和对技术能力、开发能力、生产能力等更加多元的外部产业力量的集成，展现出了强大的网络协同效应。各种专业力量在产业平台集聚，专业力量与产业平台之间、专业力量与专业力量之间不断交流与互动，促使平台能力和平台参与者能力的双双提升。

4. 产业平台型解决方案模式的威胁与挑战

产业平台更加开放地集成更加多元的专业化产业力量，比管道型解决方案模式更能满足客户的解决方案化需求。但是，产业平台的开放依然围绕主干产品和基于主干产品价值链的专业化能力展开。这些能力投资具有专属性和不可逆性，因此产业平台依然面临着细分需求迭代和细分市场消失造成的模式倾覆的威胁。例如，国内男装产业领导者海澜之家曾经基于全产业链的深度专业化能力，通过开放整合各类专业品类生产商和区域单店加盟商，实现了对国内单品类男装品牌的市场收割，但如今由于大众服饰市场的时尚化升级，依然面临着严峻的迭代挑战。

产业平台的解决方案边界更宽，但依然存在着一定的刚性，因此面临着与管道型解决方案模式一样的被更高维对手降维打击的威胁。例如，国内家居领导品牌欧派以橱柜品类定制为核心，通过更加满足客户一站式需求的全屋定制模式，广泛整合产业资源，向客户交付“拎包入住”解决方案，在国内家居产业实现了解决方案边界的重大突破，但依然面临着来自万科、艾佳生活、尚品宅配等实现了硬软装一体化的全屋整装提供商的竞争威胁。

传统交易平台型解决方案提供模式和它们受限的网络效应

1. 传统交易平台型解决方案提供模式的定义与框架

传统交易平台型解决方案模式是指非数字化的交易平台模式，采用该模式的企业基于实体空间，为供需双方提供实时交互的场所，并从中获利。与管道型产品提供模式和管道型解决方案提供模式不同，传统交易平台型解决方案提供模式不参与产业链环节的具体经营。与数字化交易平台型模式不同，传统交易平台型解决方案提供模式没有实现交易平台的数字化，因此在模式的效用上依然受到物理时空的限制。

由于不参与产业链的具体经营，传统交易平台型解决方案模式跳出了管道型产品提供模式的线性框架和管道型解决方案提供模式的二维框架，外在表现为由平台和平台用户构成的立体框架，参见图5－4。

2. 传统交易平台型解决方案提供模式的缘起

传统交易平台型解决方案提供商与管道型产品提供商、管道型解决

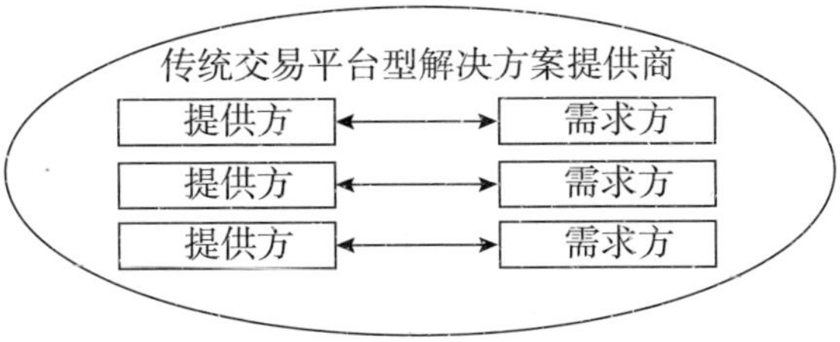

图5-4 传统交易平台型解决方案模式框架

方案提供商存在着紧密的依附关系，前者为后者提供产品交付或解决方案交付的场所，后者为前者输出供给端的内容，两者互为存在的前提。

但传统交易平台型解决方案提供商与管道型产品提供商之间的关系更加密不可分，这是由于后者聚焦生产环节，面向客户交付单一产品，并以此追求最大化的单品规模效应，因此既无意愿也无能力涉足下游交易环节，只能依附于传统交易平台型解决方案提供商提供的场所与客户实现交互。管道型解决方案提供商虽然也以传统交易平台型解决方案提供商作为与客户交互的重要渠道，但一定的范围经济效应和对全产业链深度控制的追求赋予了管道型解决方案提供商自主涉足交易环节的能力和意愿。因此，在现实的商业世界中，我们看到很多管道型解决方案提供商跳出了对于传统交易平台型解决方案提供商的依赖，例如手机产业的苹果可以摆脱传统数码广场，独立开设专卖店且创造全球最高的门店坪效；家居产业的尚品宅配可以通过上门量尺服务，跳过传统家居卖场，直接拦截客户的家具购买需求。

3. 传统交易平台型解决方案提供模式的内涵与竞争力来源

区别于管道型产品或解决方案提供模式和数字化交易平台型解决方案模式，传统交易平台型解决方案提供模式具有一系列独有的特征。

(1) 不参与产业链环节的具体运营

传统交易平台型解决方案提供商只基于实体空间为产业内的供需

双方提供直接交互的场所，而不参与任何产业链环节的具体运营。即使在交易环节，交易的具体工作也多由平台内的供方来完成。

（2）面向客户交付多样化的产品或解决方案

传统交易平台型解决方案提供商相比于管道型产品或解决方案提供商，拥有更大的供给端吞吐容量，因此可以基于平台上的众多商家为客户提供多样化的产品或解决方案。但受到物理时空条件的限制，传统交易平台提供的产品或解决方案的多样化程度要远远弱于数字化交易平台所提供的产品或解决方案的多样化程度。

（3）传统交易平台型解决方案提供商的四重竞争优势

相比管道型产品或解决方案提供商，传统交易平台型解决方案提供商拥有更大程度的规模经济和范围经济效应。但物理时空条件的限制使得这种规模经济效应和范围经济效应拥有较为明确的边界，当实体空间的规模经济效应和范围经济效应达到最大化，传统交易平台需要拓展新的实体空间以使两种效应得到重新启动。

由于商业模式的平台属性，传统交易平台型解决方案提供商具有一定的网络效应，即供需两方对平台的加入有相互促进的作用。但物理时空条件的限制同样使得这种网络效应存在明确的边界，不足以支撑模式实现指数级增长，这也是传统交易平台型解决方案提供商和数字化交易平台型解决方案提供商最主要的区别。

传统交易平台型解决方案提供商另外一个独特的竞争优势来源于线下优势区位的独占效应，即通过排他性占领实体优势区位空间，实现客流的垄断，这是立足实体空间的传统交易平台型解决方案提供商最为基础的竞争力。

4. 传统交易平台型解决方案提供模式的威胁与挑战

传统交易平台型解决方案提供商的主要威胁在于优势区位独占效

应的消失和传统租金模式下产业链关系的不稳定。

（1）城市格局更迭和技术进步造成实体空间优势区位的“马其诺防线”效应

实体空间优势区位独占效应对于传统交易平台型解决方案提供商来说是一把双刃剑，它在稳定的城市格局和技术条件下为后者创造了排他性竞争优势，可一旦城市格局发生改变，或者相关数字化技术出现重大突破，各种利用新格局或新技术不断涌现的新模式将对客流产生急剧的分流效应，此时的线下优势区位就如同“马其诺防线”一样形同虚设。例如，购物中心对于传统商业街和百货商场的替代，以及各种网络零售型企业在日用消费品领域对于传统大卖场的侵蚀等。

（2）对高租金模式的路径依赖造成产业合作关系的不稳定

传统交易平台型解决方案提供商多以面向商家收取的租金及各种项目收费（例如进场费、促销费等）为主要的盈利来源。由于各项成本和费用不断地提升，传统交易平台型解决方案提供商只有不断提高租金和各项费用才能让模式得以延续。这在一定的阶段内为平台创造了极其丰厚的利润（例如家居产业的红星美凯龙 2018 年上半年的净利润几乎相当于同时期 27 家家居制造业上市公司的净利润总和），但同样造成了不可调和的零供矛盾和不稳定的产业合作关系。无论是在日用百货还是在家电、家居等领域，以管道型解决方案提供商为代表的商家，通过打造多渠道模式摆脱对产业内传统交易平台型解决方案提供商的依赖都已经成为大势所趋。

从管道型产品提供商到管道型解决方案提供商再到产业平台型解决方案提供商，从传统交易平台型解决方案提供商到产业平台型解决方案提供商，传统产业领袖从两个不同起点出发、朝向同一个目标的进化之路已经正式开启。这条进化之路注定不会一帆风顺，却是势在必行，看起来扑朔迷离，但其实有章可循。

第二节　传统产业领袖向产业赋能平台转型的障碍与优势

传统领袖企业向产业赋能平台的转型存在以下几大主要障碍。

封闭化的战略理念难以适应开放化的竞合要求

传统领袖企业大多强调对产业链的控制力，这往往也是其竞争力的重要来源。有些传统领袖企业本身就是产业链一体化的公司，从研发、生产、分销到推广都是自己做，甚至还会涉足关键的零部件或原材料以及关键的零售渠道。传统领袖企业为了提升竞争力，在产业链布局上可以说不遗余力，配套厂工艺不行，自己干；原料质量不行或供应不稳定，自己干；基础设施不行，也是自己去弥补。通过自己干或是对合作伙伴的掌控，大大强化成本、质量、渠道等方面的竞争力和稳定性。其缺点就是打造这样的体系时间非常长，而且不灵活，一旦行业发生大的变化，容易整体陷入困境，就像数字电视取代模拟电视对日本电视机行业的打击一样。而现在的商业，恰恰进入市场需求变化越来越快、越来越难以把握、越来越需要灵活应对的时代。传统领袖企业以往的成功经验，使它们很容易陷入对产业链掌控力的迷恋中，这与平台模式要求的开放、共享、协作、赋能等理念相去甚远，而思维理念的改变恰恰非常困难。

固化的利益分配模式难以吸引更具创新力的加入者

很多战略变革的失败，不是战略方向不行，也不是配套举措不行，而是利益机制出了问题。战略变革损害了原有强大的既得利益群体的利益，造成了强大阻力，而新获利群体又不够强大，未来利益也不确定，使得推动战略变革的动力不足。

既得利益群体既包括公司员工、管理层、董事会、股东，也包括产业链上下游的合作伙伴，甚至地方政府，可以说这是一张巨大的、无形的网络，推动公司沿惯性发展。原有模式越成功的企业，既得利益群体也就越大，变革的阻力反而非常大。

传统领袖企业要向产业赋能平台转型，要么完全抛弃原有的利益群体，另起炉灶，重新组建全新团队，但这样不利于利用公司长期积累的资源与能力；要么在转型的同时也进行薪酬激励机制的改革，但这样往往比较容易造成团队的动荡，尤其是那些不习惯于变革的企业。

数字化的黑箱使得传统企业面临严峻的转型技术壁垒

最近几年，物联网、大数据、云计算、人工智能、区块链等技术发展十分迅猛，大多数传统企业未能及时跟上技术发展的步伐，转型将面临严峻的技术壁垒。虽然市场上有很多的数字化技术提供商，但这些技术的使用，在硬件、技术、数据方面仍然需要一定的基础，而传统领袖企业往往并不具备。

传统领袖企业向产业赋能平台转型的障碍是很明显的，但与此同时，也拥有新创互联网平台不具备的重大优势。

拥有规模用户和强大的行业影响力

传统领袖企业往往拥有数据可观的用户数，而且在业内甚至在整个社会拥有强大的品牌影响力。

以宜家为例，2017 财年，宜家实体商场在全球的造访量达到了 9.36 亿次，宜家官网 IKEA.com 全球访问量达到了 23 亿次。同时，宜家中国商场访客数量超过 9 760 万，比去年同期增长 11%。宜家官网 ikea.cn 访问量超过 8 700 万人次，比去年同期增长 24%；宜家会员俱乐部会员总数超过 1 900 万，比去年同期增长 25%；超过 940 万粉丝通过不同的社交媒体平台关注宜家。宜家的客户数据，相对于领先的互联网平台有很大差距，但相对于很多中小互联网平台来说，已不逊色。

凭借庞大的用户基数和强大的品牌影响力，传统领袖企业向产业赋能平台转型，可以轻松化解互联网平台发展初期往往会碰到的艰难的冷启动，快速聚集足够数量的企业入驻、吸引足够数量的用户来访。只要服务体验较好、后台技术过硬，产业赋能平台的前期建立相对容易。

具有对产业链的深刻理解

传统领袖企业凭借多年的行业经验，对产业链的“秘密”了如指掌。如消费者需求是什么，有哪些痛点；产业中中小企业的发展障碍是什么，它们最渴望获得哪些支持；产业链各环节的竞争格局怎么样，通过平台模式如何重构产业链，产业链中哪些工作可以集中到平台，由平台统一提供支持，哪些工作应由中小企业负责，发挥中小企业的创造力等。

链家在推出贝壳找房平台时，仍然抓住“真房源”这一消费者关注的痛点，并将其长期积累的“真房源”的品牌认知、大数据和技术能力赋能于入驻其平台的房产中介。海尔的 COSMOPlat（卡奥斯）工业互联网平台可以帮助制造企业实现个性化定制，从而更好地满足客户需求。这些传统领袖企业向产业赋能平台转型之所以取得阶段性成功，都与其对产业链的深刻理解有关。它们都抓住了入驻企业和客户的痛点，并利用长期积累的资源与能力帮助它们解决痛点，通过帮助别人成功实现平台的建立。

传统领袖企业向产业赋能平台转型，其障碍和优势都非常明显。

企业一方面需要正视障碍、解决障碍、弥补短板，另一方面也要努力发挥优势，将自身在产业链上的优势转化为平台优势，更好地赋能入驻企业，提升效率，共同为用户打造更好的体验。只有这样，产业赋能平台才可以建立，而且能够形成持续发展的能力。

第三节　什么样的传统企业更有机会成为产业赋能平台

互联网企业往往看准了市场机会，无中生有地创建平台，撮合平台上的多方互动和交易。目前互联网平台的发展如火如荼，尤其是面向消费者的服务，让消费者明显感受到了便利和增值，但互联网平台真正深入产业链内部的改造相对来说要少得多。产品销售和服务有了大变，但研发与生产却仍是老样子，最终限制了整个产业链效率的进一步提升，限制了对个性化需求的真正满足。

而传统领袖企业往往在相关产业中积累了丰富的资源和经验，对产业链也有着深刻的理解，在物联网、大数据、云计算、人工智能等新技术的帮助和推动下，部分企业运用平台模式的商业思维，积极介入传统产业链的改造，正在不断取得成效。

然而，由于数字化产业赋能平台需要全新的思维、技术和商业逻辑，传统领袖企业向产业赋能平台转型，往往要经历九死一生，其成功是万里挑一，道路注定艰辛。那么，什么样的领袖企业更容易取得成功呢？

强烈的使命感

平台模式赢家通吃的特点，使得每一个产业中的平台数量都非常稀少，导致通往平台之路也是九死一生。传统领袖企业向产业赋能平台转型，不仅存在诸多障碍，而且成功的概率并不大，如果仅仅将平台作为诸多下属事业中的一个，而不是全身心投入，其结果只能是不温不火，初期的热情和资源倾斜过去之后，最后落得个舍弃了事。如果不是有清晰的使命驱动，很难真正不顾一切地投入，争取那本不大的成功希望，实现凤凰涅槃。

由于每个产业中平台数量都非常少，甚至只有唯一的一家，平台一旦成形，平台企业对于整个产业的发展将起到至关重要的作用，甚至可以说，平台兴则产业兴，平台衰则产业衰。由于平台的特殊地位，平台企业理应担负起推动产业升级和提升消费者福祉的重大责任。

事实上，成功的平台都是具有强烈使命感的企业。如谷歌的使命在于整合全球信息，供大众使用，使人人受益。为此，谷歌不仅提供了网页、图片、音乐、视频、地图、新闻、本地服务、文献、购物等几乎无所不包的搜索服务，还将业务触角伸向数字信息的各个角落，如自动驾驶、安卓手机操作系统等。为了让穷人也能享受全球信息的好处，谷歌不遗余力地在全球推动更多人上网。在美国，谷歌已着手实施为美国所有保障性住房住户提供免费的千兆网络服务；在印度和印度尼西亚，谷歌已开始提供免费 Wi-Fi，未来这一免费服务将在全球逐步推广。谷歌还推出了热气球网络计划，让热气球群飞行在平流层，为偏僻地区的居民提供互联网，填补网络服务的盲区，或帮助受灾断网地区恢复网络。

国内企业中阿里巴巴的使命最为大家所熟知。正是由于“让天下没有难做的生意”这一使命的引领，阿里巴巴克服一个又一个困难，打造了1688、淘宝、天猫、菜鸟、阿里云等多个平台。阿里云在发展初期，面临着缺技术、缺人才、前景不明、信心不足、团队不稳等众多困局，马云虽然完全不懂云计算的原理，但当他知道云计算可以大幅降低计算成本、提升交易效率时，就坚定地给云计算项目追加投资。强烈的使命感使公司在决策时，可以抛弃短期利益的影响而更看重每一个决策对使命实现的作用，勇于承担决策风险。也正是由于强烈的使命感，企业才能直面向平台转型过程中的各种艰难险阻，百折不挠，直至成功。

海尔的愿景和使命是致力于成为行业主导、用户首选的第一竞争力的美好住居生活解决方案服务商。海尔通过建立人单合一双赢的自主经营体模式，对内，打造节点闭环的动态网状组织，对外，构筑开放的平台，成为全球白电行业领先者和规则制定者，全流程用户体验驱动的虚实网融合领先者，创造互联网时代的世界级品牌。

为了迎合个性化定制的需求，最大程度获得消费者的心，海尔选择了把自己解构，让全体员工都面向市场，直面用户。当前海尔只有平台和小微，平台一方面为小微提供开放的资源支持，另一方面通过开放吸引资源，快速聚散资源，使海尔平台生态更丰富，从而吸引更多的小微到平台创业、快速变现价值，实现相关方利益最大化。海尔平台上只有三类人，第一类是“平台主”，职责是为小微提供创业资源支持，其价值体现在有多少成功的创业团队；第二类叫“小微主”，职责是经营小微、创造全流程用户最佳体验，直接创造用户价值；第三类是创客。

海尔改变传统单一化大规模制造的生产方式，转向以用户需求为核心的大规模定制生产方式。大规模定制在海尔的表现就是互联工厂，允许网络买家根据自身的需求在线操控生产流程，定制产品，实现大众化定制。

除了家电产品的大规模定制外，海尔还将其个性化定制的互联网工厂模式向其他行业的企业进行开放，形成 COSMOPlat 工业互联网平台。COSMOPlat 的出现，颠覆了传统制造业中由企业主导的产品生产，形成了以用户需求为主导的全新生产模式，实现了用户在交互、定制、设计、采购、生产、物流、服务等环节的全流程参与，在整个过程中，用户既是消费者，也是设计者、生产者，把“产消合一”做到了实处。2018 年 2 月，COSMOPlat 获批为国家发展改革委的“基于工业互联网的智能制造集成应用示范平台”，成为我国首个国家级工业互联网示范平台。并且海尔 COSMOPlat 已经将交互、设计、采购、物流、服务等七大模块进行了社会化推广，助力中小企业升级转型，支撑国家供给侧结构性改革。其开放性能让所有企业“复制”海尔规模化定制经验成果，以最短周期完成由大规模制造向大规模定制的智能制造转型。目前 COSMOPlat 已经在建陶、家居、农业、服装等 12 个行业，上海、广州、天津等 11 个区域进行复制。

开放的心态与分享意识

传统企业对自身核心技术通常会严格保密，因为这关系到自身的竞争力，而平台企业则完全不同。平台有责任也有动力帮助入驻平台企业成功，因为只有平台上的企业成功了，平台才能更成功。

在大数据和人工智能时代，大数据成了非常重要的资源。平台被使用的次数越多，平台上的数据就越丰富；平台上的数据被分享和使用得越多，分享和使用数据又会产生新的数据，同样又会增加平台的数据丰富性。这就是平台越开放、越分享，自身越有价值的原因。

小米将其探索总结的硬件产品的研发、供应链管理等一套业内领先的体系无私地向入驻其平台的企业（也就是所谓的生态链企业）传授，甚至有时还参与帮助生态链企业明晰运营战略，而且将其渠道资源（包括小米商城、第三方平台、小米之家实体店等）也与生态链企业高度分享，尽力帮助生态链企业取得成功。

信息不透明和房源不真实一直是房产中介行业的顽疾。为了解决这一痛点，链家从 2008 年开始投入大量人力物力，打造了全国最大的真实房源数据库——“楼盘字典”，并基于这一数据库，在 2011 年制定了真房源标准。

链家的“楼盘字典”目前已累计投入6亿元，覆盖中国121座城市的24万个小区，真实房屋数突破1亿，惠及50%以上的中国城市人口。拥有1 200TB数据量，收录了多维度信息，包括房源房间门牌号、标准户型图、属性信息、配套设施信息、历史业务数据等，此外，每套房源还有300字的描述字段。“楼盘字典”已成为国内数据量最大、覆盖面最广、颗粒度最细的房屋信息数据库。在这样完备详细的信息录入环节中，“楼盘字典”就可以智能判别真实房源，确保了房源的真实性。

链家通过近10年的“楼盘字典”建设，才有了真房源承诺的底气，真正从根源上解决了虚假房源和信息不透明。

基于“楼盘字典”数据库，链家不仅为用户提供了真实、透明的房价信息，还提供了房源历史成交数据、价格变动区间、房间户型图等信息帮助用户有效决策。依托互联网对数据进行标准化管理，真正实现了信息的无差别共享，改变了房产行业中信息不透明、虚假房源等问题，大大提高了消费者的购房体验。

“楼盘字典”可以说是链家独步江湖的武林秘籍，是推动链家近年来快速成长的最大法宝，是链家的核心竞争力所在。但在推出贝壳找房平台后，链家开放了自己的海量真房源、楼盘字典等核心能力，也希望能够带动更多的中介和经纪人在这个平台上发布真房源，并通过贝壳的体系来进行标准化和验真，通过各种技术手段来保证房源的真实性，从而提升全平台、全行业的消费体验。

产业领先的基础专业能力

不管是传统模式还是平台模式，要想在竞争中脱颖而出，都必须具备强大的专业能力。传统模式下的专业能力要求，只要自己会做就行，平台模式下的专业能力要求，自己会做还不够，还需要将专业能力转化为平台的基础能力或运营标准，让入驻平台的企业都会才行，从这个意义上来说，平台对专业能力的要求更高。

事实上，不少企业也是在通过传统模式积累强大的专业能力后转型成为平台的，而传统模式下形成的专业能力对其成功发展成为平台起到了非常重要的作用。如韩都衣舍在淘宝上自营“韩都衣舍”品牌女装，积累了强大的电商运营、服装供应链管理等专业能力，而后又代运营了一批服装品牌的电商业务，之后才发展成为服装品牌孵化平台。京东通过自营3C数码电商业务，吸引了一大批忠实的用户，树立了良好的口碑，并形成了一套规范的电商业务运营和管理体系，而后才向第三方卖家开放，成为综合性的电商平台。小米通过自营“小米”品牌的手机业务，建立了小米商城电商渠道，打造了质量可靠、高性价比的品牌形象，并在电子产品供应链管理、研发体系建设等方面形成了国内领先的强大能力，而后利用其品牌、渠道和研发、供应链管理能力，帮助生态链品牌取得成功，从而成为近年来具有标志性意义的硬件平台。

万科作为中国最专业的住宅开发商之一，长期占据房地产行业老大的位置。万科也是中国房地产业最早提出质量第一的公司，在社会上有着很好的口碑，房子的建筑质量、园林景观、社区配套、物业服务等都得到了消费者的广泛认可。

万科对于建材产品的要求非常严格。为促进万科与合作伙伴持续提升产品质量与服务能力，帮助合作伙伴清晰了解同类供应商与万科的合作表现，自2013年起，万科每年对供应商进行评估分级，向社会发布合格供应商名录，使之成为万科供应商管理的重要依据。

万科通过对供应商进行分级管理，建立供应商的晋升和淘汰机制，可以挑选出合格、优秀的战略供应商，也可剔除不合格供应商，对各类供应商不断进行动态调整。

万科同时针对材料采购设置了统一的招投标和供应商管理平台，

即PDC平台，供应商通过在这里注册进行项目的竞标。PDC也是万科对合作供应商定期评估的平台，并设有标准的打分要求，如对质量安全、进度、施工配合、结算及售后的管理，便于及时指导公司与供应商的合作。

2017年，万科与中城投资、中天集团等共同发起成立的建材B2B第三方采购交易平台采筑，将其积累了30年的地产供应链管理成果，包括供应商招标管理、供应链管理、质检标准建立、共享核心供应商等，向全社会开放，让所有的房地产企业都可以共享万科自己的质量监测体系、供应商评估和黑名单管理制度，帮助其他房地产企业快速提升供应链水平。

目前采筑平台所提供的产品已经超过7万种，超过500家供应商参与，客户已达300家以上，平台采购规模达400亿元。

即时链接用户的数字通路

产业赋能平台一方面要整合系统资源，打造产业基础设施，为入驻企业赋能；另一方面又要连接用户，促进供需双方互动，提升用户需求与产品和服务的匹配性。因此，除了强大的资源整合能力外，拥有直接链接用户的数字化通路同样非常重要。

中信出版社不仅在线下建设大量销售网点，还在天猫、京东等电商平台上开设店铺，而且还建立了帮助客户选书、听书、读书的平台——中信书院，让用户更高效地获取有价值的知识，实现更高的用户黏性。

小米以线上销售自有品牌手机起家，号称互联网手机第一品牌。除了小米官网外，还入驻了天猫、京东等主流电商平台。小米后来还集合手机、路由器、电视机、移动电源、手环、扫地机器人、平衡车、行车记录仪、空气净化器、净水器等众多自有产品及生态链合作伙伴产品，开设小米之家实体店，提供消费者线下接触、体验的渠道。

尚品宅配拥有大量门店和官网，韩都衣舍在各大电商平台开设店铺，成为产业赋能平台的公司基本上都拥有与用户沟通接触连接的数字化通路。这样的通路既可以与用户沟通互动，也可以直接实现销售；既可以收集数据，也可以直接实现部分服务。

不管传统领袖企业目前拥有怎样的资源与能力，其与产业赋能平台所要求的资源与能力之间总是有着巨大的差距，向产业赋能平台的转型总是存在着巨大的不确定性，因此坚定的决心始终是必需的。强大的资源整合能力将使传统领袖企业有可能快速整合各方资源，打造产业发展的基础设施，建立强大的赋能体系。而直接接触用户的数字化通路则是产业赋能平台所必需的要素，传统领袖企业拥有这一要素，将有助于产业赋能平台的建立。

第四节　启动平台模式，　迈出转型关键一步

未来，产业赋能平台将是每个产业的焦点，是每个产业最重要的基础设施提供者、运营标准掌控者、大数据资产拥有者和领先技术的推动者。尽管向产业赋能平台转型九死一生，是顶尖高手的华山论剑，但对于心怀大志的传统领袖企业来说，向产业赋能平台转型可以说是其谋取未来大局的关键举措。

搭建数字化平台

传统领袖企业向产业赋能平台转型最具实质性意义的一步始终是真正搭建一个数字化的平台，而由于各领袖企业的核心资源与能力不同，各产业的竞争状况以及是否已经建立相关平台等情况不同，传统领袖企业的平台转型之路也应有所不同。

1. 开放现有的核心资源与能力，成为平台

如果产业内中小企业众多，而传统领袖企业的核心能力刚好可以解决产业痛点，可以帮助这些中小企业大幅提升竞争力，那么传统领袖企业完全可以通过开放其核心能力，吸引中小企业而成为平台。如果业内刚好还没有强大竞争力的竞争平台，则传统领袖企业的平台转型之路将有非常大的成功可能性。

在房产中介行业，尽管有58同城这样的二手房交易平台，平台上汇集了大量的中小中介公司和大量房源，但如果没有解决信息失真、假房源横行这一痼疾，就不能给消费者带来更好的消费体验。

真房源是消费者购买二手房的长期痛点。链家正是凭借真房源这一突出的价值，在国内众多房产中介公司中脱颖而出，成为房产中介的领导品牌。也正是包括“楼盘字典”在内的真房源数据库和管理体系，让链家有信心建立全新的贝壳找房平台，直面58同城的竞争。

贝壳找房基本上完全继承了链家在产品技术、品质控制和数据挖掘等方面的优势能力。作为服务于整个行业的开放平台，贝壳找房通过与入驻平台的中介公司分享“楼盘字典”和全生命周期的真房源验真系统，去帮助这些公司提高真房源的管理能力，提高消费者的体验。

在国内，虽然服装品类的网上交易非常活跃，规模非常庞大，淘宝/天猫、京东等平台也非常强大，但可以系统帮助服装品牌进行电商运营、供应链管理、物流服务及其他相关支持的平台尚未出现，而不少服装品牌却非常需要这种系统的帮助。正是基于此，韩都衣舍将其多年积累的电商运营、服装供应链管理等能力开放给其他服装品牌，成为线上服装品牌的孵化器平台。

2. 从竞争相对较弱的互补品领域切入，搭建平台

同样是开放分享能力，红星美凯龙却遇到了严峻的挑战。

红星美凯龙是国内最大、知名度最高的线下家居购物中心。截至2018年6月30日，红星美凯龙共经营267家商场，覆盖全国180个城市，商场总经营面积1 596万平方米。红星美凯龙在如何招商、如何吸引消费者、如何组合商品满足消费者需求等方面拥有非常丰富的经验。

红星美凯龙虽然在线下家居销售平台中拥有第一的实力，但在线上却面临淘宝/天猫、京东等更具实力的平台的竞争，在客户数量、购物体验等方面均处下风，这导致红星美凯龙网上商城的发展一开始就不顺利。

之后，红星美凯龙调整线上平台的发展策略，于2016年设立了红星美凯龙互联网家装平台，伴随红星美凯龙 App 正式上线。互联网家装平台针对都市新中产的家装需求，通过构建去中心化的装修服务平台，为用户提供透明直接、简单自由、专业高效的设计、施工、监理、选材、软装等装修一条龙服务。

2018年，红星美凯龙与三维家合作，正式启动设计云平台。消费者通过红星美凯龙 App/官网/WAP（无线应用协议）等入口挑选到自己心仪的设计师后，设计师会借助设计云平台快速完成设计方案，并且利用红星美凯龙庞大的家居产品3D数据库及渲染技术，让用户能够身临其境地感受到设计的效果。用户在确认设计方案并完成商品购买后，将直接对接红星美凯龙的龙翼系统进行下单，并同步由三维家进行智能拆单后交由工厂生产，最后蚁安居、星和宅配等服务商将完成仓储运输及安装维保工作。

设计云平台将连接设计师的设计方案与商场内产品，让设计师在使用设计云平台的数据库之后，直接与红星卖场内的各种家居品牌进行对接，为经销商创造销售机会，同时平台还将云设计软件与红星美凯龙的龙翼系统打通，将商品的3D模型与龙翼 SKU 链接，真正让用户实现从设计方案到订单支付的一体化消费体验。龙翼系统是红星的内部系统，是基于用户、招商、商品、营销折扣、买单等功能的一套完整的系统。

除了家装设计师以外，设计云平台还将致力于为卖场内的家居设计师（导购）提供销售工具，将商品组建的场景置于用户的真实户型图中，以720度全景漫游的方式，让客户更易理解最终的真实效果，从而做出购买决策，提升销售转化率。订单商品将通过三维家软件被智能拆单，这些数据会直接传输给生产端进行智能化制造，真正实现家居生产的工业4.0。例如，把一个储物柜拆单成为五金脚料、模板等基础元件，再将基础的数据直接传输给生产链的数码车床进行自动化生产。

红星美凯龙设计云平台利用场景、大数据等，打通了从设计、购买、生产、安装、服务等环节构筑的整个闭环，在更高效地满足用户在家装及家居设计方面需求的同时，设计云平台的启动对推动行业的智能化、数字化变革、提升整个行业效率和用户体验也大有好处。

红星美凯龙在打造家居产品电商平台遇阻后，转而利用家装和设计这两个与家居产品高度关联和互补的业务切入产业赋能平台打造，是一个较为现实的选择。一方面是因为家装和设计提供给消费者的是解决方案，离消费者需求的解决更近，而且通过家装和设计，反而可以整合各种与消费者需求匹配的家居产品；另一方面，在家装和设计云平台领域，虽然也有尚品宅配、土巴兔这样的竞争对手，但其实力远不如家居电商所要面对的淘宝/天猫、京东这样强大，甚至有些业务也处于刚刚起步阶段（如尚品宅配HOMKOO整装云平台、土巴兔云工长），与红星美凯龙基本处于同一起跑线上。

现在很难预判红星美凯龙的产业赋能平台打造得成功与否，但其日趋务实的转型路径选择仍值得很好的借鉴。在原有业务和原有核心能力向线上平台转型，或者因为竞争对手太强，或者因为能力要求差异较大而受阻时，打造互补品产业赋能平台，进而整合原有业务可能是比较好的选择。这样的互补品产业赋能平台的选择要满足3个条件：（1）没有特别强大的竞争对手；（2）与客户需求更近，可以反过来整合原有业务，而不是将被其他产业赋能平台所整合；（3）自身在资源与能力上与将要打造的互补品产业赋能平台有一定的匹配性。因为现有业务毕竟与互补品平台业务有较大不同，资源与能力的欠缺是很正常的，这就需要通过整合来弥补短板，如红星美凯龙就是通过对三维家的投资与合作，强化在人工智能、3D 建模及 BIM（建筑信息模型）等方面的技术能力。

3. 两者兼顾，搭建多平台

对于实力特别强大的传统产业领袖来说，在清晰愿景的指引下，甚至可以在现在业务领域和互补品业务领域同时启动多平台的发展模式。平安集团就是这样一家实力超强的企业集团。

平安集团是中国三大综合金融集团之一，在《福布斯》“全球上市公司2 000强”中名列第10位，居全球保险集团第一；在美国《财富》杂志世界500强企业中名列第29位，蝉联中国内地混合所有制企业第一。2017年，公司营业收入近1万亿元，净利润近1 000亿元，纳税近1 000亿元。截至2017年年底，集团总资产达6.49万亿元，个人金融客户数达1.66亿，互联网用户约4.36亿，集团总市值在全球金融集团中排名第6位，在全球保险集团中市值位列第一，是个不折不扣的巨无霸。

平安集团致力于成为国际领先的科技型个人金融生活服务集团，坚持“科技引领金融，金融服务生活”的理念，以深化“金融+科技”，探索“金融+生态”的发展模式，聚焦“大金融资产”和“大医疗健康”两大产业，并深度应用于“金融服务、医疗健康、汽车服务、房产金融、城市服务”五大生态圈。

近10年来，平安在科技领域的投入已经超过500亿元，集团内聚集了超过23 000名科技研发人员和500位大数据专家，建立了六大技术研究院，在金融科技、医疗科技、人工智能、区块链、大数据等方面均取得重大突破，人脸识别、智能读片、区块链、智能音乐、智能环保等多项科研成果获全球大奖。

凭借先进的科技优势，围绕广大用户“医、食、住、行、玩”的生活场景，平安陆续孵化出陆金所、金融壹账通等金融产业赋能平台，以及平安好医生（就医）、平安医保科技（医保）、平安好房（房产）、智慧城市（交通）等多个互补品产业赋能平台。

平安集团之所以能同时成功搭建多个产业赋能平台，除去其综合实力强大之外，长期在数字技术领域的持续投入，也为搭建各种平台提供了坚实的技术基础。同时，其主业是综合金融服务，已建立了多样化的营销渠道，积累了数量庞大的客户群体，拥有十分丰富的应用场景，可拓展至众多的互补品产业，如此好的业务基础和客户基础，也是其多平台发展战略成功不可或缺的因素。

不管以哪种方式搭建平台，最终平台上都应该围绕客户需求的更好满足，既提供核心产品，也提供互补品，同时核心产品和互补品都应有较多的供应商（极少数平台例外），具有较好的丰富性，这样才能更好地实现一站式满足客户个性化需求。

实现传统业务的平台化

在涉足平台模式后，传统领袖企业既拥有奉行传统模式的原有业务，也有奉行新模式的平台业务，两者在战略思维、组织模式、绩效考核等诸多方面都有着完全不同的指导思想。

在平台发展初期，原有业务在业务规模和盈利能力上往往占据明显的优势，而且这样的优势可能会保持比较长的时间，这会对平台的发展产生严重干扰（如影响平台模式的坚定性、影响平台对公司内部人才的吸引力等）。在认清平台在商业模式上的先进性后，传统领袖企业在坚决发展平台模式的同时，也应该主动开始对原有业务的组织体系进行改造，使原有业务逐渐与平台相融合。

原有业务可大体划分为两部分：偏向基础设施和能力的部分，可考虑直接融入新建平台，用于强化平台的基础设施；偏向业务运营的部分，可考虑以自主决策、自负盈亏的小组制作为改造方向。

1. 永辉超市的小组制：合伙人制度

永辉超市将公司内部组织划分为许多的经营单位（合伙人代表），也就是总部与其进行利益分配的另一方。一般是以门店或者柜组为经营单位，它们代表基层员工参与合伙人计划，并与总部讨论至关重要的业绩考核标准。总部与经营单位根据历史数据和销售预测制定一个业绩标准，如果实际经营业绩超过了设立的标准，增量部分的利润按照比例在总部和合伙人之间进行分配：三七、四六或二八等。经营单位的负责人（店长、柜组长）拿到这笔分红之后就会根据其门店岗位的贡献度进行二次分配，最终使得分红机制与每一位基层员工相关联。

这样一来，员工会发现自己的收入和品类或部门、科目、柜台等的收入是挂钩的，只有自己为消费者提供更出色的服务，才能得到更多的回报。因此，合伙制对于员工来说就是一种在收入方面的额外“开源”。

另外，鉴于经营单位和企业的协定包括利润或毛利分成，那么员工还会注意尽量避免不必要的成本浪费。以果蔬为例，员工在码放时就会轻拿轻放，并注意保鲜程序，这样一来节省的成本就是所谓的“节流”。在国内超市果蔬部门损耗率普遍超过 30% 的情况下，永辉超市的损耗率只有4%~5%。

对于部门、柜台、品类的人员招聘和解雇都是由经营单位自行决定的——可以招聘更多的员工，但是所有的收益大家是共同分享的，这样每个人分到的利益就少了。这也就避免了有人无事可干，也有人累得要死的情况。最终，这一切都将永辉的一线员工绑在了一起，大家是一个共同的团体，而不是一个个单独的个体——极大地降低了企业的管理成本，员工的流失率也有了显著的降低。

2. 亚马逊的小组制：两个比萨原则

亚马逊拥有极高的行动效率，非常擅长将创意快速实施，非常擅长打造新产品。

亚马逊的团队组建有个著名的“两个比萨”原则：团队的成员规模通常很少，只有6~10人，两个比萨就能解决伙食问题。

一个较小的团队，用于管理的时间会更少，团队成员也可以更深入地沟通，扯皮推诿的机会也更少。借助公司的公共资源，小团队完全可以实现更大的目标。

在亚马逊，不同的产品就相当于不同的公司，它们有自己的营销团队，有自己的工程团队，有自己的财务团队。更重要的是，每个产品都有自己的损益表。每个产品部门的表现通过损益表可以让所有人一目了然。

与责任相对应，每个团队都拥有较大的“自治”权利。你可以在不添加新的内部结构或直接报告的情况下添加新的产品线，你可以不用开会、经历一系列项目和流程，就能在物流和电子商务平台上添加它们，而不需要飞往西雅图（亚马逊总部），安排一场会议，让人们支持你在意大利开展的项目，或者说服任何人将新业务加入他们的路线图。

执行中的“自治权”，使得团队可以快速采取更创新的举措，涉足更新的领域。一些工程师，再搭配一个或者两个技术产品经理，配一个设计师，就可以独立自主地干一些事情。他们直接向团队主管报告，而在团队之间没有必要协作。这种模式让亚马逊在规模如此庞大的同时仍能保持足够的敏捷和创新。

3. 以链家为代表的新平台，未来出路可能也是小组制

链家的业务与其下属的贝壳找房平台业务高度重合，主要都是二手房产中介服务，核心竞争力也高度一致，主要都是靠真房源、VR 看房等来吸引消费者，两者可以说存在高度竞争关系。由于链家在这个过程中既是运动员（链家网、自如等）又是裁判员（贝壳找房的发起方和运行方），很难让外界相信其对待内外部参与者的公平性。

贝壳找房要求入驻的房产中介公司必须接入贝壳找房的系统平台，由于担心链家会掌控自己的房源，而房源是中介公司的生命线，因此贝壳找房平台虽然已推出大半年，但新入驻的中介公司仍寥寥无几。目前贝壳找房平台上的房源基本来自链家及链家下属公司，贝壳找房的房源及业务体系都与链家基本相同。如何解决既是运动员、又是裁判员的问题，是摆在链家和贝壳找房面前最棘手的问题。

在平台成为商业主旋律的当下，未来链家是否会牺牲自营业务而成就平台呢？比如将链家现有中介业务拆分成多个公司，引入新的投资方，各个子公司独立发展，链家总部只享受股东权益，不参与具体管理。这样一来，各子公司之间是完全的竞争关系，与其他入驻贝壳找房的房产中介公司之间的竞争没有区别。链家专职做好裁判员，而完全卸除运动员职责，通过“自我毁灭”获取更大的重生，可能是一个好的选择。

第五节　构建赋能体系，　向产业赋能平台升级

有些产业赋能平台在建立之时即已开始向入驻企业赋能，有些产业赋能平台则在通过平台模式取得大量数据、强化自身能力后再对入驻企业赋能。不管怎样，赋能都将是产业赋能平台强化平台竞争力不可或缺的手段，通过赋能，既强化了入驻企业的竞争力，提升运营效率，又强化了需方用户的使用体验，提升黏性。

平台能力升级，为构建产业赋能平台奠定良好基础

产业赋能平台向入驻企业赋能的一个重要前提是产业赋能平台自身具有赋能的能力，因此，在平台建成后，产业赋能平台需要在产业升级的关键基础设施瓶颈上进行重点投资，持续提升自身的技术水平，并结合不断积累的大数据，形成可以为入驻企业提供强大基础设施服务的能力，简化入驻企业的运营，大幅提高它们的效率。

1. 投资关键基础设施建设，奠定产业升级基础

一个产业的诞生或升级突破，往往需要一些关键性基础设施的支持。在以往的商业时代，投资此类基础设施建设的公司往往是产业领袖企业（或者因此类投资而成为产业领袖企业）。如 20 世纪 90 年代初，为了促进中国互联网产业的发展，亚信科技致力于建设中国互联网的基础设施，对推动互联网在中国的发展起到了非常重要的作用。IBM 当年押上全部身家，投入史无前例的 50 亿美元研发费用，于 1964 年推出了世界上首个指令集可兼容计算机，奠定了当今数据库、个人计算机、互联网的基础。高铁如今已成为中国的名片和优势产业，如果没有中国铁路总公司（原铁道部）连续 10 年、每年数千亿元的巨大投资，是很难想象的。

现在已到了产业赋能平台唱主角的时代，产业基础设施升级的重任毫无疑问已转移到产业赋能平台的身上，而有使命感的产业赋能平台也非常愿意承担这样的角色。

这样的基础设施，往往具有巨大的协同效应，不仅几乎业内所有企业都需要使用，而且对产业链上下游和相关配套产业都具有巨大的推动作用。但往往由于技术门槛太高，或者投资规模太大，成为产业发展的制约因素。

近些年来，我们大家都有一个明显的感受，就是快递真的快了，丢件少了，体验得到了极大的提升，这背后离不开菜鸟网络打造的仓储物流基础设施。

2013 年 5 月底，阿里巴巴宣布联合银泰集团、复星集团、富春物流、顺丰及三通一达成立菜鸟网络科技有限公司，立志要打造一个"中国智能物流骨干网"（CSN）。这张由菜鸟搭建的"国家智能物流骨干网"将由两部分组成：在国内，要做到任一地方 24 小时必达，把中国物流成本占 GDP（国内生产总值）的比重降到 5% 以下；在国外，沿着"一带一路"共建国家、eWTP（电子世界贸易平台）节点，在全球范围内实现 72 小时到达。整个项目总投资 3 000 亿元，需要 8 ~ 10 年的时间来实现。

菜鸟网络主要由"天网 + 地网 + 人网"构成，三大网络为电商和物流企业搭建起开放、透明、共享的数据平台，从而提供高效协同的物流服务。

天网即物流数据平台及数据工具，是打通阿里电商体系、物流公司、商家、消费者之间的数据分享平台。用户通过天猫、淘宝、速卖通等阿里电商及相关平台产生的商流订单，驱动菜鸟物流系统，将订单数据与物流数据融合形成天网，实现数据驱动。

地网即在全国各个中心区域布局智能仓储中心，搭建连通全国的高标准仓储体系，与合作伙伴一起为商家提供与仓储相关的服务。

(1) 仓储物流园区

主要布局天津、郑州、武汉、深圳、上海、重庆、杭州、宁波、南京、苏州、无锡、广州、东莞、长春、南宁物流节点城市。

(2) 跨境物流

通过搭建无缝的全球网络，让跨境电商物流无门槛。出口通过各国邮政信息直连、卖家物流无忧计划、海外仓等途径实现，进口通过保税进、行邮出、集货进口、直邮线路等途径完成。目前菜鸟在跨境物流方面已经联合万国邮联、EMS（邮政特快专递）国际、新加坡邮政、一达通、三通一达（国际）、顺丰国际、UPS（美国联合包裹运送服务公司）、FedEx（联邦快递）、DHL（敦豪航空货运公司）、TNT 等海外仓配体系，布局欧洲、东盟、美国。

(3) 云仓 + 骨干网

在建设仓配智能骨干网方面，菜鸟网络通过全国 5 地分仓（覆盖华北、华南、华东、西南、华中的仓配物流网络），降低物流成本。同时在仓储方面，通过心怡物流、百世汇通等云仓形成开放的社会化仓储设施网络。在骨干网方面，日日顺、卡行、德邦、新邦佳吉、安能等 60 多家全国及区域物流企业形成骨干网的核心。

(4) 最后一公里

菜鸟驿站、猫屋、日日顺、EMS、京华亿家等几十家企业合作，形成密集的快递网点。

(5) 快递

与三通一达、顺丰、百世、EMS、宅急送、全峰、国通、邮政小包等众多快递公司进行合作，将第三方快递公司整合进整个网络。

(6) 新农村物流

菜鸟和上海万象等落地公司，以及中国邮政合作，在全国实现

“县到村”二段物流服务。

人网是在帮助各大快递公司提高快递员的工作效率的同时，还有大量针对消费者的线下实体服务体系的建设，包括进入小区的服务站、自提点等体系。即物流服务 + 便民服务 + O2O 服务（目前已覆盖 26 省、101 市、494 县，共 1.8 万实体站点、20 万日均单量）。

菜鸟正在围绕“天网”“地网”“人网”3 个维度，将消费者、电商客户、物流伙伴联结起来，打造一张面向全球的物流大网，为未来的商业打造物流基础设施。

菜鸟通过数据驱动的智慧物流，自建部分关键性的基础设施，大量整合社会物流资源，正在逐渐理顺全国物流链条，布局全球物流网络。目前菜鸟已经连接了 300 万快递员，3 000 万平方米仓库，使国内快递的平均时效从 4 天以上减少到 2.5 天。在国外，菜鸟在英国、西班牙、马来西亚等 6 个国家的数十个重点城市率先实现了 5 日送达，且送达稳定性超过了 98%。

2. 技术升级，获得技术的领先优势

在平台模式风靡全球的同时，大数据、云计算、人工智能、区块链等技术也在快速发展，而且很多技术也是平台升级所必需的。这些技术有些已经比较成熟，有些还处于研发和试应用的阶段。对于大部分产业赋能平台来说，自身并不具备研究领先的新技术的能力，与现有掌握新技术的专业公司合作往往是更加可行的选择。如用友的工业互联网平台用友精智，其 IaaS 层作为云基础设施层，就是借助阿里云、华为云等外部机构来完成实施的。

新技术的范围很广，方向很多，产业赋能平台也不可能一下子将所有的新技术全部应用到自身平台上，而应根据技术对于平台升级的重要性和紧迫性，对新技术的引入进行先后排序。总体来说，支撑平

台正常运行以及平台使用体验提升相关的技术应优先考虑。平台的运行自然会产生大数据，而大数据的调用是平台运行的基础，这需要云计算作为支持。平台上供需双方的数量都十分庞大，依靠人工匹配几无可能，必须通过人工智能技术实现供需双方的精准匹配，这样才能保持和提升用户体验（参见图5－5）。

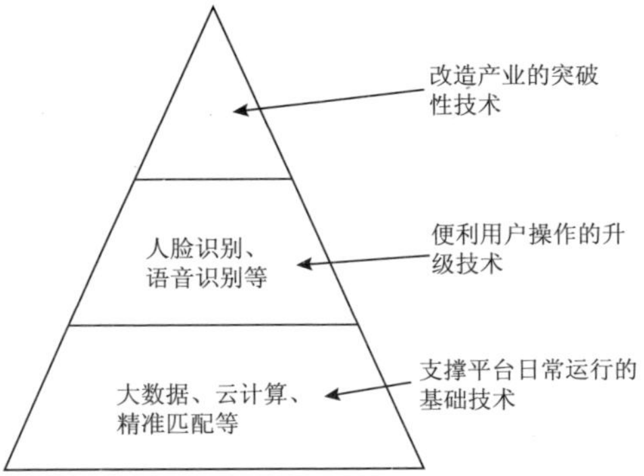

图5－5　产业赋能平台数字化技术的分层

滴滴在2012年成立时，只有两台服务器，最初这两台服务器基本可以解决所有问题。2014年年底滴滴获得腾讯巨额投资，开展了补贴大战，订单爆发式增长，远远超出了滴滴团队预期。滴滴原有技术架构根本无法支撑，系统出现了卡死、宕机等诸多问题。

滴滴的解决方案是，选择将所有业务迁移至腾讯云。如果没有云计算支持，滴滴的业务几乎无法正常运转。如果滴滴自己采购服务器资源，一则在部署、运维这些工作上的精力不够，时间来不及，且缺乏成熟经验，不具备可行性；二则会造成巨大的浪费，在深夜和上班时间，滴滴的业务量会存在低谷，采用云计算资源，本质上是在与所有腾讯云上的业务共享计算资源。滴滴为了把业务迁移到腾讯云，进行了大量改造工作，同时对业务进行了新的架构设计，实现分层分级。

滴滴在业务形成规模之后，对大数据的价值越来越重视。滴滴已在以下几个方面尝试应用大数据。

①供需匹配。每一次乘客发起乘车需求之后，订单发给附近哪些司机，多个司机抢单之后如何快速筛选最适合的，滴滴已有一套算法。匹配算法基于海量数据分析不断完善，算法是否精准决定着用户体验以及整体效率。

②精准营销。滴滴的快速成长，与结合微信的红包营销密不可分。滴滴红包已是一套非常复杂的营销体系，给哪些人赠送代金券，赠送多少代金券，赠送专车券还是快车券、顺风车券，这些都是由基于海量数据分析的算法决定的。

③供需预测。基于不同城市海量的历史订单记录、用户位置数据、车辆位置数据，滴滴正在越来越全面地掌握着城市的交通数据。基于这些数据，滴滴可以从中发现城市交通规律、预测用车需求特征、预测城市运力，进而给司机、出行市民和交通规划部门提供建议。

④用户画像。滴滴计划将所掌握的乘客数据与腾讯个人征信系统打通，这样一个乘客的爽单等不良行为记录将影响到个人征信，反过来如果没有类似行为则可以获得更高的征信评分，与腾讯互联网金融、电商诸多业务联动起来，例如以后用户可以用 QQ 信用直接乘车。

⑤自动计费。滴滴可以基于智能路线导航，根据出发地和目的地，以及路程等待时长、交通状况、天气等因素，来实现自动计费。这样乘客乘车完毕后可直接下车，滴滴后台扣费即可，避免司机和乘客互相确认支付的等待时间，以及司机绕路之类的不良行为。

以上每一点大数据应用的前提，都需要强大的数据分析能力，而这必须通过计算集群、结合强大算法实现。有了云计算的支持，滴滴能够轻易吃上“大数据”这块蛋糕。云计算平台可以提供分布式计算能力、海量数据处理能力、海量数据存储能力，甚至一些基础的大数据挖掘能力。业务层面的数据挖掘还是要创业团队自己做，因此滴滴已经招募相应人才，组建专业团队，要让大数据成为滴滴的心脏。

滴滴是非常有代表性的例子。产业赋能平台的业务特性要求整个系统具有足够的灵活性、稳定性和安全性，而初创企业很难搭建出同时具备上述能力的系统，缺资源、缺人才、缺时间、缺经验。借助云计算平台将是最高效的选择。

而声音识别、图像识别、人脸识别等技术有助于简化用户的操作，这是产业赋能平台在提升基础技术后需要改进的技术。

科大讯飞是一家在语音识别人工智能领域技术领先的公司，今日头条、汽车之家、高德地图、滴滴出行、美团、饿了么、喜马拉雅、得到、小米、斗鱼、映客等众多平台都引入了其语音识别技术，使用户在与平台交互时，可以以语音代替文字输入，大大提高了便利性。

产业赋能平台技术升级非常重要的内容是利用新技术改造产业链，改变整个产业的模式。相对来说，平台运行的基础技术和便利用户操作的技术都是以技术提供方为主，平台只需将自身需求说清楚，由技术提供方提供技术支持，对平台方本身的技术水平要求并不太高。但要对产业进行改造，首先需要对产业十分了解，而且有对产业进行改造的创新性方案，而这样的方案的实施，不会有现成的第三方可以提供全面的技术支持，必须以平台方自身的技术研发为主，整合部分第三方的技术资源才能实现。这将是对产业赋能平台的重大考验，也是产业赋能平台真正放大自身价值的机会。

不少平台已经开始着力围绕产业改造进行技术方面的思考与布局，如阿里巴巴在新零售、未来医院、未来酒店等方面的布局；滴滴希望改变汽车产业和交通产业；海尔布局工业互联网、实践新制造等。这样的产业改造才刚刚开始，未来各行各业在产业赋能平台的强势引领下，变化可能远超我们的想象。

3. 软硬件一体化，为入驻企业提供最大程度的系统支持

新技术+新硬件的结合，将为用户提供无与伦比的体验，这也是产业赋能平台提升自身赋能能力的必然趋势，这样的趋势在部分产业已有所体现。

贝壳找房推出了“VR房源”，“VR房源”有以下三大核心功能。

①VR看房：实现自由模式下的沉浸式看房。打开App上的VR房源，轻触屏幕任意处即可获得包括房屋真实空间的尺寸、朝向、远近等深度信息，还能了解到房子周围的教育、医疗等配套信息。

②VR讲房：在VR看房基础上提供的经纪人语音讲解服务，犹如一台博物馆讲解器，由经纪人根据漫游动线提前录制，为消费者提供全面讲解。

③VR带看：一种全新的交互场景体验，打破了传统带看的时空限制。在VR场景中，用户可与经纪人提前预约看房时间，并实时连线进行交互，还可以随时随地添加家人、朋友同时完成“带看”。

这3种VR功能除了通过手机和裸眼，也可佩戴VR眼镜进行体验。VR看房所配置的描述标签、指南针、室内漫游、虚拟场景交互等功能，可以随时随地体验高品质、精准信息的沉浸式看房，不再受限于时间、空间、天气、交通的影响。

贝壳找房在全国拥有超过1 000名摄影师团队专门负责线下VR深度信息的采集和拍摄。到2019年年底，将实现全国30多个城市、70万套二手房和租房房源、3 500个新房楼盘的VR呈现。

阿里旅行已有一批酒店率先实现了VR 360度全景在线选房，包括三亚的哈曼、国光豪生、凤凰岛等数家奢华度假酒店。在房型的全景影像中，有房间正中、窗户边、洗手间浴室等若干个VR视角点，用户进入一个视角点，便能开启“上帝视角”，转动手机，身临其境地360度转动察看，对客房的全貌和细节一目了然，再也不用担心被网

上照片所欺骗。

携程也上线了 VR 选房服务，让用户能提前了解酒店的室内外分布，选择心仪的楼层和房间。更有室内实景 VR 效果展示，让用户身临其境地了解室内设施，满足用户的个性化需求。

消费产业互联网平台模式已相对成熟，而工业互联网平台正方兴未艾。作为对传统制造产业的改造手段，工业互联网自然而然地带有软硬件一体化的特点。

通常来说，工业互联网平台可以分为 4 个层级。

设备层：提供平台所需要的智能硬件设备和软件，以支持数据采集、存储、分析和开发。包括各类传感器、工业级芯片、控制器、智能机床。

连接层：提供与通信、互联相关的硬件和软件。

平台层：是整个工业互联网的核心，提供数据的存储、计算能力，由大数据平台和云计算平台构成。它就像服务器的操作系统，实现海量数据的汇聚与建模分析，并以此为基础，利用已有的知识与经验针对掌握的全要素进行最优资源配置，以达到提供软件化和模块化服务的目的。

应用层：基于平台的支持，提供各种开发和应用解决方案。应用层直接为各行各业甚至企业进行针对性开发解决方案，直接连接制造设备进行智能化生产。

工业互联网平台就是由各种各样的硬件和软件构成的、无比复杂的体系，软硬件一体化才能发挥平台的最大价值。

构建及强化赋能体系，打造引领行业升级的产业赋能平台

产业赋能平台技术升级、软硬件升级的主要目的是更好地为用户服务，提升入驻企业的效率，强化需方用户的体验。而提升入驻企业

的效率，其结果是可以更高效地为需方用户提供品质更好、性价比更高、解决方案更匹配的产品和服务，最终结果仍然是提高了需方用户的体验。因此，强化对入驻企业的赋能，可以达到双重效果，而不断强化赋能能力也是平台不断升级和发展的主要方向。

1. 明确平台与入驻企业之间的分工边界，确定赋能方向

有大数据和众多新技术加持的产业赋能平台，早已超越了交易撮合、提供供需双方互动机会、信息透明与精准匹配这些基本功能，自然而然地介入产业链环节，对传统产业链进行系统改造，让产业企业的运营更省心、省力、省钱。

长期来看，产业赋能平台应成为产业超级基础设施，成为入驻企业的数据支持中心、技术支持中心，甚至智能硬件供应中心。在产业赋能平台上创业将几乎是零门槛，只要有创意想法，有基本的小团队，即可以通过产业赋能平台实现创业。

门槛高、投入资源多、基础性的、具有较强确定性的工作全部由平台承担，而需要创意、要深刻洞察具体客户需求、保持快速反应、具有很强不确定性的环节通常留给平台之上的企业自行完成。

华为目前每年研发资金已达100多亿美元，仍然强调将这些资金集中在抢占未来大机会的战略制高点上，如物联网、人工智能、5G等，而不是把它消耗或分散在那些边缘性的创新上，要坚持为客户价值而创新，而不是为了创新而创新。

韩都衣舍为孵化的服装品牌提供供应链、电商运营、客服、储运、法律等一系列的支持，但深刻洞察目标市场的客户需求并设计符合客户需求的产品，需要其所孵化的服装品牌自行完成。这些服装品牌需要保持对客户需求变化的敏感性，并快速调整设计创意，迎合、抓住客户需求。

高德地图为平台上的应用软件提供数字地图技术支持，但开发什么样的软件、面向什么样的市场，以及如何应对市场变化进行快速调整等，都需要软件开发商自行把握。

2. 逐渐增加“代工”内容，扩大赋能范围

打造几乎零门槛的创业平台不可能一蹴而就，产业赋能平台对入驻企业的赋能和支持，是一个从少到多、由点到面、不断突破的过程。

生意参谋是淘宝、天猫平台对商家赋能的最重要的工具，自从诞生之日起，已经过多次升级，不断提高对商家的支持能力。2018 年生意参谋又进行了一次重要升级。契合新零售的发展趋势，生意参谋的服务模式由以单场景、单店铺、纯数据的服务内容为主，升级为包括新零售在内的多种全域数字化商业场景，提供全品牌、跨场景的多样化服务，不论从服务覆盖面还是服务深度来看，都进入了一个新的阶段。

生意参谋推出了两个数据新品“观星台”和“地动仪”。

观星台是从商业主体视角出发的数据产品，能够为用户提供企业级一体化数据服务，帮助用户打造包括淘系、分销、猫超、零售通、智慧门店等线上线下全渠道在内的全品牌、全渠道、全链路数据生态。换句话说，它为企业用户打通了自己在各个平台上的业务数据，最终形成一个一体化的汇报结果，让客户可以更全面地看待自身业务的发展变化，并做出相应的调整，甚至可以指导自己的营销策略和新品研发。较之前市场已有的其他数据产品而言显然更加全面，也更有代表性。

地动仪则和线下的数据紧密相关，提供从选址、选品到客流洞察、大促营销等六大数据解决方案，帮助解决线下零售门店孵化、成长、成熟三大阶段问题。这个产品是传统线下门店交易数据化的平台，毕竟线下的门店必须先要有了数据，才能进行分析和指导，而把一切实

体交易信息变成数据，则必须要有一个靠谱好用的平台。地动仪已经为居然之家在北京地区的八大门店提供全方位精准营销的数据服务，效果也非常显著。“618”活动3天时间，就助力居然之家在北京地区实现销售近11亿元，同比销售增长216%，客单量更是增长286%。

这两个产品一个在线上，一个在线下，完成了整个数据的记录和打通，成为传统企业拥抱新零售的数据营销大脑，让大家可以更快地完成新零售的数据升级和转化。

一直以来，生意参谋更多的是提供数据内容服务，而在新零售理念的指导下，则逐渐转型成为提供数据解决方案。不仅有数据，还要提供解决方案，用自己的能力和经验，一站式地解决用户在新零售场景中的各种问题。升级之后，生意参谋的服务外延也大大扩展了，不仅可以服务线上的淘宝天猫用户，还可以服务线下零售、集团型品牌商，甚至是海外用户群体，从而成功构建从线上到线下、从单一店铺到品牌全域的多维商业数据赋能体系。

韩都衣舍对商家的赋能也经历了一个由少到多、由浅到深的过程。韩都衣舍最早对商家的赋能主要集中在自己最擅长的电商运营领域，为多个品牌提供代运营服务。而后，韩都衣舍的赋能内容不断扩大，陆续“包办”商家摄影、仓储物流、服装供应链，甚至品牌创意及设计系统、IT系统、法律、广告、培训等全方位的内容，使得在韩都衣舍平台上创办服装品牌的门槛大大降低。

传统企业向产业赋能平台的转型，毫无疑问是一次痛苦的凤凰涅槃，立足积淀多年的产业链专业能力，在解构自我的同时，通过数字化实现传统巨象的灵动之舞，不仅将让客户获得更个性和更极致的产品与服务，也能让产业的创造者活力得到释放，在解放与成就他人的过程中，传统领袖们也将转型成更伟大的未来产业奠基者。

本章小结

在产业赋能平台出现之前，传统商业分为 4 种典型模式：管道型产品提供模式、管道型解决方案提供模式、产业平台型解决方案模式和传统交易平台型解决方案提供模式，它们各自都有赖以生存的经济背景和竞争优势，随着环境和条件的改变各自都暴露出局限性。

当平台型模式席卷全球，传统产业领袖也在酝酿反击，它们向平台转型，既拥有产业链专业掌控力、市场影响力等优势，也面临观念封闭、利益固化、数据缺失等若干障碍。

传统产业领袖要向平台转型，最好具备四大基础条件，即强烈的使命感、开放的格局意识、领先的专业能力和数字化客户通路。四者兼备的企业向平台转型的成功概率更大。

启动平台转型的第一步是搭建数字化平台，将运营完全线上化后，开放核心能力，整合互补品初步搭建平台。 第二步则是将传统业务平台化，使原有业务偏重基础设施的直接融入新平台，偏业务运营的可以改造为平台之上自主决策的小组制。

数字化平台建立后，应不断提升能力，投资关键基础设施，进行技术升级，着手提升平台对所有参与者的赋能能力，为入驻的企业提供软硬件的系统支持；并明确平台内的各自角色，加强平台治理，专心做好软硬件全方位的赋能工作，方能成就超级赋能平台。

第六章

传统领袖向产业赋能者转型的案例及启发

第一节 “恐龙”转型的狂想曲：中国平安的赋能平台战略

这是一个“青出于蓝而胜于蓝”的故事。

2002 年 10 月 8 日，国内金融业最大的一笔外资引入项目宣告落地——137 岁的汇丰集团入股 14 岁的中国平安。与汇丰近乎 20 倍的体量差距及公司治理机制上的落后，让平安找到了对标的方向。

2018 年 11 月 1 日，三十而立的平安，以 7.01% 的持股量，反手成为汇丰的第一大股东。在营业收入、净利润、市值等核心指标上，平安已超越或直逼汇丰。

16 年时间，平安与汇丰在资本纽带上的角色互换，既是平安从“小舢板”成长为“巨无霸”的结果，更是中国改革开放 40 年以来，经济发展取得瞩目成就、经济体制活力迸发、金融业迅速崛起的见证。

中国平安是如何做到逆袭的？关键原因在于中国平安不断推动“开放平台 + 开放市场”的打造，以“金融 + 科技”的策略向互联网金融服务赋能平台迈进。

中国平安的“非变即死”

2011 年 5 月，央行发放首批第三方支付牌照，对市场高度敏锐的中国平安集团董事长马明哲意识到金融领域将迎来一场巨变。4 个月之后，中国平安成立陆金所杀入互联网金融，开启平安进入数字化金融平台发展阶段的前奏。2013 年，余额宝的横空出世，触发中国平安加速向一个全新的金融世界迈进。2014 年，中国平安推出“壹钱包”，打造全新的移动智能服务体验。2015 年，中国平安推出新战略：四个市场、两朵云、一扇门。在 2016 年的元旦致辞中，马明哲正式宣布，平安已经全面开启3.0时代，打造更加强大、开放的互联网金融服务平台。

中国平安从7年前前瞻性地布局互联网金融，中间一步一步打磨出不同的生态圈，到今天描绘出平台化的未来，这也符合马明哲对中国平安战略“有三多”特点的描述：多几步，犹如下棋要看五步，中国平安战略也要多看几步；多团队，不同专业用不同的人；多平台，中国平安正向全行业开放它的金融科技能力，以打造开放式的金融科技赋能平台。

作为一家保持高速增长的综合性金融集团，到底是什么支持了中国平安向平台型企业转型？我们认为有三个重要因素。一是业务特性与科技优势，作为拥有金融全牌照的中国平安，在不同的领域布局，依托业务深耕、资产整合、品牌优势等，快速打造出平台，陆金所正是采用了该逻辑。在科技上的领先优势，成为中国平安平台赋能的撒手锏，为业务带来了巨大的想象空间。

二是以解决用户两大痛点——资产管理与健康管理为着陆点。大多数平台型企业都是围绕“医、食、住、行、玩”布局，中国平安依据自己的优势，将多元化与垂直化需求相结合，直指用户的痛点。中国平安打造的两大最为核心的金融服务、医疗健康生态圈，正是看到用户在资产管理、健康管理有着巨大的需求。

三是新的竞争对手正在改写金融业的版图。10年前，马云就表示：“如果银行不改变，我们就改变银行。”那时还没有支付宝、微信支付、京东金融。今天，中国平安最大的对手不在金融领域，而是来自互联网。以阿里巴巴、京东、腾讯为代表的互联网企业，已经侵入金融业的腹地。面对它们，中国平安要想保持优势，必须以平台思维认识对手，用平台模式重塑自身，依平台战略指导发展。

平台的核心内容：五大生态圈

目前，中国平安的平台化已经形成五大生态圈——金融服务生态圈、医疗健康生态圈、汽车服务生态圈、房产金融生态圈、智慧城市生态圈。马明哲为生态圈的建立提出“入口、门槛、规模、价值、可复制”的五大原则，从而做到“有所为，有所不为”。

入口是指行业和生态的核心及主要抓手，门槛是指中国平安要进入有能力构建起差异化核心竞争优势的领域，规模是指进入的行业规模必须是巨大的，价值是未来必须可以实现价值转换的领域，可复制是建设未来完全可以向全球发展并快速复制的生态系统。

从金融服务生态圈来看，中国平安有两大核心产品。一个是全球最大的金融科技云平台“金融壹账通”，旗下有智能银行云、智能保险云、智能投资云三大金融模块。马明哲曾提出“倒三角”策略，底层是中国平安的自有产品。“金融壹账通”就是服务于底层，把传统金融与云计算、大数据结合，将传统金融网络化，通过互联网能够购买保险、信托等产品。

“倒三角”的中层是售卖第三方产品，以陆金所为代表，也是金融生态圈另一款核心产品。陆金所已经从初期的网络融资平台发展成为“综合财富管理开放平台”，形成“三所一惠”（陆基金、陆金服、陆国际、中国平安普惠）的格局。陆金所被称为“财富管理界的天猫”，一部分要做综合财富管理，另一部分作为金融资产交易信息服务平台，发挥其非标金融资产集散地的市场作用，构建一个开放平台。

从医疗健康生态圈来看，中国平安已形成了中国平安好医生、中国平安万家医疗、中国平安医保等板块。中国平安切入医疗健康生态圈的模式，是从两端切入，控制流量端和支付端，深入重点业务，发挥协同优势。线上健康管理入口主要为中国平安好医生、中国平安万家医疗；支付端为医保平台中国平安医保、商保公司中国平安健康险、中国平安寿险、中国平安养老险。中国平安通过医疗服务、医保、商保、健康云形成健康医疗产业整体路径的“四部曲”。

中国平安好医生作为医疗健康生态圈的旗舰业务，在上线不到一年的时间里，成为国内覆盖率最高的移动医疗应用，日均咨询量突破9.8万，相当于多家三甲医院的日均门诊量之和。背靠中国平安集团，中国平安好医生花4年的时间累积用户1.9亿，成为国内互联网医疗第一个走向上市的公司。

从汽车服务生态圈来看，中国平安集团通过收购或投资与汽车有关的项目，包括汽车电商、汽车保养、汽车后市场、租赁等各个领域，试图构建一个完整的汽车后市场商业生态系统。

2016年，中国平安以16亿美元收购汽车之家47.7%的股权，拿出近3亿的线上用户、1.5亿金融用户、超过5 000万车险客户，全力支持汽车之家的发展，让汽车之家完成向全方位汽车服务生态圈平台的战略转型。

中国平安开发的“好车主”App，致力于打破汽车服务产业链中分工森严的弊端，聚合所有与用车相关的服务，将安全与用车生活服务相捆绑，打造开放、安全的车生活平台。

从房产生态圈来看，中国平安好房承载中国平安智慧城市生态圈和房产生态圈的重要使命。成立于2014年的中国平安好房，初期是为消费者提供互联网信息平台，现在开始为长租公寓、开发商提供完整的SaaS解决方案。中国平安好房通过“一网三云”（中国平安好房网、智慧房产云、智慧经纪云、智慧地产云），服务于整个房生态圈内数亿级C端消费者用户、百万级房产经纪人、多个城市的政府部门、数万家房企以及金融机构。

中国平安好房旗下的智慧经纪云，赋能中介、公寓运营商和经纪人，提供系统、运营和金融、信息等一站式解决方案，帮助用户实现精准获客、高效获房、低成本作业和精益管理。

中国平安好房的目标在于为消费者、房产经纪人、城市政府部门、房企提供技术解决方案，实现对房产生态所有参与方的连接、赋能、提效、监管。

从智慧城市生态圈来看，中国平安总结出“智慧、智理、智效”三位一体的智慧城市建设理念，即智慧顶层设计、智慧运营管理、智慧评估体系。根据中国平安的规划，它将通过一套智慧信息平台，集成中国平安全球领先的创新科技，有力支撑 N 个智慧城市板块，包括智慧政务、生活、医疗、房产等，达成“让城市更美好”的建设目标。

平台的赋能手段：科技制胜

中国平安的五大生态圈处处彰显着科技的魅力，科技成为中国平安的新标签，成为走向平台化最为核心的要素。中国平安集团旗下有 32 家分公司，其中有一家公司渗透到各个业务模块，这就是中国平安科技，中国平安科技的赋能领域分成两块，一块是金融，另一个块则是非金融。

在本源业务保险、银行领域，金融身份核验取得了突破。中国平安科技运用人脸识别技术，可以比对自拍照和身份证是否为同一人。在保险业务中，原来身份核验需要等 2 小时，现在只需 1 分钟；在银行业务中也一样，由原来的远程面签 30 分钟变为 5 分钟。通过科技的赋能，工作效率大幅提升，带来了业务量的陡增。

由于中国平安搭建多个互联网平台，沉淀了大量的数据，成为名副其实的数据巨头。中国平安科技用这些数据结合新技术，成为赋能中小银行和中小企业的重要手段。比如中国平安打造的贸易融资生态圈，在这个生态系统中，利用中国平安的大数据技术可以实现对风险因子的预判，而利用中国平安研发的区块链技术可以实现零知识认证。

在非金融领域，医疗是中国平安科技重要的赋能行业。在肺癌领域，中国平安科技医学影像技术分别以95.1%和96.8%的精度刷新了“肺结节检测”和“假阳性筛查”的世界纪录。在传染病领域，中国平安科技运用健康大数据和人工智能优势，率先在深圳、重庆等地建立了传染病预防的监控体系。中国平安科技自主研发的智能辅助诊疗系统，简化了病人的初步就诊，也将医生从重复性的初级咨询工作中解放出来，提升了就诊效率。

基层医院是中国平安科技赋能医疗领域的主要发力点。通过医疗AI平台，中国平安科技已经大幅降低基层医院的误诊、漏诊率，从而提升了医生和患者对诊断的信心。当更多的人重拾对基层医疗机构的信心，而选择将常见病的诊疗交给基层医院时，那些三甲医院最有经验的医生就可以聚焦于解决疑难、棘手的病症，使医疗资源得到最大程度的优化配置。

平台赋能的巨大成果：不断涌现的独角兽

随着中国平安科技不断输出技术，对外赋能，中国平安形成了强大的科技独角兽孵化能力。

中国平安在孵化独角兽方面遵循五大原则、四大阶段。五大原则即马明哲提出的建立生态圈的五大原则：有入口、有门槛、有规模、有价值、可复制；四大阶段是指一建平台、二聚流量、三提收入、四盈利。

目前中国平安已孵化出陆金所、金融壹账通、中国平安医保科技、中国平安好医生四大独角兽，总估值超过400亿美元。这四大独角兽，是中国平安集团科技创新能力的综合体现，成为中国平安集团赋能最大的受益方。同时这些独角兽又反过来反哺中国平安，互联网用户与客户之间相互“转化”。公司的客户购买另一公司的金融产品，从而带动另一公司客户的“迁徙”，提高客户在中国平安产品上的留存率。通过孵化独角兽及多家独角兽的相聚融合，中国平安实现了平台上的用户向核心金融业务的迁徙，带动核心金融业务的迅猛增长。

中国平安顺利完成迁徙的背后，离不开一整套的管理跟投机制。以陆金所为例，中国平安集团的高管即为初始股东，后续陆金所核心高管亦入股成为早期股东，确立了跟投机制。2015 年 3 月，陆金所完成 A 轮融资 4.85 亿美元，根据 2015 年 6 月登记的股权变更信息，中国平安将持有陆金所股权的 1/3，约 25%，都转让给了中国平安集团高管和陆金所高管所控制的企业。通过孵化四大独角兽，中国平安已经建立孵化投资、孵化培育、孵化评估和孵化剥离的一整套机制。

马明哲表示：“中国平安永远在创业，如果有一天，我们失去了进攻的勇气，失去了挑战困难的决心，这个平安就不平安了。”孵化独角兽，实际上是中国平安的内部创业，让业务团队和 IT 团队集体抱团独立为一个子公司进行商业化运作。同时引入赛马机制，在多个团队关注的同一个创业方向，看哪个团队的产品能被市场认可。从创业的环境、理念到方法，中国平安自成一体，这是外界观察中国平安平台化之路时被忽视的一个因素，也为中国平安的平台模式构筑了隐形的高壁垒。

哈佛大学的研究显示：从 30 年的长度来看，从小做到大的企业 80% 都不见了，从单元到多元进行跨界发展的企业 99% 都不见了。历经 30 年，中国平安以金融科技为支撑，从单一金融走向综合金融，创造了一段世界级企业成长的神话。下一个 10 年，中国平安的目标是成长为全球领先的科技金融生态赋能者。在这个发展历程中，必定会遭遇种种挫折，经历过风雨的中国平安始终相信马明哲的一句话：人活着，必须有追求。有了追求，成功的欲望才会强烈，承受成功过程中的痛苦的能力才会越强。

祝愿中国平安的平台化赋能之路能一帆风顺，为中国金融企业在数字化商业时代的改革探出一条新路。

第二节　药明康德：医药产业赋能平台的叩门者

像所有古老的行业一样，医药产业也曾被工业革命席卷。从19世纪后期开始，规模化制药企业生产的通用型药品逐渐替代了传统的个人作坊产的药剂。20世纪30年代，随着大量革命性处方药的发明，大型制药企业迎来了几十年的发展黄金期，凭借研发壁垒和专利保护获取丰厚利润。从60年代起，虽然各国监管加强，且大型创新药越来越少，但借助资本力量，制药巨头们的市场控制力有增无减。

然而万物盛极必衰，20世纪末巨头们纷纷面临专利到期的悬崖，大量仿制药在患者的呼吁和政府的鼓励下涌现。制药巨头们赖以维持的新药研发却由于机构臃肿而变得效率低下，成功率和回报率双双下滑，巨头们将药品研发外包给CRO（合同研究组织）专业机构，CRO机构凭借更高效的运营迅速崛起，到2017年全球CRO渗透率已高达36.9%，当然绝大多数都是为巨头服务。大多数CRO机构也因此成为巨头的外部延伸机构，且与巨头越来越像。为追求市场份额，CRO机构很快便陷入合纵连横的资本游戏中，市场份额向龙头企业集中，结构趋于固化。

21世纪初，随着各国对行业准入的放宽和重大疾病新疗法的突破，大量创新型医药研发企业崛起，成为行业蓬勃发展的新动力。据统计，2016年只研发1~2种药物的小型药企行业占比达到56%。这些初创的研发型药企很快在新的疾病领域取得硕果，其中的佼佼者成为巨头们觊觎的收购目标，但其中的大多数因为缺乏坚实的后盾而变得前途叵测。

就在传统制药巨头僵化、CRO 格局固化、创新型药企分化的混乱局面下，一种契合新的数字互联时代的新型商业模式在制药行业应运而生，并极有可能重塑整个行业的走向，这便是以药明康德为代表的产业赋能平台模式。

从 CRO 到平台：药明康德的平台化历程

1. 成为具有全球最长产业链的 CRO 公司

药明康德最初也是一家 CRO 机构，在世纪之交的 CRO 大潮来临之际，洞悉医药趋势并在美国成功创办上市药企的科学家李革，敏锐地意识到国际药企旺盛的需求和内地强大的科研人才储备之间蕴藏着巨大机会，遂毅然回国创业。2000 年年底药明康德在上海外高桥创立，并提出富有远见的使命：让天下没有难做的药，难治的病。

药明康德在创立之初就有非常明确的定位——“不做新药研发，只为客户做新药服务”，以舍弃知识产权的方式明确了自身的 CRO 边界。凭借创始团队的强大技术实力和对国际制药市场的熟稔，加上率先大量聘用国内高校扩招后培养的理工科毕业生，在工程师红利的加持下，药明康德很快崛起，成为全球小分子化学药筛选领域的佼佼者。成立仅 5 年，药明康德就拿到了全球最大的 20 家制药巨头的 CRO 订单。

随着业绩的节节攀升，药明康德于 2007 年在美国上市，让“华尔街首次为中国的头脑买单”，成为行业的里程碑事件，药明康德也一举奠定国内 CRO 龙头地位。上市融资后，药明康德走出 CRO 机构的自我设限，开始向产业上下游布局，迅速建立起涵盖临床前药物发现、临床 CRO、药品 CMO（医药合同定制生产企业）/CDMO（医药合同定制研发生产企业）的业务体系，成为全球范围内产业链最完整的CRO企业，也因此获得了更快的增长。

2014年，药明康德的营收达到41亿元，比上市前翻了3倍，跻身全球CRO第二梯队，在国内遥遥领先。但其一直得不到美国资本市场的认可，营收猛增而市值徘徊不前。2015年药明康德毅然以33亿美元的总价从美国退市，并很快完成“一拆三”的上市回归：同年4月，药明康德旗下负责CMO的合全药业登陆新三板；2017年6月，负责生物制剂的药明生物在中国香港上市；2018年5月，公司主体药明康德在上交所主板上市。在一系列资本运作之下，药明康德的总市值从200亿元涨到2 000亿元，3年内上涨了10倍。

与市值同样快速提升的是营收规模，2015—2018年，药明康德营收分别达到48亿元、60亿元、77亿元、96亿元，牢牢占据国内CRO龙头地位，并跻身全球第9。

2. 药明康德的平台化探索

作为后起之秀，虽然暂时在规模上不及昆泰、科文斯等全球CRO巨头，但在“打造最高、最宽、最深的能力和技术平台”的愿景指引下，药明康德打造出业界最完整的产业链和最具潜力的商业模式。

借助资本杠杆，通过内部孵化、外部并购以及与伙伴合作，药明康德直接或间接控股70家医药研发公司或相关机构，覆盖了从临床前CRO、临床CRO到产品制造（CMO/CDMO）的整条医药研发制造产业链，在各个环节都展现出较强的竞争力。在业务宽度上，药明康德在巩固主流医药小分子化学药的优势之余，还通过细胞和基因疗法技术加强在大分子生物医药领域的竞争力，其优势产业在不断增加。

在服务类型上，药明康德的客户不仅覆盖了制药行业前20位的巨头，为这些大客户提供CRO的定制化服务，还服务于3 500余家活跃的中小研发型药企，向它们提供包括实验室、科研人员在内的研发基础服务，为这些处于创业成长阶段的研发型药企提供强大的技术和能力支持，该项业务营收占比超过20%。药明康德已经从CRO中衍生出初级产业赋能平台。

通过“一体化、端到端”的赋能服务，药明康德大大降低了新药研发门槛，宣称“只要有一张纸、一支笔、一张信用卡，就能实现药品研发”。越来越多的科研机构、科学家、医院和医生被吸引到平台上，他们在药明康德的开放平台上，获得了更先进的技术、更高的研发效率、更低的成本，大大推动了社会创新力量的医疗进步。正是通过对创新力量的有效支持，让药明康德成为医药健康领域最具活力的产业赋能平台。

除了产业赋能，还有资本赋能。药明康德会主动寻找并投资给那些拥有高潜力的医药研发项目，并为其提供药明康德的研发平台，最后双方共享项目成功带来的收益。其VC（风险投资）+IP+CRO的产业投资模式相比纯VC拥有更高的成功率，而创业项目对药明康德会有更高的依赖性。截至2018年年底，药明康德以VC模式投资的企业累计超过40家。

为了巩固平台优势，对拥有关键技术的领先研发机构和技术公司，药明康德不吝重金收购或入股，例如突破性癌症细胞疗法公司朱诺医疗（Juno）、基因诊断创新公司基础医学公司（Foundation Medicine）、创新DNA合成技术公司Twist、基因数据分析公司明码生物（next-CODE）等，以抢跑未来生物医药技术赛道，占据制高点。

通过一系列内外部资源与能力整合，药明康德在B端形成了“VC+IP+CRO+CMO”四大业务模式，在不断扩大核心主业市场的过程中持续增强技术积累，提升平台的综合赋能能力，在与客户公司的紧密合作、工艺改进及服务迭代过程中，不断增强平台对B端客户的吸引力。

在C端，药明康德也通过基因检测业务进行积极布局。2016年2月，药明康德旗下的明码生物推出了面向消费者的基因检测服务——康码，用户只需提供2mL唾液，即可获得一份全基因组测序及其解读的健康报告，配合移动互联网智能设备，用户可以随时随地掌控健康动态，并获取个性化健康管理解决方案。明码生物构建了全球唯一超过30万人的全基因组数据库，并拥有领先的数据算法架构和分析系统。

同年5月，明码生物联合华为发布精准医学云平台“明码云”，旨在打造覆盖全国、标准统一、安全可靠的精准医学大数据云平台。明码云为药明康德的B端产品研发服务提供了有力支持，成为打通B端技术和C端数据的先锋。

通过2B、2C端的多赛道布局，药明康德的多层次解决方案正在不断扩展，逐渐形成覆盖整个医药产业链的初级产业平台。虽然规模并非全球最大，但拥有最多活跃客户群和社会创新力量，药明康德向最高、最宽、最深的医药产业平台迈进的脚步愈发沉稳。可以说，药明康德不仅具备了产业赋能平台的基本雏形，还拥有改变整个产业的潜力。

如何实现“让天下没有难做的药、没有难治的病”：药明康德的未来路径演绎

虽然药明康德的产业赋能平台模式在业界堪称独一无二，但无论是业界影响力还是平台自身的完善程度，药明康德还有很大的发展空间。若要获得更强的吸引力和竞争力，药明康德产业赋能平台需要在以下3个维度上加强。

1. 提升平台技术能力上限

要成为真正的产业赋能平台，前提是实现完全的数字化。药明康

德要继续围绕主营业务（CRO）提升核心能力的上限，以“力出一孔”的方式取得核心研发技术的突破，巩固小分子药物研发和生产优势，获取大分子药物研发新优势，从而得到更多巨头企业订单，缩小与全球CRO领袖企业的规模和技术差距。这一点可以参考华为，通过长期对技术研发的超常规、聚焦式投入，华为从只能拼本地化服务的中小型交换机供应商一举成为全球通信产业界领袖，技术实力领先业界。

医药研发同样是技术密集型产业，需要大量高水准的科研技术人才，专业人才在不断地研发过程中获得技术积累和专业成长，成为企业最重要的资产。药明康德曾经利用先发优势，成功将国内技术人才人口红利转化为企业竞争力，在强调人力投入的小分子筛选上建立起全球优势。但随着数字智能化时代的加速来临，研发过程中的大量数据统计、分析、筛选工作被大数据云计算承担，药明康德此前建立在人海战术基础上的竞争优势正在逐渐失去重要性，而基于大数据技术建立人机协作的数字化研发平台变得更加重要。

作为拥有大量实验数据和技术积累的药明康德可以发挥所长，将自身已有的大量数据用于喂养人工智能，组建先进的自动化实验室，并最终构建起连接内外部的数字化赋能中台。在新平台上人工智能需实现科研人员进行反哺式赋能，将人类的创造性思维和机器的理性思维有效结合，药明康德平台将获得更强的竞争优势。

在数字化商业时代，巩固主营业务的核心能力，在技术上攀登更高峰，将大幅提高平台的能力上限，获得更强的技术话语权，这是药明康德平台未来发展的根基。

2. 面向C端扩展平台边界

新药开发包含七大环节，分别为药物发现－临床前研究－研究性新药申请－临床试验－新药申请－商业化生产－销售，除了两次申请属于与监管机构打交道的事务性工作外，药明康德覆盖了产业链的80%，剩余的20%位于终端，还有继续扩展的空间。

为了向B端客户提供更完整、更极致的解决方案，在条件具备的情况下，药明康德可以开发面向C端的平台。例如通过入股或收购药店，建立药品销售服务平台，不仅能加强对企业的一站式服务能力（推出CSO服务），还能通过销售终端获得消费大数据，推动新的药品研发。虽然消费者直接购买的都是非处方药，但其庞大的数据所蕴含的价值不容忽视。全渠道布局的医药零售商沃尔格林对大数据的利用就颇具成效。

与非处方药不同，处方药的销售主要依靠医生给病人开药单，而医生的药大多来自医药公司的推销。由于信息不对称和利润巨大，传统医院销售通路乱象丛生，许多医药公司的销售代表通过灰色利益输送来获取医院订单。医生在被搞定的过程中，始终处于信息不对称的状态，对所采用的新药并不充分了解，其临床效果大打折扣，而灰色交易必然抬高药品价格，最终都由消费者承担。该行业痛点亟待解决，而信息平台最有希望解决这一顽疾。

药明康德可以打造向医生与医疗机构开放的信息平台，向医生提供透明、精准的医药查询服务和信用机制，培育出代表C端利益的医生用户群体。然后搭建连接B端研发机构和C端医疗机构的信息沟通平台和交易平台，通过连接B端和C端的双边平台，将彻底改变整个医药行业的运行规则，给平台的双边参与者带来巨大效率提升，也给患者带来更大的福利。

通过向C端的扩展和平台搭建，药明康德将发生质的飞跃，从原有的2B技术平台进化为S2B2C的双边立体平台，实现产业互联网和交易互联网的有效融合。

3. 打造多平台，实现生态锁定

在提升技术高度和拓宽平台宽度的基础上，药明康德可以进一步拓展深度，打造出多个平台叠加的超级平台组合，成为医药界首个真正的产业赋能平台。其将包含面向供给端的研发、制造、销售 3 个产业中台和面向供需两端的信息、货币、信誉交易中台，它们将围绕着共同的使命在统一的数字化云平台基础后台上运行。

一旦能搭建出上述连接供需两端的 S2B2C 深度化产业赋能平台，药明康德就拥有了更高维的生态聚合力和竞争力。在供给端，通过赋能能力和服务的不断迭代，多服务叠加将吸纳越来越多的优质创新者加入平台，产生更紧密的联系和依赖。反过来，优质的供给也会成为生态圈繁荣的推动力，吸引越来越多的需求端参与者，包括医疗机构、医生、药剂师等专业消费者代表及普通消费者，而他们反馈的数据也将为新药发现提供数据基础和创意来源。

在平台治理方面，由于医药研发的目标性和手段都非常明确，政府监管也更加严格，可以大幅避免同类产品的恶性竞争及平台噪音，因而其治理反而更加简洁。因此平台和研发公司之间的协作关系将创造出一个介于市场和企业之间的全新组织形态，在拥有专业化力量的基础上让创意力量得到最大激发。也只有产业赋能平台才有专业的厚重和创新的犀利，向重大疾病甚至无人问津的罕见病发起全面冲击，真正实现“让天下没有难做的药，难治的病”的伟大使命。

巧合的是，药明康德的使命与阿里巴巴的使命“让天下没有难做的生意”有着异曲同工之妙，而上一个从 B 端出发，再向 C 端扩展，最终形成 S2B2C 双边产业平台的企业正是阿里巴巴。阿里巴巴先是搭建面向 2B 的平台 1688，再推出 2C 的淘宝和天猫，最后衍生出金融、物流、大数据、公有云等一系列组合式服务，成为产业赋能平台的数字化基础设施。药明康德打造深度化的医药产业赋能平台有先发优势，可以借鉴阿里巴巴的发展路径，当然在深度上要与阿里巴巴的基础设施相互区隔。

第三节 航天云网：走中国特色的工业互联网平台之路

2018年，被称为全面实施工业互联网的开局之年。航天云网作为我国第一个工业互联网平台，依托我国目前工业1.0、2.0、3.0和4.0共存的国情，以工业大数据为核心，打造“互联网+智能制造”的模式。航天云网提出走具有中国特色的工业互联网平台道路，依托央企，搭建平台，赋能“双创”，促进中小企业的协同发展，推动工业互联网的建设，抢占工业制造业的战略制高点。

工业操作系统：航天云网

2009年，中国工程院院士、中国航天科工集团二院科技委顾问李伯虎在国际上率先提出了“云制造”理念，核心是供给方把资源虚拟化后“拽”到“云池”，需求方再将其“拽”出来，获得从设计、定制生产到后期维保的全程服务。之后的数年，航天科工集团根据“云制造”理念多次试验，于2015年打造出了我国第一个工业互联网平台——航天云网。

航天云网包含三类平台：私有云平台，是指航天科工集团公司内部军用产业涉密项目智能制造与资源共享、协同创新平台；公有云平台，指的是国内企业智能制造与资源共享、协同创新平台；国际云平台，是指国际企业智能制造与资源共享、协同创新平台，为配合“一带一路”倡议实施，首期开通英语、俄语、波斯语3个子平台。两年之后，航天云网全面升级平台战略，向全球正式发布航天科工INDICS工业互联网平台。

由于航天科工是发改委批复的首批国家级“双创”示范基地，航天云网构建形成线上线下结合的云制造“双创”服务体系，成为实现“双创”项目产业化、企业化、市场化的关键载体。航天云网的“双创”既包括航天云网的线上开放式云制造“双创”平台，又包括分布于全国各地的线下诸多“双创”空间。

从线上来看，航天云网开放云制造平台以丰富的制造资源和能力云池为依托，聚集海量企业与资源，牵引线下创新动能；从线下来看，为入驻企业提供场地、政策、资金支持、创业辅导等全要素服务，支撑线上创新需求。航天云网把“人人皆可制造”作为“双创”的重要目标和愿景，将13 000余项专利、35 000余项标准、超过500个软件等丰富的资源，无偿提供给“双创”团队使用。

航天云网纪委书记龚界文表示：“航天云网相当于工业操作系统，可以在上面满足企业从研发、生产到营销、服务等一系列需求，为各类企业特别是中小企业提供一个广阔的发展平台。”由于国内一些基础云平台供应商与欧美的工业互联网平台达成合作，向其开放数据，符合其平台标准，有可能造成我国企业对国外巨头的依附，失去产业主导权。航天云网已经超过国际水平，既促进中小企业的协同发展，又推动工业互联网的建设，抢占工业制造业的战略制高点。

航天云网的运行机制

航天云网作为工业互联网生态系统，试图将云计算、大数据、移动互联网、物联网等新一代信息技术与制造业有机结合，实现“信息互通、资源共享、能力协同、开放合作、互利共赢”的目标。航天云网以推进工业系统与高级计算、分析、传感技术和互联网的高度融合为方向，实现“企业有组织、资源无边界”的生产资源配置，助力传统制造业转型升级。

航天云网核心的技术是云制造，以云服务的形式实现资源云端共享和协同。把所有的制造链条的各个环节的业务，不管是设计还是生产制造，抑或是实验和维护，都可以在云端进行整合、协同和应用。所以通过云平台，整合相应的制造资源和制造能力，在云端实现了新的制造模式，围绕新的生态、业态构建系统。

航天云网向上支撑了云端的智能工厂的形成，向下连到设备，以及机器设备和人相应的企业，所以不仅仅实现设备与人的互联，而且实现了企业工厂之间的互联和业务的互联。在最顶层——智能商务协作配套，可以在云端动态地选择最合适最优秀的供应商，形成协作配套的体系。在协作配套的模式之下，可以在云平台使用云上的资源来做设计，也可以和跨企业、跨专业的配套对象实现协同的研发、协同的管控和智能的服务。

通过航天云网平台，企业从云网接上订单之后可以进行统一的计划管理，一条生产计划线，可以通过生产计划考虑整合云上的资源，进行协同的设计和协同的生产，一直到作业生产线上，到设备上去。航天云网平台下沉淀的数据，将进行大数据的分析综合应用。可以看出，实际上制造企业各个环节都可以在云平台上进行开展，它的数据就沉淀在云平台上，对这些大数据综合分析应用，实际上是提升智能化的一个重要渠道。

航天云网赋能“双创”

由于“双创”承载着促进企业转型、产业升级，推动中国制造业二次创业的历史使命，航天云网特提出“促进四个提升”，即促进同质化的工业 2.0 企业向专业化的工业 3.0 提升；促进专业化的工业 3.0 企业向智能化的工业 4.0 提升；促进本土化的企业向国际化水平提升；促进创新创业企业提高成活率、提升竞争力，对初创企业进行“课外辅导”，对传统企业实行“硕博连读”。

航天云网孵化“双创”的战略，制定了内部和外部双创两条战线两套打法的总体思路。第一条战线是内部大系统研发以原有体系为基本盘，双创则以专业技术创新为切入点，逐步深化，逐步扩大；第二条战线是依托国家级双创示范基地，推动社会性双创发展。航天云网提出了四个强化：强化产业背景 + 优质品牌 + 产业资源、强化优质项目 + 优质创客、强化传统纵向集成 + 现代横向集成 + 互联网端到端集成、强化线下服务 + 双创生态环境。

在线上，航天云网通过“双创”平台，对制造行业领域的典型案例进行充分展示，通过生态圈的伙伴导师提供咨询、在线课程等，充分利用资源，形成线上线下对接。线上细分成三个平台，包括了内部“双创”平台、面向社会的“双创”平台，面向央企的“双创”平台。在线下，航天云网依托集团特色，建立专项的实验室，为创客提供专项的服务，同时，航天云网还和双创领域的孵化器、高校、正益工场等新型企业、地方政府进行合作，线下有中关村“双创平台”的示范基地。

具体来看航天云网在孵化“双创”上的动作。首先，航天云网设置集团内部创新创业专区，鼓励非正式组织的创新团队展开内部“双创”活动，鼓励跨单位组织的“双创”活动，以及鼓励“双创”成果在集团内推广应用，并在年度自主创新基金预算中留出专门经费予以支持。

其次，航天云网与江西省、贵州省、辽宁省、四川省、湖北省等地方政府合作，开展具有地方特色的“互联网 + 特色产业”的“双创”支撑平台，比如与江西省政府合作的“互联网 + 家具产业创新平台”方案设计与软件开发工作。与清华大学等国内知名高校合作，在航天云网上开设主要服务于高校学生和各类高新技术园区创业者的众创空间平台。

再次，航天云网与航天科工深圳公司合作，在南昌市高新区筹建

"双创"线下辅导中心，为地方"双创"中小企业提供全套的"双创"环境（包括办公、科研、融资、市场、专家、知识产权、计量检测与环境试验、通用加工与装配、企业征信、生产性采购与物流配送等要素），还将在成都、武汉、沈阳、贵阳等地搭建类似"双创"线下辅导中心，促进"双创"健康发展。

航天云网赋能实践

贵州飞龙雨公司从事包装饮用水工艺研发及生产，面对严酷的行业竞争，公司瓶装水产品无法上架超市和便利店，销售渠道被挤压。此外，业务覆盖地域广，难以掌握公司全部生产经营情况，导致决策跟不上市场变化，市场反应慢。

针对飞龙雨的问题，航天云网依托工业云平台，为其制定了"大数据综合应用及分析平台"的转型项目。基于供应链协同的大数据应用分析平台，航天云网搭建起销售、水质监测、生产管理、大数据、人工智能分析决策等平台。大数据应用分析平台订水送水服务，帮助公司用 8 个月的时间增加了 30 万活跃客户，每天保持 1 000 位在线用户增长，网上平台月销售额超过 200 万元。

飞龙雨借助航天云平台实现精准的订单分配，高效物流服务，形成"省内两小时必达"服务标准、"桶装水一桶一码"水质安全追溯标准；同时精准排产，实现公司生产零库存，极大地节省了存储及物流成本。

航天云网与江西省政府合作在南康推出"互联网 + 家具制造"行业云平台——康居网。当时的南康受市场环境的影响，大部分中小型企业抵御市场风险能力较弱。南康家具行业面临的问题包括家具企业信息化水平普遍较低、家具生产方式缺乏柔性、营销模式比较单一、品牌附加值不高等。

航天云网为南康家具行业设计了定制化工业云平台。航天云网首选南康家具产业合作，主要是考虑到南康家具行业的全产业链集中度。航天云网为康居网制定“1+1+5+1”的组合：一个家具行业在线交易B2B平台，一个家具定制化业务协同模式，5个特色服务（包括移动商务、3D打印、设计师联盟、金融服务和智能工厂），一个公共服务平台。根据平台规划，康居网为当地家具行业带来研发模式、生产模式、销售模式、供需对接模式、管理模式的五大转变。

研发模式转变：通过在线设计实现设计行业的众包服务，解决南康家具业设计水准不足的困境，提高南康家具行业的整体设计水平。生产模式转变：家具定制平台提供从网上预约、上门量尺到配送方案、售后服务等全方位的服务流程，促使传统批量生产转向个性化定制。销售模式转变：通过康居网业务协同平台的协同营销，将每个客户变成企业的销售点、展示点，实现众展、众销的营销新模式，用户通过终端导购App浏览产品三维模型，提出个性化定制需求并直接下单采购。供需对接模式转变：康居网打造的专业化公共服务平台可整合原料采购、出材、烘干、设计、品牌营销、渠道拓展、物流配送、售后服务等各个环节的资源配置，促进企业专业化分工，形成有机的家具行业生态系统。管理模式转变：康居网企业信息化管理平台（从供应链到销售链再到售后链的全流程管理系统）可提高企业设计、生产、销售、售后等各环节的信息化水平。

目前，全球制造业新生产方式变革有三条路：第一条路是德国的4.0模式，打造智能制造平台，其技术基础是网络实体系统及物联网；第二条路是美国模式，以线下全球协同制造分工布局为基础，打造全球化线上协同制造与协同售后服务平台；第三条路是当企业不具备智能能力，没有完成信息化改造的情况下，通过逐步深入，实现从云制造到协同制造、从协同制造到智能制造的过渡。

航天云网走的正是第三条路，按照其规划，搭建工业领域公共云平台，从打造云制造产业集群生态起步，把分散在全国各个角落市场主体的资源配置与业务流程优化工作放在中心地位，配合中国制造业的群体转型。未来的航天云网，将引领工业大数据、工业互联网持续向前，打造成为集营销平台、创新创业平台、资源整合平台、能力协同平台为一体的综合性业务发展平台，成为推动中国制造向智造转型的重要力量。

第四节　红星美凯龙：当红星不再闪耀

车建新有着浓厚的英雄情结，最喜欢的英雄是广为人知的晚清津门大侠霍元甲，因为他创立并流传后世的霍氏迷踪拳不拘泥于一门一派，而是旁参各派、博采众长，从而做到了注重实用，攻防兼备。

20 年前，车建新对自己的定位是匠人，即要成为当时最好的家具手艺人。20 年后，车建新为自己打上的标签是创新，甚至要把这个词写入自己的墓志铭。

车建新自认为是个激进的人，“不喜欢做老二”的表述经常出现在新闻媒体对他的各类访谈中。百余年的近现代商业发展史表明，一个企业的发展脉络和格局往往暗藏在创始人的灵魂里。

从家具作坊到前店后厂，从自产自销到自销与代销相结合，从产销一体化到专注打造连锁卖场，从赚取进销差价的采销零售模式到赚取租金和服务费的线下交易平台模式，从完全依靠自己买地、自建商场的自营模式到更多依靠开放整合外部资源的委托管理模式……也许车建新自己都没认识到的是，通过一步步的开放实现创新和成为行业引领者正是他所创立的红星美凯龙过去 30 年发展的主旋律。

截至 2018 年 12 月 31 日，红星美凯龙完成全国近 200 个城市的布局，经营着国内 80 家自营商场、228 家委管商场以及以特许经营方式授权开业的22个特许经营家居建材项目。2019年实现营收164.7亿元，扣非后净利润为44.8亿元，净利率接近28%。

车建新发明了家具线下交易平台模式，而红星美凯龙似乎还将在未来很长一段时间能够继续享受这一模式的红利。

但一些危险的信号同样开始显现：

2018年10月，一则主要内容为“红星美凯龙同期净利润接近国内A股27家家居制造业上市公司净利润总和”的新闻霸屏主流媒体，激起了行业内的轩然大波。零供关系紧张对于习惯每年向商户提高租金的红星美凯龙来说已不是新闻，但这一次国内家居企业似乎已经将红星美凯龙视为行业“公敌”。

处在一个低频消费的产业，人流量不高一直是国内家居卖场的通病。但更加严峻的局面是，随着定制模式、线上业态、购物中心等新兴业态的崛起，国内家居卖场的人流量被进一步分流。每年人流量以两位数的速度下滑，门可罗雀已经成为红星美凯龙大部分商场的常态。

作为一个线下交易平台，红星美凯龙在平台的供需两端都已产生裂缝。但最危险的还不是这些问题本身，而是红星美凯龙其实早已感知到这些危险，并尝试了种种举措却大都以失败而告终，面向互联网转型的“四进四出”就是最典型的例证。

一个商业模式的成功往往蕴含着未来导致它失败的基因。始终想做行业第一的车建新现在也许最想弄清楚的问题就是：究竟是什么样的基因造就了红星美凯龙过去的成功，又导致了如今面向再一轮进化过程中的困难重重？或者更直接一点：红星美凯龙如何做才能避免成为躺在丰厚利润账本上一夜倒闭的下一个柯达、诺基亚？

红星如何升起

车建新曾经不止在一个场合略带自豪地说：“中国生了车建新，然后诞生了全新的家居营销模式。”相比这句豪言壮语，红星美凯龙经常使用的另外一套话术更加接近红星美凯龙的模式本质：“市场化的经营模式，商场化的管理模式。”换句话说，红星美凯龙使用商场的“拿地、建房、招商、营业”的经营方法，打造了一个家居商品的线下交易市场，即传统的线下家居交易平台。

这个模式在过去30年展现了无比的先进性和优势。

平台帮助红星美凯龙跳出了传统产品品牌模式的固有缺陷，并实现了规模突破。从提供单一品类到提供多品类组成的局部空间解决方案，再到包含客餐厅、厨卫、卧室家具和软装饰在内的全屋解决方案，从提供产品到提供产品定制到提供全屋定制，从古典中式到新中式、现代美式、北欧极简、意式轻奢，国内家居产品品牌公司大都从制造起家经历了商业模式和产品风格的数代变迁。但这一切都与红星美凯龙无关，借助供给端的开放，奉行平台模式的红星美凯龙做到了任凭风云变幻它自岿然不动。另外，生产端规模效应的不足、地域需求的多样化和大件物流体系的不成熟造成了国内家居产业较高的分散性。时至今日，国内家居品牌公司年销售规模超过百亿的不过一两家。但平台模式帮助红星美凯龙实现了规模的极大突破，预计2018年平台的交易规模将接近800亿元（虽没有找到红星美凯龙的具体数据，但可类比居然之家的750亿元），而且租金模式让红星美凯龙的业绩极其稳定且维持了极高的利润水平。

平台在当时缩短了家居产业链，在一定程度上提升了产业效率。相比代理国内几十个品牌在区域市场进行销售的红星家具城，红星美凯龙退出了渠道代理环节，通过打造专业化的家居卖场，让国内家居品牌公司的品牌直销成为可能。当然，这一美好的初衷最终被国内家居产业链的复杂现实无情消解——除了极少数的品牌直营店外，红星美凯龙商场里的绝大多数商户仍然是各个品牌公司在当地的区域经销商。

平台的一系列努力帮助国内家居产业实现了整体升级。国内家居市场曾经是一个良莠不齐的市场，较低的进入门槛使得各种档次的产品甚至质量低下的伪劣商品充斥着过去的家居交易市场。红星美凯龙通过一系列的筛选和淘汰举措将几乎所有的低劣工厂排除在了平台之外，从而在供给端净化了国内家居产业。与此同时，红星美凯龙通过打造情景化的高端家居卖场空间、实施统一赔付等一系列维护消费者权益的政策，极大提升了客户端的体验。

平台的局部进化帮助红星美凯龙进一步集聚了产业资源，实现了线下平台的多边网络效应。在更多采用委托管理模式之后，红星美凯龙已经在入驻城市成为产业黑洞，虹吸了城市物业提供方、家居品牌商、家居品牌的区域经销商、当地设计师等多方产业资源。不同的平台参与方相互促进和吸引，使得红星美凯龙能够以一种更加轻盈的模式实现门店数量的飞速扩张。

当然，放在过去 30 年中国经济发展的大环境下，红星美凯龙的线下商业地产模式还给它带来了产业之外的红利——由自建物业带来的巨额土地增值收益。不仅公司 900 多亿元资产中的 700 多亿元来自土地资产，而且如今土地增值带来的公允价值变动收益也占到公司年度净利润的 50%。这算是红星美凯龙平台模式创新带来的意外收获。

当红星不再闪耀

车建新有两次改名的经历，第一次是将本名车建兴改成车建新，第二次是让周围的人叫他“车车”，两次改名都是为了体现自己对创新的追求和重视。但与之形成鲜明对比的是，虽然红星美凯龙在规模和盈利上仍然延续着过去的辉煌，但已经很难作为创新者的姿态出现。

相反，越来越多的人开始将红星美凯龙视为因循守旧的代表、产业革命的对象和造成产业畸形生态的元凶。

年轻消费者将红星美凯龙视为因循守旧的代表。80后、90后主导的二元化消费市场已经成形，一方面，他们对生活品位的追求让他们比上一代更加重视居家空间风格的个性化和一致性，希望获得完整的空间解决方案而不是单一的品类产品；另一方面，不算殷实的经济实力、越来越快的生活节奏和他们在互联网时代培养起来的消费习惯，又让他们在“省时省力省钱”上有很高的要求。相比之下，现在的红星美凯龙显然还充斥着同质化的品类品牌，并且逛起来“费时费力费钱”。

产业创新力量将红星美凯龙视为产业革命的对象。从上门量尺出发的全屋定制模式到从装修开始的全屋整装模式，从精装房样板房业态到购物中心家居体验店业态、家居社区店业态、家居品牌独立大店业态，各种需求前置型新模式和新业态无不从消费者买房、装修、查询家居品牌信息等各个环节拦截家居消费客流，进一步加剧红星美凯龙本就严峻的流量危机。在红星美凯龙还在习惯于通过增加活动次数和加大活动力度提高人气的同时，客流量的断崖式下滑已经成为很多红星美凯龙商场需要面对的新常态。

传统产业力量和曾经的合作伙伴将红星美凯龙视为产业畸形生态的造就者。由于对家居商业地产模式的路径依赖，红星美凯龙如今已经骑虎难下。作为同一种模式，南红星和北居然各自推出了千店计划，在全国市场尤其是三、四线城市市场形成正面对抗。为了应付高速扩张带来的资金压力和抵消每年增长的各类门店经营成本，提租成为红星美凯龙每年的惯例和维持模式正常运转的必须举措。但与过去不同的是，被霸王捆绑模式绑架的苦不堪言的家居品牌和经销商如今开始有了另外的选择：越来越多的品牌商开始扩展品类和提供定制服务进军购物中心或者开设独立大店，减轻对红星美凯龙的依赖，而经销商则要么跟随品牌商的步伐切换业态模式，要么干脆在濒临绝境时选择撤店退出市场。红星美凯龙曾经塑造了一种价值与利益均衡分配的产业合作关系，但随着模式在现实中的演进，利益天平的大幅度倾斜让红星美凯龙成为关系的最大获益者。如今，红星美凯龙需要进一步固化这种畸形的产业生态来使模式得以延续，但这显然与其他关系相关方的利益诉求相悖。裂缝已经产生，红星美凯龙模式将逐渐失去赖以生存的产业基础。

红星美凯龙应该感到庆幸的是，车建新不是对这些危险的信号没有感知。在 2016 年 6 月公司的周年庆典上，当时仍然站在产业之巅的车建新提出了一个足以令所有红星美凯龙人振聋发聩的新问题：红星美凯龙是否能引领下一个 30 年用户消费习惯的变化？并随后发布了宏伟的转型计划——“1001 战略”。但红星美凯龙更应该感到不幸的是，这次的战略很快流产，就像之前的 3 次转型举措一样。

红星的演化和进化墙

客观地说，红星美凯龙从来没有躺在利润簿上沾沾自喜过，尤其是在互联网时代来临之后。车建新的危机意识和创新意识决定了他绝不会允许红星美凯龙在面向新趋势时毫无作为，事实上，红星美凯龙在面向数字化的转型上已经四进四出。

2012 年，红星美凯龙上线红美商城。2013 年 1 月，红美商城负责人离职，红星美凯龙的第一次互联网转型宣告失败。

2013 年，红美商城更名为星易家，定位于家居界的天猫。2014 年，星易家运营基本停滞，总耗资 2 亿元，创造销售额 4 万元。

2014 年，红星美凯龙上线家品汇，合并星易家，打造 O2O 体系。同年，O2O 部门被裁撤。

2016 年，红星美凯龙引进苏宁易购原总裁李斌，并发布 1001 战略，要打造 1 000 个线下卖场和一个互联网平台，并以“家”为核心构建房产交易、家装、商品交易、服务和金融五大业务平台。2017年，李斌离职，红星美凯龙的数字化转型再度停滞。

显然，与过去每一次都相对顺利的局部进化相比，红星美凯龙在数字化时代遭遇了一场前所未有的进化危机。这可以被认为是一个商业物种在向更高级物种全面进化时可能表现出的正常的机体反应，但红星美凯龙自身的诸多主观因素同样是关于这次危机的讨论中绕不开的话题。

红星美凯龙缺乏数字化技术背景下的产业终局思考和对线下交易平台未来向何处去的清晰构想。红星美凯龙的数字化转型探索可以明显划分为三个阶段，三个阶段的转型方向和战略目标各有不同：第一阶段从是红美商城的上线开始到家品汇的失败终结，这一阶段红星美凯龙的战略目标是要从一个传统的线下交易平台转型为互联网技术支持下的线上线下融合的数字化交易平台；第二阶段转型的核心思想是“1001 战略”，李斌为红星美凯龙制定了一个宏伟的转型战略，目标是要通过房产交易、家装、商品交易、家政服务、金融等一系列互补型平台的引入，将红星美凯龙打造成一个大家居生态；第三阶段的标志性举措是红星美凯龙在 2018 年发布的设计云平台和 IMP 智慧营销平台，战略目标相对于第二阶段大幅收敛，淡化甚至放弃了大部分互补性平台的建设，但是进一步突出了家装设计平台和营销获客平台的重要性，前者对拦截家居客流有关键作用，而后者则能为商户提供更多的增值服务。第一阶段的红星美凯龙的转型方案太空，空有构建互联网企业的想法，但并不知道互联网技术究竟会把红星美凯龙带向何方。第二阶段的红星美凯龙走得太远，构建大生态的宏伟构想完全脱离了红星美凯龙的业务和能力基础。第三阶段更像是一个妥协的产物，红星美凯龙重新回到了线下交易平台的模式当中，寻找对模式进行再一次局部改良的可能性，但这一次改革的初衷就已经决定了它不会让红星美凯龙破茧重生，成为下一个改造产业的破坏性创新者。

传统利益格局的固化和对传统模式的路径依赖造成红星美凯龙的数字化转型困难重重。任何一场改革的核心都是一场利益再分配的改革，即使车建新领导下的决策层改革决心坚定，红星美凯龙的改革也势必会受到来自组织中既得利益力量的顽强抵制。一位红星美凯龙的内部人士曾经这样评价红美商城、星易家和家品汇的失败："线下分区很多，体量很大，商场都在为线下利益绞尽脑汁，对线上业务很大程度上只是在应付……"红星美凯龙已经陷入对传统模式的路径依赖，尤其是在其发布线下千店计划后，线下的门店数量拓展再次成为未来发展的重心。无论是自营模式还是委托管理模式，在主要由红星美凯龙、物业方、家居经销商、家居品牌商构成的交易型业务生态中，在生态运行成本逐年提高的前提下，红星美凯龙维持生态正常运行的唯一办法是提升商户租金，并经由家具品牌商和经销商将攀升的成本转嫁给消费者。红星美凯龙如今的转型举措更加印证了这样一点，家装设计师平台和获客营销平台将服务商户作为重心，至少会让商户觉得平台费用的支出更加物有所值。但无论如何，在放弃由李斌构想的第二阶段的转型方案后，红星美凯龙眼下的转型举措并没有触动任何一个既得利益主体，也没有跳出原有线下交易平台模式的框架，提出客户价值创新和产业效率提升具有创造性意义的新模式。

红星美凯龙未能提出清晰的转型路径和系统的能力提升计划。在红星美凯龙的转型历程中，唯一公开可见的计划是李斌发布"1001 战略"后提出的"3 个 100 天计划"，即第一个 100 天完成基础平台上线，第二个 100 天实现全链条产品上线，第三个 100 天实现全面开放、共享协作。这个计划要在 300 天内建成"1001 战略"中规划的五大平台，即采用置业顾问模式的房产交易平台、整合家装产业资源实现赋能的家装平台、在现有家居建材售卖模式上进一步提升的商品交易平台、包括家具保养维修和家政服务等多种服务在内的服务平台、面向消费者家庭生活需要的包含多种金融产品的金融平台。这个计划展现了红星美凯龙的格局和变革决心，但更表现出了红星美凯龙对变革难度的低估和变革的焦急心态。由于缺乏一以贯之的战略转型目标和具体的转型计划，红星美凯龙也无法构建起清晰的能力提升计划。虽然车建新在人才引进上表现出了极其开放的态度，但也许他更应该要回答的是红星美凯龙未来究竟需要什么样的能力，以及该怎样从现有的线下家居商业地产经营能力升级为未来战略所需要的能力。

红星能否再度照亮产业——对红星美凯龙的未来建议

万物皆有裂痕，那是光照进来的地方。

红星美凯龙曾经是照亮过产业的。1995 年之前，中国家居产业被批发模式主导，各地的大代理商在产品分销和流通中占据核心枢纽的地位。红星美凯龙在当时首创家居产业交易平台模式，使得家居品牌商能够摆脱对大代理商的依赖，通过直营或区域经销商的模式直接布局区域市场。有公开资料这样描述当时的盛况：“华东 1 000 多家中小家具厂闻风而动，珠三角 900 多家家具商也蜂拥而至，把车建新的办公室团团围住。最高峰时车建新一天要签 500 多份合同。”

中国家居产业在那时起从由大代理商等渠道商主导演变为由红星美凯龙等家居卖场主导，20 多年格局再无改变。但随着产业内各种力量的诉求演化，中国家居产业的裂痕却有增无减。

个性创意澎湃的年轻设计师们越来越不堪忍受厂商“规模化模式”的束缚，转而追求个人价值彰显和个性创意变现；家居厂商们受困于品类规模制造模式，而正在通过跨品类整合和向产业链下游延伸以实现模式突破和创新；家居经销商们受到厂商和卖场的两头挤压，越来越不堪重负，而急切寻求角色和功能转型；包括红星美凯龙在内的传统家居卖场流量日益枯竭、模式难以为继，同样在多方位探索转型升级之道。更重要的是，这些产业链的妥协最后累积成为全面深化的客户妥协——时至今日，包括装修和购买家居产品在内的大家居消费可能是令中国消费者感到最为痛苦的消费，这种痛苦既来源于品类割裂化、风格中庸化和价格虚高化的产品本身，也来源于由于信息不透明、场景体验不足和专业化、全流程服务缺失带来的糟糕的产品选购过程。

红星美凯龙曾经是这个旧世界的造就者和最大的受益者，但也是最有可能通过重组产业力量再造新世界的创新者和革命者。

红星美凯龙在产业内拥有毋庸置疑的影响力，它不仅在零售端拥有国内数量最多的卖场资源，在供应端整合着几乎所有的国内成规模的大众化家居品牌并代理和孵化着数百家进口中高端家居品牌，在设计端通过 M + 设计大赛网罗和整合着大量国内优秀家装设计师资源以切入装修服务领域，而且通过投资体系渗透到了人工智能技术、智能家居、定制家居、家居物流、家居家装等家居全产业链条。

以线下家居交易平台为起点，红星美凯龙有很大的可能和机会进化成为包括数字化交易平台在内的全方位智能化产业赋能平台。在这个新的平台上各方产业力量各归其位，设计师作为独立的经营个体只负责产生个性创意并借助平台实现创意变现，厂商专心于工艺技术和生产能力的专精化并借助平台接受来自各方的订单，经销商有机会借助平台强大的仓储物流体系摆脱流通商的角色而转型成为平台末端的专业化服务提供商……借助平台的数据资源和开放性，平台同样可以通过向装修设计师和装修工程队赋能以完成对家装产业的整合。

但这需要红星美凯龙在线下交易平台的基础上重新梳理产业资源，并构建起智能化、专业化、开放化、全链条的产业资源池。这个产业资源池应当足以赋能产业内的各方力量，从而支持和承载整个家居产业的运行和持续进化。

从线下交易平台到智能化产业赋能平台，红星美凯龙将彻底摆脱线下物业出租方（委托管理模式下为二次出租方）的单一角色定位，升级成为面向客户端能够提供极致化家居解决方案、面向产业端能够提供全链条赋能能力的产业基础设施提供商。

2019 年的春节车建新是在三亚过的，他在大年初二爬上五指山后写下了一篇心得，其中有这么一句："花开花谢，潮起潮落，万物皆流变……唯有深刻的记忆才能让时间永恒。"同样，在一个变幻莫测的产业，唯有最为厚重的模式才能让企业永恒。只是，如何在开放的基因下理解和实现这种厚重才是车建新应该思考的问题，这是红星美凯龙面向未来进行创新和实现激进目标的首要前提。

第五节　小米：以平台为内核的生态链新物种

小米是雷军从金山软件董事长位置上退休，并做了多年风投后再次创业的公司。在金山软件扛着民族软件名号、以 WPS 苦苦对抗微软 Office、付出远大于回报的经历中，雷军明白了做事业必须顺应趋势，而不能逆势而动。由此，小米从诞生之日起就以前瞻性视野以及模式创新著称，给传统商业世界带来了一股新风，成为人们津津乐道的对象。

正如以前所有的互联网创业公司都害怕腾讯一样，所有的硬件创业者都害怕小米。以前腾讯是凭借其 QQ 庞大的用户群以及自身强大的技术能力，跟随其他互联网创业者推出类似产品而后发制人；小米则利用其强大的品牌影响力、成熟渠道及产品方法论，帮助合作伙伴（也被称为生态链公司）取得了一个又一个硬件产品的成功。

通过赋能，小米在其周围构建了包括自身多元化产品和众多合作伙伴在内的生态体系，这一体系的成功构建，反过来又提升了小米为用户提供解决方案、强化体验的能力，增强了小米自身的竞争力。

小米往往可以比竞争对手提前几年布局，在新趋势、新方向上很容易处于领先位置。但过于关注趋势也使小米有些先天不足，那就是面对当下激烈的竞争时，往往没有打硬仗、打阵地战的能力和勇气。

小米注定是一家会被很多人研究很多遍的公司。小米的机会多与危机形影相随，腾飞与坠落、坠落与腾飞都在一念间，它的身上有许多值得大家学习和借鉴的经验教训。

小米通过赋能构建生态链

小米构建生态链有着清晰的逻辑和步骤：首先，以极具竞争力的手机产品快速积累庞大的用户群、建设成规模的销售渠道、打造领先的硬件产品开发能力；其次，通过向生态链企业赋能，抢占一个又一个智能硬件市场机会，拓展更多客户及应用场景，并通过硬件、软件、服务的连通，强化用户体验；再次，通过众多智能硬件进而引导用户使用米家等 App，反过来吸引更多的硬件厂商和软件开发者接入自家的物联网应用平台，占领未来物联网生态的领先位置。

1. 快速打造广受市场欢迎的手机产品，奠定生态链基础

小米创业初期，利用创始人熟悉软件开发的优势，做的第一款产品是基于安卓（Android）系统深度优化、定制、开发的第三方手机操作系统米柚（MIUI），供人们免费下载。米柚良好的使用体验迅速吸引了一批忠实粉丝。

在米柚成功的基础上，小米正式推出手机产品。在那个功能机为主、智能手机价格居高不下的年代，小米一开始就以好产品、高性价比的差异化定位，拉低了手机的购买门槛，对智能手机在中国的普及起到了很大的推动作用。

米柚的良好使用体验和高配置的手机硬件，打造出了“发烧级”

的手机产品，再加上互联网营销和厚道的价格，一下子打开了市场。小米2011年10月才正式发售手机，2012年手机销售量已达719万部，2014年达到6 112万部。

手机业务的成功，为小米塑造了品质可靠、高性价比的品牌形象，形成了高水平的智能硬件产品开发和供应链管理能力，也奠定了小米的江湖地位，这一切都为生态链战略奠定了良好的基础。

2. 赋能生态链企业，抢占更多智能装备入口

平台型公司的价值取决于网络节点数量，物联网的价值则取决于可以连接智能设备的数量。小米要想进入物联网行业，第一步需要解决智能设备的普及问题。当联网设备达到一定量级之后，才有制定规则和标准的话语权，才能成就领先的物联网开放平台。

为了快速普及、扩大智能硬件的使用，小米采用“投资 + 赋能”的模式布局了众多生态链公司。参股而不控股的方式，既维持了小米与生态链公司之间的紧密合作，又确保了生态链公司的独立性和积极性。同时，小米还提供了包括产品定义、工业设计、融资、渠道、品牌、供应链等在内的全方位赋能，快速帮助生态链公司取得成功。

（1）通过手机业务的发展，小米塑造了国内智能硬件领域几乎最强大的赋能能力

小米对生态链公司的赋能包括以下方面。

第一，渠道和流量红利。只要生产出满足用户需求的好产品，小米的渠道就能让这些公司快速成长。截至2017年9月30日，小米手环总出货量突破4 000万只，小米渠道手环销量占华米（小米手环供应商）全部手环销量的90%左右。润米的一款299元的拉杆箱在小米商城的月销接近1.2万，而在润米自己的官方商城月销量只有1 982。小米渠道对生态链公司的重要性可见一斑。

第二，小米品牌的背书，让生态链企业与大公司合作以及走向国际化更加容易。比如润米，通过小米的品牌背书成功实现与英特尔合作，用英特尔的芯片制造智能跑鞋；小米曾帮助纳恩博收购平衡车鼻祖 Segway（赛格威），从而为纳恩博走向全球奠定了基础。

第三，融资支持。小米公司自身或关联公司顺为资本等会投资入股，使得小米生态链公司也更容易赢得资本市场的信任。

第四，小米成熟的商业模式、管理哲学、产品方法论，以及仍在不断进化中的理念，对新创业公司来说是商业案例和商业教材。趣睡科技创始人李勇说："加入小米生态链后，小米在设计、营销和供应链管理上给了我们很大帮助，不仅是理念和渠道的输出，还包括大量无形资产的赋能，对趣睡科技的快速成长也有非常大的帮助。"

第五，与众多的米粉互动可以让公司收到很多反馈，得到粉丝的喜欢，迅速获得比较大的市场群体。润米 CEO 张溯表示，除了关注商城下的评论和反馈，小米教会自己很多与用户互动的途径和方法，比如微信群、QQ 群、官微等；还有线下活动，比如常规的市场调研、行业人士的访谈、深度的交流、走访国外发达的零售市场等。

其中最核心的赋能是向生态链公司输出产品打造的方法论。

成为一个生态链公司以后，小米会有产品经理和项目经理两个人来跟生态链公司对接。确认立项产品以后，他们会在每一个细节都给予支持。

以米兔智能故事机为例，小米首先在 ID（身份识别）上给予支持，在生态链公司所画原型的基础上做大量的修改，最终成形了最打动消费者的产品。其次是工业设计的支持，支持团队对产品的内部结构、外部结构做大量改良。另外还有 AI 的支持，让生态链公司的产品都能实现小米内部的全套物联，指导如何用小米的物联芯片，将产品对接进小米的物联网中。

小米团队几乎会参与生态链公司产品开发的各个过程，包括从包装设计，到开模、修模，从拍图修图一直到产品展示的制作，以及后期的市场和销售。由于有小米团队的深度参与，生态链公司产品开发的成功率非常高。

小米的赋能价值从资本市场上可以很好地反映出来。做米兔智能故事机的公司是南京机器岛智能科技有限公司，在做这个产品之前，从来没有融过资。但是产品上线后，公司在资本市场估值已达 3 亿元。

(2) 小米对生态链公司有着较严格的选择标准，小米生态链是相对封闭的系统

小米选择生态链公司时往往遵循如下标准。

第一，市场足够大，适合发挥互联网的人口红利模式。

大部分智能硬件还处于普及阶段，有很大的人口红利，市场有高速成长的机会。

小米要做的不是技术含量最高的产品，而是能满足 80% 的大众的基本需求，并达到最佳性价比的产品。最终凭借可靠品质和高性价比抢占最大的市场份额。

这样的要求与小米拥有数量庞大、追求性价比的中低端客户群相匹配，不仅带来重复购买，而且实现了口碑的快速传播。

第二，现有产品存在性价比、品质方面的严重不足，存在被改造的机会。

小米每次在一个产品市场投资生态链公司，都会掀起这个市场颠覆性的变化。小米会砍掉产品中所有非必要的功能及其所带来的开销，实现最低的成本。小米要求在成本基础上不可以加价超过 30%，也就是毛利不可以超过 30%。

与这套设计思路相应的，是小米生态链企业运用的并非高精尖的“黑科技”，而是已经成熟的工业级解决方案和配件，这就避免了成为实验室产品而带来过高成本。最终，产品性能接近甚至超越现有第一品牌，价格却是第一品牌的一半。如小米游戏笔记本，竞品价格17 999元和16 999元，小米的性能超越这些品牌，定价只有8 999元。小米手环、充电宝当时定价都是主流产品的一半甚至更低。

小米之所以介入插线板、5号电池、净水器、净化器等本身技术含量不是很高的领域，是因为之前的“中国制造”做得并不好，因而存在机会，可以用之前做小米手机的一套方法论，以及“新国货”的概念，大幅提升传统产品。

第三，产品可迭代或有耗材，确保公司能持久地与用户保持联系。

现在的消费主力是80后、90后，焦点、热点变化很快，产品可迭代或有耗材则可以与用户建立长期联系，保持黏性。像电动牙刷的牙刷头、空气和水净化器的滤芯等都能形成一种有耗材的产品。

第四，精准的客户群画像。

小米的核心用户群是18~35岁的理工男。如果产品与这些用户群的特征相匹配，利用小米平台就很容易引爆。小米智能插座、扫地机器人、智能家居等就是这类产品。

第五，公司技术过硬，大幅超越现有竞争对手，打造爆品。

例如小米手环的研发者其实是一支原来给小米做手机的团队，用做手机的团队来做手环，杀鸡用牛刀，轻而易举。

第六，认同小米不赚快钱的价值观，有做新国货的愿景。

物以类聚人以群分，只有价值观相同、愿景一致的人才能在一起，没有清晰的愿景和价值观，双方无法长期合作。

（3）小米生态链赋能反过来对自身带来巨大好处

截至2018年3月31日，小米共投资或孵化超过210家公司，其中90多家是专注于发展智能硬件以及生活消费产品等加强小米生态系统的公司。它们和小米共同构建起了手机周边、智能硬件、生活消费品

3层产品矩阵。

除手机相关产品外，小米旗下的智能家电还包括小米电视、电水壶、扫地机器人、米家电饭煲、净水器等，而如果要扩大到家居层面，小米的产品线更是囊括手环、体温计、台灯、摄影机、手电筒、体重秤等。此外，小米投资的智米、云米、小吉等，在空调、冰箱、洗衣机、烟灶等市场均有涉足，加上米家、有品等产品系列，几乎覆盖了大多家电品类。

由于生态链带来的丰富的产品线，使得客户访问频次和复购率大幅提升，支持小米开设线下实体店。小米的实体店小米之家在短短两年时间内，在170个城市开设了287家店，总共接待了6 713万人次。小米之家的坪效达到了惊人的27万，位列世界第二，仅次于苹果商店的36万，这个坪效数据是大多数传统零售店的20倍。小米之家的开店速度还在加快，未来两年内将开到1 000家。

小米之家实体店的迅猛发展，反过来带动了小米初始业务手机的销售，使小米手机在短暂下滑后成功实现“逆转”。

同时，生态链的打造，也为小米公司增加了实实在在的收入。2017年小米物联网与生活消费产品收入达到了234.4亿元，同比增长了88.8%。2018年第二季度，物联网与生活消费产品收入达103.79亿元，同比增长104.3%，小米手机业务收入为305.01亿元，较去年同期增长58.7%。手机占总收入的百分比由71.5%下降至67.4%，而物联网与生活消费品收入占比由18.9%提升至22.9%，显示出生态链产品的巨大潜力。

3. 开放智能生态，打造全球最大智能硬件物联网平台

小米自从2013年起认识到物联网这个下一消费时代的主战场，就选择将其作为实现对互联网领先企业弯道超车的赛道，开启了小米生

态链计划，定下了5年内投资100家生态链企业的目标。

小米生态链不乏爆品，如小米手环全球累计出货量突破5 000万支，小蚁摄像机全球卖出600万台，米家扫地机器人销量突破百万，2017年小米/米家空气净化器销量超过了300万台。

目前小米的物联网布局初显成效。截至2018年第二季度，小米连接有物联网设备（不包含手机、笔记本电脑）的用户约1.15亿人，成为全球最大的智能硬件物联网平台。

2017年11月28日，小米在北京召开首届小米物联网开发者大会。小米物联网开发者平台面向智能家居、智能家电、健康可穿戴、出行车载等领域，开放智能硬件接入、智能硬件控制、自动化场景、AI技术、新零售渠道等小米资源。这标志着小米物联网开始真正走向开放平台，为小米的未来发展打开了更大的想象空间。

小米未来可能存在的危机

小米的布局，在看似繁荣的背后，也隐藏着诸多危机。

1. 手机市场遭遇华为阻击，可能动摇小米智能生态的基石

与智能手机市场的单一品类不同，智能家居品类繁多。站在用户角度，面对如此分散的产品，自然需要一个入口来掌控“全局”，而手机恰恰可以成为这样一个角色。智能手机的高普及率、易用性和5G的“推波助澜”，进一步强化了手机在物联网生态中的核心位置。

目前全球智能手机的换机频率正在降低，而整体出货量也开始不增反降，各手机厂商只有在存量市场不断竞争，展开你死我活的“零和博弈”。

在竞争异常激烈的中国市场，随着手机更新频率的下降，消费者越来越看重新科技和品牌形象，对价格的敏感度相对下降，小米的竞

争优势逐渐丧失，发展已出现明显的疲态，销量排在华为、vivo、OPPO之后，名列第4，与领头羊华为的差距不断拉大。

2018年第二季度，小米在中国卖出1 450万部手机，相比2017年同期的1 420万部，同比仅增长2%。与小米手机第二季度在全球销量总体增长43.9%相比，中国市场严重拖了后腿。

2015年、2016年、2017年和2018年第一季度，小米国际市场的营收分别为40.6亿元、91.5亿元、320.8亿元和124.7亿元，占公司总收入的比重分别为6.1%、13.4%、28%和36.2%。国际市场成为小米增长的主要来源。

由于在国际化上领先vivo、OPPO，而且主打高性价比，短期来看，小米还可以依靠印度、东南亚、欧洲甚至是非洲市场继续取得一定程度的增长，但从中长期来看，可能同样面临国内市场的竞争情形，未来潜力堪忧。

反观华为，凭借强大的基础研发能力和强悍的执行力，以华为和荣耀双品牌运作，2018年前三季度全球销量为1.455亿台，仅次于三星，而小米为9 420万部，位列第4。

在国内市场，从2017年第一季度开始，荣耀在线上手机市场一直保持第一名，而小米则已滑落至第二名。在荣耀品牌深入低价位手机的阻击下，小米手机的增速开始下滑，2018年第三季度小米在国内市场的增速甚至为-16%。

面对小米在海外新兴市场的迅速扩张，华为也开始重视海外新兴市场。由于荣耀加快国际市场的拓展，使得小米在全球市场的增速每个季度都接近腰斩，2018年前三季度小米手机在全球出货量的同比增速分别是101%、43%、25%。

一旦小米手机增长停滞甚至下滑，势必影响物联网平台建设的根基，尤其在各物联网平台都处于起步阶段，谁都没有突出优势的情况下，手机的销售规模至关重要。

2. 小米物联网平台数量领先，但话语权并不强，同样面临巨大挑战

物联网已成为大家眼中的下一个风口，领先的手机玩家当仁不让，几乎全已入局。智能家居/物联网之战，成为小米、华为、vivo等手机厂商的第二战场。

2019年7月，vivo联合OPPO、TCL、美的和极米科技等多家业内知名厂商在深圳举行物联网开放生态联盟第一届第一次全体成员大会，会议通过了物联网开放生态联盟合作共识，并公布了物联网产品方案。该联盟的物联网开放生态优势在于可以在不改变厂商私有协议的基础上，实现智能设备的互联互通。一方面，消费者在使用的时候，不再需要下载多个App，可以在一个应用上实现对所有设备的互联互通；另一方面，开发者也无须针对不同品牌不同阵营的产品去做优化适配。

华为2015年年底发布了HiLink连接协议，以应对智能家居产业的“连接”。平台在较短时间就积累了2 000多万用户。目前平台已接入100多个品类、150多家合作厂家，覆盖500多款产品，实现4亿App连接。2018年6月，华为正式发布了全场景智慧生活生态战略，以及华为HiLink生态品牌——华为智选，并宣布全面推行耀星计划，还设立DigiX创新工作室等，继续在物联网生态上加码。

除手机厂商外，百度、阿里巴巴等巨头也正在强势介入物联网。如阿里云正推进ICA联盟（物联网Connectivity Alliance，也就是合作伙伴计划联盟），是阿里巴巴联合物联网产业合作伙伴建立的物联网标准联盟，目的是共同发展完善物联网相关的技术，共建相关的联盟标准，推动国家标准和国际标准。ICA联盟借助丰富的商业场景，实现标准与产业的紧密结合，推动物联网产业快速规模化。

尽管小米目前在物联网连接数量上处于领先，但小米物联网平台

主要以小家电为主，很难打造一整套完善的智能家居互动与智慧连接的能力。小米生态链企业的产品对于小米物联网平台的成形起到非常重要的作用，但生态链模式本身也在一定程度上制约了小米物联网平台的发展，如小米物联网平台虽然也已经开放，但并没有在吸引合作伙伴上有什么大动作。而且生态链企业在小米体系中虽然可以走量，却很难赚钱，生态链企业有了规模之后，跟小米之间并非铁板一块，反而常常有离心离德、寻求其他出路的倾向。

尽管智能家居市场前景广阔，但行业内企业各自为政、标准不统一，长期阻碍了行业发展。标准之争成为物联网平台最主要的争夺点，开放应是物联网平台的最重要特征，物联网平台需要吸引足够多的合作伙伴才能成功。从这个意义上来说，小米如果未能将其生态链成果转化为领先的标准，生态链对其物联网平台的最后成功就没有太大帮助。

3. 低价策略利润有限，研发投入不足，制约平台竞争力升级

高性价比策略，使小米长期处于低利润率状态，有限的利润严重阻碍了小米的研发投入。

一般来说，科技公司的研发经费通常可达销售额的 10% 。小米在 2017 年收入 1 146 亿元，经营利润 122 亿元，研发费用为 31. 5 亿元，研发占收入的比例只有 2. 7% 。小米在 2016 年的研发费用为 21 亿元，2015 年为 15. 1 亿元，近 3 年的研发费用总计为 67. 6 亿元。而华为发布的一项重磅技术 GPU Turbo，其研发费用就将近 900 亿元，小米与华为在研发上的投入差距由此可见一斑。

数据研究中心 incoPat 联合 IPRdaily 中文网推出了互联网企业专利发明百强企业的数据显示，小米以共计 14 491 个专利数量排名第 5。但小米的专利主要集中在没有多大技术含量的实用新型和外观专利上，

在最具含金量的发明授权专利上，小米历年专利数量为1 415件，2017年为644件。OPPO历年发明专利授权数量为2 210件，高于小米。而华为仅2017年就获得了3 293件发明专利授权。

物联网是一个生态，核心驱动力离不开AI技术。在2018世界人工智能大会上，小米创始人雷军宣称小米想用AI+物联网在这个时代立足，然而现实是小米在AI技术上的底气明显不足。

在2017年11月的小米物联网大会上，小米宣布在人工智能领域与百度达成合作，双方将在知识图谱、深度学习、语音、视觉、自然语言处理、人机交互、机器人、无人驾驶、AI芯片等领域展开深度合作。也就是说，小米的智能硬件需要通过DuerOS等外援来补充技术，也暴露了小米在AI技术上的不足。

2018年10月10日第三届华为全联接大会上，华为轮值董事长徐直军首次发布华为AI战略与全栈全场景AI解决方案。徐直军表示："华为人工智能的发展战略，是以持续投资基础研究和AI人才培养，打造全栈全场景AI解决方案和开放全球生态为基础。面向华为内部，持续探索支持内部管理优化和效率提升；面向电信运营商，通过SoftCOM AI促进运维效率提升；面向消费者，通过HiAI，让终端从智能走向智慧；面向企业和政府，通过华为云EI公有云服务和FusionMind私有云方案为所有组织提供算力并使其能用好AI；同时我们也面向全社会开放提供AI加速卡和AI服务器、一体机等产品。"华为的AI战略清晰而高远，相对来说，小米已经落后太多。

小米的生态链模式通过"捏软柿子"而不是"啃硬骨头"的策略，专挑消费者有需求而竞争对手弱的领域下手，快速赢得市场。就研发能力来说，小米整个生态系统都比较薄弱。而华为采取的则更像是曾国藩打太平天国时所采取的策略："结硬寨、打呆仗"，不投机取巧，而是稳扎稳打，通过强化自身实力而不断接近目标。

小米善于前瞻性思考，发现未来机会，但在行动迅速、实力超强的竞争对手面前，市场并没有给小米从容布局的机会。小米缺少占据绝对优势的基本盘（如阿里巴巴的电商、腾讯的社交软件），使得小米在布局未来的同时又要吃力地夯实现有业务，顾首不顾尾，让小米难以打造真正关系未来的强大护城河。低毛利率的策略，让小米在进入市场的初期可以快速赢得市场（国际市场也是如此），但大大影响了小米的研发投入能力和平台基础设施的打造能力，而这对于产业赋能平台来说将是致命的硬伤。

机会与威胁并存，对于向来不按常理出牌的小米，其未来如何，我们拭目以待。

第六节　产业赋能：海澜之家二次腾飞的天梯

20 年前，海澜集团只是一个毛纺和精纺的面料生产商，已在面料行业默默耕耘 10 余年；直到 2002 年遇见优衣库，首创中国男装新商业模式的海澜之家横空出世，一路狂飙成为中国服装领袖企业，营收和品牌价值皆位居榜首。

如今，国民品牌海澜之家品牌继续光鲜，但原有模式失灵隐患已现，营收连续 4 年增长降速，被世界服装巨头再度拉开差距。已经身处云端的海澜之家若想跨过天堑实现二次腾飞，还需要一把云中天梯。

男人的衣柜——海澜之家类平台的崛起

海澜集团创办于 1988 年，最初名称为“新桥镇第三毛纺厂”，是周建平承包的乡镇集体企业，专门生产毛纺织品的面料，在那个服装和面料供不应求的年代迅速崛起，3 年就营收过千万元。1991 年产品升级，进入技术含量更高、市场更广阔的精纺面料市场，1994 年营收过亿元，公司更名为江苏三毛集团。1997 年向下游成衣市场拓展，创立了“圣凯诺”品牌，从金融系统切入团体职业装市场并成功立足。1988—2000 年，三毛集团可谓每 3 年一大步，实现 4 连跳，但很少有人想到，这 12 年的故事只是更大篇章的序曲。

2001 年公司更名为海澜集团，2002 年年初周建平考察日本市场时受优衣库启发，回国后结合本土市场特点，打造出一个定位于 25 ~ 40 岁的都市男性，提供既有面子又不贵的男装和自在便利服务，全新一站式购衣解决方案品牌——海澜之家。2002 年 9 月，第一家海澜之家门店在南京开业，从此开启了疯狂开店的步伐：1 年之内，即到 2003 年年底海澜之家布局全国 15 个城市，拥有 50 家门店，营收达到 2 亿元；10 年之后，即到 2013 年年底海澜之家门店 3 210 家，营收 71.5 亿元，跻身中国男装第一阵营。

与线下快速开店同步的是海澜之家铺天盖地的广告，伴随着代言人的夸张舞步和魔性音乐，“海澜之家，男人的衣柜”这一品牌观念深入人心，刮起一阵阵旋风。在男装需求大众化、品类割裂的消费普及时代，海澜之家的“自选式一站购齐”服务模式四处开花，展现出强大的竞争力，而支撑这一服务模式的则是其独特的商业模式设计。

服装界扩张门店通常有两条途径，一条是国际服装巨头所选择的直营模式，有利于统一管理和保持服务水准，但该模式需要有雄厚资金支持。国内服装品牌大多选择另一条途径——加盟，让加盟商投资开店、进货并进行销售和管理，此举减轻了品牌扩张门店的资金压力，但弊端是品牌对终端门店缺乏掌控力，对加盟商的积极性和专业度有较大依赖。

海澜之家开创了第三种开店模式——类直营，让加盟商只负责开店、装修，而导购培训管理、货品进销和店面管理全部交由海澜之家负责，销售结束之后双方进行约定比例的分成，并有 5 年 100 万元毛利润的保底收益。加盟商成为财务投资者，降低了投资门槛，最大限度地吸收了社会资金，同时又保持了终端统一的营销能力，海澜之家的类直营模式兼具直营与加盟的优势而避开了两者的劣势，可谓一大创举。

除了在销售终端，海澜之家在上游供给端也展现出超群的创造能力。由于海澜之家选择的是大众化市场，商品来自向上游制造商采购。借助上游厂商的服装设计能力和更上游原料厂商的面料研发能力，海澜之家只需要根据流行趋势的预测进行选款，订货时只支付30%的款项，其余部分待商品销售后与制造商分成，而滞销款还可以退货。

海澜之家创建的是两端开放的类产业平台（或称品牌营销平台），一方面向上游的制造商开放，成为它们的产品展销平台，而平台自身承担款式筛选和营销职能；另一方面向下游加盟商的资金开放，输出统一的营销和管理模式。凭借上下游两端重资产环节的开放和中间集成的营销能力优势，海澜之家成为品牌产业链整合者，打造出更贴近终端消费者的类平台模式。

与国内其他扎根某一细分市场或品类的管道型服装企业相比，海澜之家面向大众基础需求的类平台模式拥有更大的范围经济优势，一站式购齐的多品类搭配摊薄了每个品类的成本，使总成本降到最低；而且通过整合不同品类的供应商，海澜之家跳出了每个传统品牌单独成长所需的漫长周期，快速获得了更全面的大众化服装市场专业知识积累，在解决方案的专业深度方面超过管道型品类大王。在范围经济和专业积淀的加持下，海澜之家反过来获得了原本属于品类大王们的规模优势，在各个单品类上，其销售规模都上升至国内领先地位。甚至在方案丰富性上，海澜之家也不输于它的前辈优衣库。

最终，凭借客户导向的解决方案、空中地面的密集式营销、低门槛资金支持扩张的三板斧与类平台模式的三大经济优势，海澜之家成功实现了第一次起飞。在与国内同行的竞争中迅速取得优势，并在2014年成功上市，当年营收率先突破百亿元，登上中国男装榜首位置并保持至今。

平台空心——为什么海澜之家的降速不可避免？

在享受了快速增长的12年后，海澜之家在2015年迎来了发展拐点。上市给海澜之家带来了继续扩张的资金，门店数量继续疯狂增长，从2014年年底的3 348家增长至2018年年底的6 673家，其中主品牌门店5 097家。但问题也随之暴露，海澜之家的营收增速赶不上开店速度，单店绩效有下降趋势，每年整体增速都在放缓，从2014年的72.56%一路降至2018年的4.89%，昔日迅猛的雄狮也显出疲态，这一切源于成功惯性没跟上市场的变化。

造成减速的直接原因是海澜之家的产品没跟上市场环境的变化。自电商崛起、移动互联时代来临以后，中国的服装消费就从大众化需求普及阶段转向个性化需求满足阶段。选择面宽、见多识广、更懂审美的大众消费者逐渐分化，他们对服装的个性化、时尚度、品质感、性价比等要求变得日渐严苛。在服装界大行其道的是ZARA的快时尚模式，优衣库的极致解决方案模式和韩都衣舍、网红店的淘品牌模式，它们以快速柔性的供应链满足消费者的个性化需求。而面向大众化基础需求的海澜之家并不擅长于此，其奉行的传统的大规模生产、大规模铺货的大众款服装难以适应日渐个性化的需求，将逐渐被消费者边缘化，慢慢淡出时尚舞台的中心。

而在塑造时尚度和极致价值方面，海澜之家也掉出了一线时尚品牌的阵营，在消费者心目中的形象变得陈旧。其魔性舞蹈和最炫民族风的品牌调性被认为老土，衣服设计要么保守，要么过于花哨，只适合见识少且线下选择不多的消费者或对服装不太讲究又图方便的保守人群。当品牌失去光芒，消费者原来甘愿支付的品牌溢价显得昂贵，曾经既有面子又不贵的性价比优势便消失了。而昔日赖以成名的一站式购齐在众多对手的模仿下已经变得不再稀罕，与深耕品类的对手们相比，海澜之家的每个品类的优势都不明显，产品和品牌价值诉求都不鲜明，陷入每样都会却一无所长的“品牌中间陷阱”。

为重拾时尚度，海澜之家少帅周立宸采取了一系列措施。2016年，海澜之家的代言人换成在年轻消费者中更有人气的林更新，并请台湾知名广告人许舜英操刀“高级灰”系列广告，海澜之家的品牌形象告别土味走向时尚，从“男人的衣柜”升级为“国民品牌”。还通过冠名综艺节目、追逐热点IP、以中国服装界代表的身份参与国际时装论坛，令海澜之家跟上了时尚前沿的脚步，其时尚度和热度在不断提升。但光鲜的另一面是阴影，海澜之家门店实际提供给消费者的服装款式、质量、性价比依然如旧，不能给消费者带来极致的价值满足，单店绩效仍在不断下滑，其中原因绝非仅仅来自卖家秀和买家秀的差别。

造成“价值主张”和“价值交付”发生偏离的真正根源是它曾赖以成功的轻商业模式，将设计依然交由上游供应商，自己只负责选款的轻资产模式在互联网时代已经显得比较迟缓。海澜之家上百亿的体量，上游有数百家供应商，每年款型在上一年就已经定好，这在快时尚流行的今天非常危险。而且为求规模效益最大化，每个供应商在每款单品上的设计力求稳妥，传递给消费者的就是老土保守的形象，总比时尚落后一个节拍，因而很难获得客户青睐。如此迟缓的供应链，更谈不上随着消费者的个性化需求进行产品的快速迭代了。

供销脱节造成的结果就是服装企业最不愿见到的库存堆积。在海澜之家快速扩张的这几年，库存也像滚雪球一样扩大，从2014年年底的60亿元激增至2017年年中的86亿元，远高于其他品牌。而之前签署的滞销则退货的协议也无法有效执行。数据显示，真正退回的约占滞销库存的10%，大多数滞销款产品继续留在店中展示，导致期内周转天数拉长至316天。重压之下，号称“永不打折”的海澜之家不得不向库存妥协，开设“海一家”门店处理滞销款。

在对上游妥协的同时，下游加盟模式也开始松动。在竞争对手的冲击下，为增强对加盟商的吸引力，2016年海澜之家取消了100万元加盟商保证金的条款，新加盟商和原加盟商到期后续约都无须再交保证金。同时，海澜之家还利用自有资金增开了直营店、联营店以及线上自营店，进一步宣告过去类直营加盟模式的光芒不再，海澜之家变得与同行们越来越像。

为了维持增长，海澜之家通过自建或投资的方式推出更多子品牌进入新的细分市场。如时尚女装品牌“爱居兔”、平价男装品牌“百衣百顺”、轻时尚男装品牌“HLA Jeans”、商务男装品牌“AEX”、职场女装品牌“OVV”、本土快时尚“UR”、童装品牌“HEY KIDS”，还有优选家居生活馆。除了海澜之家主品牌，新品牌都采取自主研发、设计打样，供应商只负责生产加工的模式。但由于起步较晚，研发能力几乎从零开始建构的新品牌尚无法冲击市场，只有“爱居兔”凭借大举扩张门店而取得了增长。

2018年的财报显示，海澜之家的研发费用为4 900万元，占营收的0.26%，而销售费用为18亿元，占比9.4%。现阶段的海澜之家依然主要靠营销驱动，通过在多个渠道投放广告与赞助的方式保持热度。众所周知，与核心研发能力相比，依靠营销搭建的竞争优势护城河非常浅，很容易被对手跨越，具有极大的不确定性和不可持续性。

缺乏核心研发能力成为海澜之家产业平台模式的阿喀琉斯之踵，在行业竞争日渐激烈、需求不断迭代、消费不断升级的背景下，昔日仅有的弱点被无限放大，尤其是缺乏快速迭代的产品能力使平台逐渐失去了优势，甚至有从平台中间塌陷的风险。一旦平台塌陷，即使通过逆势开店、渠道下沉、新增品牌，也无法扭转增长放缓的趋势。

因为平台空心，曾经直冲云霄的海澜之家似乎即将减速下降，怎样才能让它在空中再次跃起，迎来二次腾飞？

产业赋能——海澜之家二次起飞的路径演绎

当今时代，数字化技术日渐深入渗透，消费互联网和产业互联网融合的趋势已经十分明显，互联网巨头正在寻找深入改造产业的机会，而传统巨头则通过数字化平台的改造变得更加智能、敏捷，服装产业也不例外。未来的服装领袖将是提供“设计－制造－零售”数字化基础设施的产业赋能平台，它将吸纳行业主要的创造力量和绝大部分的用户群体，为供需两端提供基础与个性化服务的基础赋能。

在打造面向未来的数字化服装产业赋能平台的竞赛中，拥有最大线下零售平台和上游制造联盟的海澜之家在国内众多企业中原本居于领先身位。2017 年 8 月，阿里巴巴集团考察海澜之家，计划首先赋能新零售终端收集 2C 数据，再逐步渗透至上游 2B 的数字化新制造，但缺乏研发平台和制造平台的海澜之家无法与阿里巴巴的数据赋能对接，错过了这次试验机会。

随后，海澜之家与腾讯合作进行智慧零售终端的改造，又与美团外卖合作快速送货上门，但面对未来数字化时代的广阔机遇和巨大挑战，只停留于销售层面的改造当然远远不够，海澜之家需要向产业深处发动更彻底的变革。

1. 重塑使命和战略，促进极致价值升级

从创立之初的“男人的衣柜”的经典定位，到“成为代表国家服装文化的国民品牌”的宏大愿景，海澜之家的定位在向更宽和更高处

行走。但不足之处在于变得更加以企业为中心，偏向对消费者的自说自话，而缺少了具有感召力的企业使命和价值约束。因此很难指导企业未来的战略行动，容易陷入方向不明、自相矛盾的困境，在一些战术层面左冲右突，终将无法撬动未来。海澜之家的愿景和使命需要提升到战略高度进行重塑。

而海澜之家一直奉行的“高品质、中价格”的性价比标准也需要在新的竞争环境下重新梳理。在如今的超级竞争时代，消费者需要的是极致价值，而非一无所长的中庸价值。海澜之家主品牌的价值存在很大的上升空间，无论是款型的多样化设计（丰富性价值），还是面料的质地和精细化做工（品质价值），和同行相比已经很难称得上高品质，自然也就无法支撑起中价格（性价比价值）。海澜之家对消费者意味着什么，什么是它的核心价值与诉求，正在滑向“品牌中间陷阱”的海澜之家亟待进行价值极致化重组。

只有在战略上明确使命，才能定义企业提供给用户的核心价值；只有能兑现价值承诺，提供极致价值，并不断进行价值迭代，企业才能保持长期领先，这正是此前开店极速狂飙但产品迭代缓慢的海澜之家所欠缺的。作为国内业界的领头羊，海澜之家依托不断增强的品牌时尚影响力、庞大的线下标准化门店体系和一站式购齐的解决方案优势，只要能够重点投入价值创造，就能在嫁接和组合极致方面拥有先发优势，若能顺势而为，可将企业的使命境界与极致价值主张提升到全新高度，在战略上大踏步前进。

2. 改造产业链，搭建数字化产业平台

重塑战略之后，就需要对模式进行升级。从原来扮演“品牌整合者”角色的营销平台模式升级成以数字技术为基础、以自主掌控价值创造为核心竞争力、以提供极致价值为目标的产业平台。该平台的技

术基础是大数据和云计算，有必要借助外部力量推进。

改造升级首先需从客户端开始，在现有的改造零售终端的基础上，提升客户体验，建构包括终端销售数据、客户数据、库存物流数据在内的“人、货、场”大数据库，并与外部市场数据库有效连接，通过基于位置和诸多个性化标签的分析和精准推送，提升线上线下的运营效率，并通过全渠道的营销界面融合给客户带来前所未有的极致体验，即完成新零售改造。

在完成线上线下一体化的新零售之后，应立即着手提升制造端的智能化和自动化，提升柔性化程度，使制造环节能够从批量化流水线转变为大规模、多款型、定制化的生产线。鉴于海澜之家自身并无制造厂，可以先建立自身的数字化样板工厂，然后再扶持优秀供应商进行数字化改造，对无法改造的供应商则逐步减少订单，从而建立起数字化的柔性供应体系。

对现有供应链完成数字化改造之后，海澜之家需要进一步建立自有的研发体系，这几乎是所有优秀企业获得长期竞争力的必选项，这个短板必须补上。包括面料研发、款式设计乃至周边风格搭配，海澜之家需要在关键环节占据业内制高点，才能在时尚产业拥有一席之地，并获得竞争优势护城河。所幸海澜之家已经意识到该短板，于2017年建立了研发部门，虽然投入力度不大，但毕竟已经迈出了第一步。

3. 多重赋能，成就服装产业赋能平台

将“研发－生产－零售”三者在数字化基础上实现贯通后，海澜之家可以着手布局服装产业赋能平台，成为服装界最具统治力的先进物种。未来完善的服装产业赋能平台将包括三大子平台（研发－生产－零售）和共同的基础设施云平台。

研发平台将在海澜之家的价值边界内，网罗全球范围内最具前瞻

技术的研发团队和最有创意的设计师们，在核心设计基调的基础上，开辟多种子系列风格和空间，为开发者、设计师提供实现其个人或团队创意价值的最佳平台，甚至吸引客户一起投入创意的生成，这方面的先行者是宜家黑客。

而在零售端，产业赋能平台将服装服务和搭配的专业知识，通过内部智能设施支持终端导购人员，或人工智能自动客服，使其能够更轻松地为用户提供高度个性化的搭配推荐和贴心服务。并收集用户反馈为后台所用，及时做出相应调整，将大大提升用户满意度。通过赋能让一线终端有更强的服务能力，将会是海澜之家强大的竞争优势护城河。

研发平台和零售平台的联动自然要涉及生产平台的敏捷反应，消费需求拉动和品牌时尚的推动，都可以成为制造平台不断走向完善的驱动力量。最终，三个平台将实现智能化云技术基础上的数据完全互通和高度协同，并向各方输出高度智能化的赋能工具和价值单元，成为多平台优势叠加的立体化产业赋能平台，这将更加牢固地锁定各方参与者，形成一个以产业赋能平台为核心的生态圈。

当然，这个生态圈不能身陷数字孤岛，应与外部市场的消费大数据进行有效连接，才能避免封闭系统的熵增效应，保持充分活力。毫无疑问，中国市场外部大数据合作伙伴首选还是拥有海量服装交易数据的阿里巴巴集团，变得更好的海澜之家可与阿里巴巴再续前缘，实现更有价值的深度合作，变成生长在云服务基础设施之上的“平台之平台”，光芒照耀全行业。

从充当营销整合者的类产业平台到辐射全行业的产业赋能平台，空心已久的海澜之家前面还有数道天堑。如何能够走出轻模式的陷阱，真正深入产业成为专业的产业平台，是海澜之家面临的心态挑战；而如何成为产业赋能平台，并构建与之相匹配的数字化商业系统和组织体系，则是其面临的战略视野挑战。

海澜之家似乎从来不怕挑战，也喊出过“要和优衣库拼了”的豪言壮语。如果说 ZARA 代表了欧洲服装，优衣库则代表了日本服装，领头羊海澜之家目前还和对方不是一个量级。但借助更先进的产业赋能平台模式作为天梯，海澜之家有可能实现对两大巨头的弯道超车，真正成为代表中国服装产业的“国民品牌”。

第七节　三一重工：立足工业 4.0 时代的扛鼎之作——根云

过去两三年，马化腾在阐述“互联网 + 制造”的理念时，总是举腾讯与三一重工合作的例子。这两家公司走在一起的主要原因，在于三一重工打造的工业互联网平台——根云。“根云”作为中国本土打造的首个工业互联网平台，对于三一重工的数字化转型、赋能中小企业制造升级都发挥了无可替代的作用。“根云”对于三一重工的重要性，相当于微信之于腾讯。可以说，“根云”是三一重工走向第四次工业革命拿到的第一张船票！

数字化转型的标杆

第四次工业革命呼啸而来，迫使传统制造业加速向数字化转型。作为传统制造业中坚力量的三一重工，成为数字化转型的标杆。

何谓数字化转型，三一重工董事长梁稳根认为，其内涵至少包括以下三点：第一，核心业务必须全部在线上；第二，全部管理流程必须靠软件；第三，产品高度智能化，管理流程高度信息化，与客户、代理商、供应商、员工实现智慧互联。三一重工如何将智能化制造、数字化智能融为一体，颠覆原有的制造流程？答案是打造工业互联网平台。

制造业转型要看数字化转型，数字化转型要看智能制造，智能制造要看工业互联网平台。工业互联网已经成为驱动制造业转型的核心力量，从家电、汽车、机械到矿山都能看到工业互联网的应用。工业互联网平台是一种新兴的制造系统，对传统制造业的改变超乎想象，包括理念、技术到商业模式等有着颠覆性影响。传统制造业数字化转型是否成功，关键就是在工业互联网中扮演的角色，以及参与的广度、深度。

三一重工的数字化转型如此成功，源于打造了工业互联网平台，引领了中国制造业转型的潮流。三一重工数字化转型的背后，还有一个非常特殊的原因，就是近20年的信息化发展与积累。三一重工的信息化简单概括为四化，即研发过程“数字化”、制造过程“智能化”、产品与服务“智慧化”、运营管理“卓越化”。三一重工眼中的第四次工业革命，实际是对“四化”的升级改造，帮助企业从纯生产到服务的转型。以“四化”为支撑，三一重工比同行更加明确数字化转型的目标，坚信打造工业互联网赋能平台是正确的选择。

工业互联网赋能平台的三个维度

1. 模式：体外孵化

三一重工在打造工业互联网的过程中，第一个创新是在体外孵化工业互联网赋能平台。2016年，三一重工的物联网团队组建了树根互联技术有限公司。三一集团首席流程信息官贺东东任树根互联的掌舵人。三一重工是树根互联的天使投资人，也是重要客户。

三一重工体外孵化树根互联，有三个方面的原因：一是激励考虑，三一重工企业现有的定位和体制，不允许给予从外部引进的核心成员以股权；二是资金考虑，树根互联项目投资金额巨大，若只在上市公司内部建设，会带来一定的资金压力；三是效应考虑，大数据、云计算需要庞大的产品样本和数据量，只在三一重工做，数据不够大、产品不够丰富、需求也不足，很难真正发挥大数据的效应。

树根互联定位于一个公共、独立的第三方工业互联网赋能平台，致力于为“中国制造 2025”贡献一个世界级的工业互联网大数据平台。树根互联要达成这一目标，不能缺少三一重工的物联网支持。早在 2008 年，三一重工就成立了中国最早的物联网平台，通过平台把设备连接起来采集更全面的工业大数据，进而转化成智能化解决方案，极大提高公司产品的研发质量和服务水平。

树根互联的核心优势在于成功移植了三一重工在物联网上的积累，比如仅在大数据方面，公司就累计投资 10 亿元。具体体现在，掌握工业大数据处理和云计算技术能力经验；拥有一批工业大数据的科学家团队；低成本与各地政府、运营商和经销商伙伴达成合作关系等。未来三一重工在物联网的一系列动作，也将树根互联作为首选合作伙伴。

从目前来看，树根互联的主要任务在于不断迭代互联网模块产品和服务方案，运用互联网、大数据、云计算、机器学习、人工智能、虚拟现实和增强现实等技术，最大化满足本土企业智能化生产及转型升级的需要。未来，树根互联的主要任务在于着力建设研发、生产、服务、营销数据集成体系，帮助和服务企业打通研发、服务环节的数据闭环通路，在智能化产品创新方面实现小步快跑、快速迭代。

作为为本土企业升级发展提供赋能的平台，树根互联为中小企业打造了各层皆可开放、全方位可融入的合作平台模式：从底层的物联接入一直到上层应用落地，平台的每一层都可开放，而且每一层都将联合战略伙伴共同打造服务生态，无论是各地政府、电信运营商、云服务提供商，还是智能终端供应商、安全服务商等，各路合作伙伴充分发挥各自优势，以全生态资源打造中国本土工业互联网应用优势及核心竞争力。

第四次工业革命向传统制造业提出了一个新要求，企业要从单一的制造产品转向提供延展性服务。延展性服务分为两种，一种是基于产品向客户提供服务，向客户提供产品的安装、调试、维修服务；另一种是将制造企业领先的供应链、运营管理、研发设计的运营管理知识作为核心，输出给其他企业。树根互联就是属于后者，帮助制造企业构建开放、安全、适用的工业互联网平台。比如，树根互联为星邦重工打造专业的智能服务平台，为其解决了高空作业平台行业的一大痛点，帮助星邦重工为客户提供预防性的主动服务。

2. 产品：根云

2017 年 2 月，树根互联超 15 亿元打造的工业互联网平台——“根云”正式发布。“根云”也是中国首个国家战略级工业互联网平台。我们借用四个“最”介绍根云：一是最具客户价值的工业互联网平台，直接增值的应用解决方案，打通最后一公里；二是最开放，开放、众包的应用平台，工业知识共享；三是最安全，符合国家安全战略的本土平台；四是最接地气，便捷、低成本的接入呈现，即插即用。

“根云”奉行“制造即服务，数据即价值”的理念，打造面向全工业领域开放的工业互联网赋能平台。具体体现在一是立足工业互联网：基于物联网平台，给制造业企业提供完整的应用方案，创造看得见的价值。二是专精工业大数据：拥有最专业的工业大数据分析团队，数据服务产品化，提升制造运营的效率。三是构建云生态系统：携手云商、物联硬件、软件和服务厂商，建立云生态系统。

“根云”的总体蓝图，包括提供便捷、便宜的设备接入解决方案，支持企业任意设备快速接入云平台；基于主流大数据技术，为海量、高并发的机器数据提供存储、计算、分析、展现等大数据平台能力支撑；

一流的数据科学家团队、丰富的大数据挖掘和可视化工具，帮助企业实现预测性维护、资产性能管理、运营优化、服务全过程管理等业务应用创新；提供智能研发、智能生产、智能服务、智能产品、租赁平台、大数据金融等解决方案，打通最后一公里，直接帮助客户创造价值。

树根互联在与客户接触的过程中发现需要与合作伙伴建立紧密的战略协作，才能满足客户的个性化需求。“根云”的合作伙伴中，腾讯是很特殊的一家。腾讯云为根云提供了基础的计算资源、相关云安全的保障以及客户数据隐私的保护机制。“根云”在腾讯云的计算能力上构建了相应的工业数据的清洗、转化和建模等能力，以及相应的大数据分析能力。借助腾讯云，“根云”把分布在全球的 30 万台设备接入平台，采集近 1 万个运行参数，利用云计算和大数据，远程管理庞大设备群的运行状况，不仅实现了故障维修 2 小时内到现场、24 小时内完成，还大大减轻了备件的库存压力。

3. 实操：赋能企业

工业互联网平台的赋能，即为制造厂商、金融机构、行业运营商、设备服务商、政府及公众产业提供端到端的工业互联网平台服务。目前，“根云”覆盖了 30 多个细分行业，近百个企业的应用案例，包括农用机械、煤矿行业、医疗器械、数控机床、融资租赁等跨行业赋能，“根云”平台赋予各个传统行业新的发展动能，推动行业创新发展。“根云”已经接入高价值设备超过 30 万台，接入资产规模超过千亿元。

作为“根云”首要服务对象的三一重工，依托“根云”建立了智能服务体系，实现工程机械全生命周期管理，给客户提供增值服务，实现价值的延伸。基于智能服务体系，三一重工实现全球范围内工程设备 2 小时到现场、24 小时完工的服务承诺。“根云”对于三一重工的重要性，类似于微信对于腾讯在移动互联网时代的重要性。“根云”让三一重工拿到通向第四次工业革命的船票。

中铁港航局集团通过“根云”快速实现中铁港航局工程机械设备统一、智能化管理，为设备监管、科学调度、资产保全提供服务，提升设备使用率，创造更多的经济价值。常州东风无级变速器有限公司采用“根云”平台及解决方案，实时了解设备的实时位置、工作状态、运维保养情况，为企业产品研发、质量改进、故障快速解决提供数据支持。

大卫·罗杰斯在《智慧转型》一书中提到平台商业模式最大的益处在于，它可以保证没有得到有效利用的经济价值（劳动力、资产、技能）被充分挖掘出来。目前，“根云”已服务 38 万家中小企业，预计能盘活万亿级的工业存量资产。“根云”为中小制造业企业提供了一个低门槛、快速、即插即用地应用工业互联网的契机，打破行业间的认知壁垒，增加更多企业间的连接，形成资源相互促进，解决中小企业部署工业互联网时资金、人才、技术实力等方面出现的痛点。

“根云”的工业互联网平台启示

从全球来看，工业互联网已经主导了第四次工业革命的走向，GE（通用电气）推出大数据分析平台 Predix，西门子建立了 MindSphere 工业互联网生态系统，富士康打造了 BEACON 工业互联网平台，海尔构建了智能云平台 COSMOPlat。国务院表示，我国将分 2025 年、2035 年和 21 世纪中叶“三步走”，构建与我国经济社会发展相适应的工业互联网生态体系。工业互联网的前景是美好的，呈现迅速扩张的趋势，对制造业的转型升级发挥的作用也是无可替代的，预计到“十三五”末，工业互联网的市场规模将突破万亿大关。

然而当前工业互联网面临的问题也是不可忽视的。《中国工业互联网产业发展前景预测与投资分析报告》指出，我国工业互联网面临六大问题：产业支撑能力不足，核心技术和关键平台综合能力不强，标准体系不完善，企业数字化网络化水平都有待提高，缺乏龙头企业引领，人才支撑和安全保障能力不足。具体表现在网络方面，一是现有的网络难以满足工业生产高安全、高实时、高可靠的需求；二是缺乏统一的标准接口，互通性差。在安全方面，当前我们国家工业互联网的安全存在着管理和防护不到位、产业核心技术薄弱，还有工业信息安全的人才匮乏、工业信息安全的意识不足等问题。

我们从三一重工的“根云”设计上，看到围绕以上问题做出的突破。三一重工作为全球第五大工程机械制造商，在行业中的影响力毋庸置疑。从信息化、物流网的建设到智能制造，三一重工长时间的技术积累，消解了在工业互联网平台建设中的潜在风险。

落实到具体应用上，三一重工重视“根云”如何抓住痛点，从合作开始，以最熟悉的解决方案去解决企业的痛点。三一重工通过“根云”平台管理集团国内和国际的业务单元、营销、后市场服务，通过营销、服务和客户平台的对接，建立市场洞察体系。与此同时，三一重工在国内外都建设了“侦察兵”机制，通过高管督导市场，专设一个督办周，专门拜访客户，倾听客户抱怨；建立完善的评估、考核机制，对“侦察兵”给予充分授权。

工业互联网包括网络、平台、安全三大体系，其中平台是工业互联网的核心。工业互联网具有天然的平台基因，“根云”作为三一重工的工业互联网平台，承载着两大重任：一是在功能上，通过数字化、信息化、智能化的手段优化整合工业企业的各个制造环节；二是在区域上，“根云”服务的对象不仅仅包括国内中小企业，还服务于国外企业，从而实现配置全球生产要素和社会资源，最大化发挥“根云”的平台实力，为促进中国“智”造贡献一分力量。

过去几年，整个工程机械行业处于低迷期，三一重工经历了过山车式的发展轨迹。2011 年三一重工的净利润高达 80 亿元，而到 2014 年仅有 7 亿元。在如此残酷的市场环境下，三一重工以拓荒者的身份独辟蹊径，从信息化、物联网再到工业互联网赋能平台，为中国的制造业转型升级探索出一条新道路。开始崭露头角的“根云”平台，进一步深化了三一重工在工业互联网的布局，完成了数字化转型中的关键一步，同时让中国制造业企业在数字化、网络化、智能化方面迈上了一个新台阶。

第八节 南极电商：从卖保暖内衣到做产业赋能者

“世界上只有一件事比被人议论更糟糕，那就是没人议论你。”近来，南极电商显然没有这个困扰。在亮眼的业绩表现和激进的轻资本商业模式的双重加持下，以卖保暖内衣起家的南极电商一下子被推至镁光灯下，饱受争议。

有人赞赏其轻资本、平台化、生态化的运作模式是先进而又高效的，有亮眼的业绩为证：2015 年，净利润 1.72 亿元，同比增长 158.64%；2016 年，净利润 3.01 亿元，同比增长 75.18%；2017 年，净利润 5.34 亿元，同比增长 77.42%。

也有人不理解其砍掉门店、逆 O2O 新零售大势而行的做法。还有人毫不掩饰地批评其从一家老老实实做实业的企业转型成了贴牌商。总之，各种看不顺眼，并且争议主要集中在两方面：一是纯电商，二是“贴牌”。

纯电商是表象，轻资本才是王牌

纯电商的线上模式自然是与 O2O 线上线下相结合的新零售模式相

冲突的。但是，南极电商的成功并不是源自其所采取的激进的纯电商模式。换句话说，南极电商完全可以选择线上线下相结合的O2O模式，并且可以同样做出现在这样的成就。至于南极电商为什么偏偏选择了纯电商模式，也许只是特定历史背景下的巧合。

为什么会得出上述结论？如果南极电商的成功不是因为纯电商的运作模式，那么又是因为什么？要想找到上述两个问题的答案，首先需要理清南极电商的战略发展路径。

南极电商的战略发展大致有两个阶段。

第一阶段：1998—2007年，卖商品

保暖内衣兴起于20世纪90年代。南极电商（即当时的“南极人”）成立于1998年，算是最早入场的保暖内衣生产企业之一。当时，全国只有包括北极绒、俞兆林共十几家生产保暖内衣的企业，总共年销量约300万套。两年后，保暖内衣的生产商陡然增加到300多家，行业年销量突破3 000万套。

面对繁荣的市场大环境，南极电商依靠营销抢滩市场，先后签约葛优、徐帆、刘德华、袁咏仪、海清等一线明星，斥重金在央视播出15秒广告“南极人不怕冷”。通过品牌效应带来需求和销量，南极电商因此开始大量扩产，并建立销售终端，最多时曾达到2万余家，共实现销售额10亿元。

然而，好景不长。2002年左右，品牌商们在全国媒介投放的广告总额高达3.92亿元，厂商被漫天的广告和虚高的销量冲昏了头，持续扩产。最终，市场供需失衡，导致企业产生大量库存积压。再加上内衣保暖抗寒的功能单一，同质化竞争严重，南极电商销量滑坡，线下的2万多个终端受影响，业绩越来越差，企业陷入困境。

为拉动销量，南极电商尝试降价策略，一度将产品降价50%。虽然南极电商的这一举动遭到北极绒、婷美、纤丝鸟的联合抵制，但确实在短期内通过价格优势拉动了销售。但是，动辄50%的折扣致使南极电商的产品、供应链和销售终端都承受了巨大的损失，门店关了一大半。

第二阶段：2008年至今，卖品牌+卖服务

南极电商创始人张玉祥在苦思转型方向之际，受到了行业“元老”恒源祥的启发。彼时，恒源祥通过加盟的方式已在全国建立了5 800余家销售网点，拥有170余家加盟工厂，年生产产品超过3.75亿件，生意做得风生水起。

恒源祥的品牌运营模式在于不投资建工厂、建渠道，而是通过特许经营，在上游发展加盟工厂，在下游拓展经销网点，并有效地组合、调动和优化上下游资源。从上游加盟工厂和下游经销网点同时收取商标使用费，变现品牌资产是恒源祥的主要盈利模式。

深受启发的张玉祥表示：“我们将在南极人品牌下面冠以新的素材和附缀，作为品牌的延伸。基本参照恒源祥模式，与社会联盟结合，在生产、销售、品牌上共同合作，搞现有一条龙服装企业。”

2008年，张玉祥一声令下砍掉了所有生产端和销售端的自营环节，卖掉10多年苦心经营的工厂，包括建筑面积40 000多平方米的工业区，7 000平方米的写字楼和员工宿舍，只保留“南极人”3个字，南极电商转型为“品牌授权”的商业模式。彼时，电商的风头正盛，张玉祥决定就索性专注于线上。

从2012年开始，南极电商又推出柔性供应链园区服务、“一站美”电商增值服务等，转型为一家电商服务型企业，商业模式由“卖商品”转变为“卖品牌+卖服务”，开启轻资本的赋能平台运作之路。

由此可以看出，在两个战略发展阶段的切换中，销售端门店和生产端工厂被彻底砍掉的举动非常抓人眼球，但这只是南极电商得以逆袭的表层原因，其背后更为深层次的原因其实是“轻资本”。

因为“轻资本”的运作模式，南极电商抵御市场风险的能力得以极大提高，而且因为负累少了，净利润自然也就水涨船高。

然而，线下门店的彻底清除并非必要。

南极电商轻资本运作的理念与恒源祥异曲同工，唯一的不同之处在于：前者取消了所有的线下门店，后者有着遍布全国的线下销售网络。

简单来说，砍掉线下自有门店是南极电商实现轻资本运作的关键一步，但是彻底放弃线下流量入口和体验场景则显得没有必要。因为按照恒源祥的模式，利用授权加盟机制完全可以重新构建起一张紧密的线下销售网，并且无须改变企业的轻资本运作现状。

所以，南极电商完全可以选择O2O的新零售模式，这与它现在所选择的线下零门店模式相比，并不存在明显的劣势，或者还有较大的概率存在优势，因为线下门店至少可以进一步提升消费者体验并布局更多的流量入口。换句话说，不需要企业自己承担风险和成本的线上线下渠道之间并没有优劣之分，销售网络自然是越密越好。

成就产业赋能者——南极电商不一样的“贴牌”生意经

南极电商是在做贴牌，它的分销程度比“师傅”恒源祥走得更远。恒源祥的线上分销店铺占比约为70%，而南极电商的线上分销店铺占比超过80%。但是，南极电商不只是做贴牌，“卖品牌”是其商业模式的一部分，另一部分是“卖服务”。

因此，恒源祥仍然是一家品牌商，而南极电商已经由纯粹的品牌商转型为产业赋能平台。这是因为，极致的服务只有平台才可以提供。不同的高度专业化、规模化的服务模块嵌合在一起，构成依附于传统电商平台之上的产业生态链平台。

张玉祥曾经打了一个形象的比方：阿里巴巴做电商的基础设施，南极电商就做配套设施；阿里巴巴造血管，他们就造毛细血管。

为使整个南极电商生态运转顺畅，也为了更好地实践“卖服务”的新战略角色，南极电商共有两大核心业务：品牌电商业务模块和服务电商业务模块，并且都以平台化的方式进行运营。

在品牌电商业务模块中，构建 logo（标志）品牌、IP 品牌、个人品牌（CP 品牌）组成的品牌矩阵，对符合授权资质的供应商、经销商授予公司旗下某一个或多个品牌的生产、经营权利。

在 logo 品牌方面，南极电商积极收购或寻求深层合作。2016 年 9 月，南极电商以 5.93 亿元收购卡帝乐鳄鱼 95% 股权。2016 年 12 月 2 日，南极电商以现金 5 000 万元收购新宇有限公司 100% 的股权，完成对“Classic Teddy”（精典泰迪）系列中文及图形商标第 1 ~ 35 类的收购。南极电商与帕兰朵品牌合作，可授权经营的一级类目有 4 个，包括女装、童装、家纺及户外；二级类目 71 个，包括女装毛衣、儿童服饰、床单、被子、户外服饰等。

在 IP 品牌方面，与卡通、动漫 IP 授权方合作，对婴童青少年、家庭用品等进行品类深挖，比如迪士尼、华纳兄弟等。

在个人品牌方面，主要指网红的品牌经营。南极电商与 MUNMU Inc.（韩国）合资成立子公司，并独家经营亚洲美妆女王 PONY 在中国（含港澳台地区）的所有商业活动，包括但不限于粉丝经济变现、广告代言、商业活动、演艺经纪等。与母其弥雅、胡美珍签署合作协议，通过运营自媒体平台等渠道，开发、拓展个人 IP 系列品牌产品，丰富公司的品牌矩阵及产品维度。

在服务电商业务模块中，为供应商和销售商提供电商增值服务，并致力于打造柔性供应链。

针对几百家授权供应商和上千家授权经销商，提供各类电商增值服务，比如设计服务、商品检验服务、供应链金融服务等。

同时，为供应商、经销商提供柔性供应链服务平台，整合产品流、数据流、信息流、物流、资金流、服务流，进行六流合一管理。

从2014年9月开始，南极电商通过供应链平台，把供应商、经销商、服务商、品牌商集中到一个体系中，建立统一的ERP系统，通过平台帮助经销商找货，帮助供应商卖货，帮助服务商找到需要服务的供应商和经销商，帮助品牌商和优质供应商对接。

同时，南极电商园区建立统一的共管账户，财务信息相对透明，能够帮助避免供应商应收款账期过长、坏账过多的风险。在园区模式下，经销商不承担库存风险，园区统一发货，大幅减少了经销商的运营成本。

繁荣之下的隐忧

践行“卖品牌”模式30多年的不衰“羊牌”恒源祥，似乎预示着南极电商的未来一片光明。南极电商在恒源祥模式基础上进一步升级——由“卖品牌”升级为“卖品牌+卖服务”——似乎也暗示着南极电商的未来发展势头要比前辈恒源祥更为强劲。

但是，在南极电商蓬勃发展的背后似乎也暗藏危机。

有业内人士表示，南极电商的品牌受损会是大概率事件；也有不少人认为南极电商在过度消耗“南极人”的品牌影响力，是在饮鸩止渴；还有人认为宣称多品牌发展的南极电商其实只有“南极人”一个品牌是做得比较成功的……

上述说法都有一定的道理。

首先是品牌受损问题。“南极人”品牌产品的一级类目包括保暖内衣、基础内衣、家居服、泳装、棉袜、床上用品、居家布艺、箱包配饰等，基本实现了全品类布局。这就意味着一旦某一品类出现问题，就会引发“南极人”品牌的系统性风险。另外，高度的轻资本平台化运营模式意味着南极电商对上游工厂和下游销售商的掌控力较自营时大幅减弱，品控方面会更容易出现风险点。

但是，同样采取两端放开、轻资本运作的恒源祥 30 多年不衰的例子摆在面前，南极电商的品牌受损问题也许没有想象中的严重，也就是说品牌会有受损的风险，但可以控制。

其次是多品牌战略失败问题。2017 年第三季度，南极电商旗下各品牌 GMV 占比如下：南极人 89.72%，卡帝乐 10.35%，南极人 +、南极人 home、经典泰迪、帕兰朵、奥特曼等不足 3%。南极电商关于组建囊括 logo 品牌、IP 品牌、个人品牌的品牌矩阵的战略设想似乎进展得并不顺利。

南极电商经营“南极人”品牌多年，而其他品牌归入南极电商旗下的时日尚短，另外对于个人品牌的运营尚属摸索期，所以各品牌 GMV 的比例搭配还算合理，并不能由此说明南极电商品牌矩阵战略已经失败。

与上述较为容易窥见的问题相比，南极电商更为严重的隐患其实是现有或潜在竞争对手模仿并跟进其战略模式的问题。

股神巴菲特有一套“护城河”理论：奇妙的、由很深很危险的护城河环绕的城堡的主人是一个诚实而高雅的人。城堡最主要的力量源泉是主人天才的大脑；护城河永久地充当着那些试图袭击城堡的敌人的障碍；城堡内的主人制造黄金，但并不都据为己有。粗略地转译一下就是，我们喜欢的是那些具有控制地位的大公司，这些公司的特许权很难被复制，具有极大或者说永久的持续运作能力。

巴菲特在确定品牌护城河实力的时候，会进行一项非常重要的思维测试：竞争对手是否可以通过大规模烧钱复制或削弱某家公司的品牌护城河？

南极电商的最大隐患正是在于其战略模式难以形成足够深且足够

宽的护城河。

设想一下，一家与南极电商相类似的拥有品牌溢价的企业是否可以快速地模仿复制南极电商的轻资本、平台化、生态化运作模式？答案是肯定的。如果该企业同时还拥有足够充足的资本，那么模仿复制的速度会更快且具有更强的后发优势。

为什么会这样？这是因为虽然南极电商采用的是平台化、生态化的运作模式，但它始终是一家“品牌商”，它所运营的产品不是以设计、技术等更难以复制的因素取胜，而是仅仅集中于“性价比”3个字。可以说，比它质量好的没它便宜，比它便宜的没它质量好。南极电商所抓住的是高端品牌与低端品牌中间巨大的市场缺口。正因为如此，南极电商的业绩才得以一路上扬。而对于其他品牌企业来说，模仿南极电商的商业模式并切入同样一块市场似乎并不是一件难事。

所以，南极电商所搭建的产业平台与阿里巴巴、京东等电商平台类似，但是因没有足够强的网络效应而无法形成垄断的市场格局。南极电商所构建的生态与小米类似，但是因产品本身没有设计、技术等方面的壁垒而无法阻止竞争对手模仿跟进。

市场经济中，博弈是永远存在的，企业的任何战略考虑都不能闭门造车，竞争对手的反应有可能会慢半拍，但不会永远慢下去。南极电商的“新手运气”不会永远持续下去，还是应该及早做打算，赶在竞争对手蜂拥而至之前建好竞争壁垒、挖好护城河。

南极电商的品牌定位是“性价比”，这是非常好的。以“性价比”为内核构建生态圈的小米的发展态势就非常良好。所以，南极电商的问题不在于切入了一个高度讲究性价比的市场，而在于停留在提供低端“性价比”的舒适圈子里面并忙着收割品牌溢价，以至于忘记了“没有护城河保卫的城堡是很容易被攻陷的”这一常识。

因此，南极电商的当务之急不是发展更多的上游工厂和下游销售商，而是回归产品本身，让冠以“南极人”品牌出售的货品本身就具有难以被模仿的竞争力。至于这种竞争力是什么？可以像优衣库一样以优质面料取胜，也可以像ZARA一样以“高效供应链+紧随时尚潮流的设计”拔尖，还可以是其他更为创新的战略考虑。总之，南极电商应该尽快在其产业生态链平台上布局相应的材料研发、外观设计等模块，全方位地提升其产品所具有的“性价比”优势，唯有如此才可以使其所具有的战略领先优势维持下去。

总之，转型后的南极电商起势很好，至于后续能否逐步消除隐患并阔步前进，让我们拭目以待。

第九节　传统企业转型产业赋能平台的案例启发与思考

传统企业向数字化和智能化为基石的产业赋能平台的转型，无异于一次蹈火后的重生。传统企业必须一方面充分认识转型的必要性，尽早启动自身的数字化转型和平台化变革，另一方面充分意识到这是一次漫长而又艰难的旅途，要有足够的耐心和毅力。

总体来看，链家、中国平安、药明康德、南极人等初步成功实现赋能平台转型的企业，其成功都在于把握了一些核心要素。

首先，坚持深度专业主义。

强健、专业、数字化和现代化的产业基础设施是成就产业赋能平台的基础条件，传统产业领袖在产业资源和基础设施上具有一定的基础，可以以此为起点，通过持续增加投入和推动基础设施的数字化改造，成为高度专业化的赋能者。

从现实案例来看，无论是华为、链家，还是中国平安、药明康德或者餐饮行业的海底捞，都在其所在产业的基础设施上进行了超常规的巨额投入，这些对产业整体能力的升级具有标志性意义而又具有明显外部性特征的基础技术和基础设施，通过这些颇具远见和魄力的产业拓荒者的投入，成为推动它们所在产业实现整体变革升级的基础条件。

需要警惕的是，一些产业企业往往一心羡慕和企图拥有产业赋能者的强大影响力，却对需要专注投入的专业化产业基础技术和设施不屑一顾，或者小打小闹，最终不仅不能成为产业的赋能者，连自身的业务也在高度专业化和复杂化的竞争压力下岌岌可危。探路者等企业的转型失败，红星美凯龙的变革遇阻，其内在原因莫不如是。

其次，全面拥抱数字时代。

数字化意识的补课和数字化的超常投入是传统企业成为赋能平台的必要条件。传统领袖企业一般对数字化技术对外部的商业环境、产业内的合作模式、企业的商业模式形成的冲击没有全面和深刻的认知，或者对一系列不断涌现的数字化新兴技术后知后觉甚至不闻不问，或者在不对企业战略和未来商业模式进行深入重构的基础上简单套用数字化技术，这些都使得它们不仅不能从数字化革命中获益，反而会成为数字化革命的牺牲品。

传统企业应充分理解和运用数字化技术带来的透明、对称和即时互联，高度重视数字化推动的智能化和敏捷化技术在企业的商业模式设计和管理实践中的应用，构建基于数字化和智能化技术的数字化平台模式，才能充分利用数字化技术的潜力而不是反受其噬。

再次，坚持聚焦客户需求。

构建以客户为核心的互补性解决方案是传统领袖企业成功构建具有客户黏性的平台的核心。

产业赋能平台是在全产业链深度数字化技术的推动下，实现客户所想即所得，最终使得C2B的完全客制化成为现实的商业模式，其构建的核心目标在于客户需求的极致化、深度化、一站式、定制化满足。

传统领袖向产业赋能平台转型，必须抛弃传统的从自我出发的产品思维，回归客户的真实需求。比如客户买沙发绝不仅仅是要一个沙发，还要一个温馨、舒适、具有符合其个性的整体化风格的家居生活方式。对客户本原需求的回归将使得产业赋能平台放下高傲和地位尊崇的自我，能够更加专注和开放地满足客户的极致化需求并再续与客户间的亲密关联。

最后，大力推进有序开放。

产业赋能平台是一个构建在数字化技术和一系列数字化后的产业基础设施之上的开放平台，通过充分赋能、开放和有机更新，一方面产业的大部分破坏性创新都可以在平台上发生，另一方面因为客户动态升级的需求不断能获得极致的满足，最终形成了产业赋能平台的稳固地位。

传统领袖企业向产业赋能平台转型，必须处理好封闭化、管道型的传统业务与开放化的赋能平台需求之间的矛盾，一方面开放引进更多的互补产品和服务，另一方面有序推进自身封闭化业务的开放化和市场化改造。这个开放的过程，对于传统封闭性业务越稳固的企业，越像是自我毁灭。如何稳健地把握好这一进程，坚定地推进朝向未来的赋能平台方向的变革，对于传统领袖企业来说是一门变革的艺术，在这一领域，许多矢志于成就赋能平台的传统领袖企业的探索依然在路上。

如何在数字化的浪潮中涅槃重生，重新构建开放、智能、专业的未来产业赋能平台，是每个传统产业领袖必须经历的重大考验，也是这些领袖的地位能否稳固、基业能否长青的最核心挑战。相信会有更多的传统产业领袖心怀推动产业转型升级的使命感，鼓起向死而生的勇气，投入到这场数字化变革的洪流中。

本章小结

1. 中国平安。2011年前瞻性布局互联网金融，以科技支持数据积淀，发展出金融、医疗、汽车、房产、智慧城市五大赋能平台，孵化出四大独角兽，堪称赋能成功典范之一。

2. 药明康德。从CRO研发机构到初级研发平台，药明康德第一次跃升完成得比较成功。如今，其正处于初级产业赋能平台向完整的产业赋能平台的二次跃升期。

3. 航天云网。通过搭建工业领域公共云平台，逐步推进云制造到协同制造，再到智能制造，航天云网主动肩负起中国制造转型升级的历史性重任。

4. 红星美凯龙。它曾经是这个旧世界（线下销售平台）的造就者和最大的受益者，但也是最有可能通过重组产业力量再造新世界（产业赋能平台）的创新者和革命者。

5. 小米。小米生而具有互联网平台企业基因，通过赋能生态链伙伴，小米得以抢占更多的物联网智能终端入口，成为全球最大的物联网平台，但未来话语权有待强化。

6. 三一重工。三一通过自身制造数据孵化出的根云工业互联网平台，不但能反哺母体，且已能赋能国内各行各业的制造企业，正在向全球化的全产业赋能平台进军。

7. 南极电商。砍掉生产端和销售端所有自营重资产，转型为“品牌+服务”平台的轻资产模式后，南极电商的利润节节攀升，但其平台若要持续成功，必须建立专业壁垒作为护城河。

第七章

产业赋能平台的扩张与生态化升级

一旦产业赋能平台建立，它便不可能静止不动，而是背负了变化与迭代的宿命，向更成熟更完善的阶段进化。产业赋能平台必须获取更强的竞争地位，给客户和参与者带来更多的价值、更高的效率，变得更强大、更全面、更敏捷，才能摆脱昙花一现的陷阱，在动荡的现实商业世界中巍然矗立。

第一节　产业赋能平台的扩张动力

产业赋能平台天然有扩张的动力，这股动力来自客户需求拉动、竞争对手压力和技术本身的驱动力 3 个方面，这 3 股力量既是产业赋能平台扩张的原因，也预期了扩张的结果。

客户要求更多——获得更多客户

产业赋能平台扩张的第一个动力来自客户的需求，在个性化消费大潮之下，客户的要求变得比以前更加多元、复杂，既要求选择面更宽，又期待产品推荐更加精准、产品品质更好、服务响应更快、更周到、更加人性化，并且能享受一站式购物的便利，甚至获得完全个人化的解决方案式服务。这就必然要求平台扩张范围，网罗更多的产品。亚马逊、京东、淘宝等购物平台都从原有的主打品类向全品类扩张正是源自客户的需求边界扩张。

同时，为了提升服务质量，让客户获得更好的体验和消费保障，平台需要在多个价值链环节进行深度改造，或直接深度参与产业链，或通过提供多种赋能工具并制定游戏规则，协助平台上的参与企业提升产品质量、服务水准，提升整个平台的运营效率。平台只有解构并参与整条价值链，并建构强大的价值网络，才能实现整体效能与价值的提升，不断为客户带来更多价值和更佳体验。如何不断增强平台对更多客户的吸引力，是平台不断创新升级的鞭策力量。

产业赋能平台都拥有卖家和买家双边用户，在服务客户的同时也需要增强对商家的吸引力，合作伙伴也需要获得更好的服务支持，以利于发挥其创造活力。然而，客户的要求没有止境，而在客户的众多要求之中，平台也不可能全部满足。平台应分轻重缓急，不断朝向更高的目标努力，通过小步快跑，快速迭代，让客户更加满意，不断获得一批又一批客户的青睐，以牢牢锁定平台双边的参与者。可以判定，客户要求更多的过程，就是平台获取更多用户的过程。

对手战鼓擂动——获得更多城池

产业赋能平台扩张的第二个动力来自竞争。没有企业可以逃避竞争，产业赋能平台之间的竞争更加激烈。由于互联网时代的“赢者全得”逻辑，数字化时代的平台之间的竞争比传统线性价值链企业间的竞争更加激烈，从供应商到合作伙伴再到客户，平台竞争全面铺开。为防范对手入侵，平台比任何传统企业更有动力提前布局，进入更多的领域，以更积极的方式抵御任何潜在对手的威胁，典型代表有美团王兴践行“无边界理论”与滴滴全面交火。

平台抢夺的不仅是市场中最终买单的消费者市场，还会对生产要素市场展开争夺，通过控制供给端来抢占消费端，因此平台对商家往往采取或明或暗的“二选一”胁迫，以谋求排他性的竞争优势，虽然往往会招致商家的骑墙和监管部门的反垄断干预，但平台依然乐此不疲。因为互联网时代竞争“赢者全得”的诱惑力实在太大，一旦败北，则代价惨重。

所以，平台企业比传统企业更热衷于竞争与扩张，平台之间的全面竞争，既是生死存亡的压力，也是获得更多市场份额的动力，虽然事实上依然难免走向僵局，但各个平台依然不敢懈怠，以探索天线搜寻着各类对手，调整布局，获得新竞争优势。

数据黑洞效应——变得更加智能

与传统工业时代的商业规则不同，传统企业所倚重的物质、能源等资源总量有限，且越用越少，而数字化时代的平台企业需要的数据能源则会随着使用而增多，数据对平台而言是多多益善，越多的数据意味着数字化的计算将会变得更加精确。因此几乎所有平台都会对更多的数据有着无限的渴求，吸纳的数据越多，商业智能化程度就越高，这种黑洞效应是平台企业孜孜以求的，因此产业赋能平台有着更大的扩张本能。

从管理的角度来看，由于数据存储、传输和计算的成本日益降低，基于数字化技术的平台企业通过智能化的技术手段和网络化治理模式，可以获得比传统企业更宽的组织边界，能打破企业的管理半径极限，建立起社会协同网络，解除了平台扩张之后的内外部管理会失控的担忧，因此平台所涉及的生态规模能够肆意扩张。

数据黑洞效应带来的智能化升级远景，是产业赋能平台扩张的技术动力，获取周边产业、更多领域、更多人群的数据，将大大增强产业赋能平台对客户和商家的理解力和服务能力，增强平台的生态吸附效果，巩固平台的竞争优势。

基于客户、竞争和技术 3 种动力，产业赋能平台有着极强的对外扩张冲动。而这三重动力也基本预设了产业赋能平台的扩张目标，即获取更多的客户，进入更多的领域，拥有更多的合作伙伴，获得更深的竞争优势护城河。目标已定，扩张路径也变得更加清晰。

第二节　产业赋能平台的扩张路径

产业赋能平台的扩张有 4 个方向或路径，分别是横向扩张到更广的地理范围，纵向扩张到更大范围的场景生态，后向扩张到更深更全的产业链基础设施，以及向外扩张形成多个包络的平台。这 4 条扩张路径之间是可以相辅相成的，领先的产业赋能平台会四者兼顾，从而创造出立体化的竞争优势。

更大的规模经济：向全球唯一进军

互联网、数字化经济已经打破国界的壁垒，涌现出一批又一批全球性互联网企业，如苹果、微软、谷歌、脸书、亚马逊、阿里巴巴等，它们替代传统工业企业，成为全球经济的主角。而基于互联网、数字化技术基础的产业赋能平台自诞生起，便已具备了向全球扩张的基因，占据广袤的全球市场，扩大市场规模，是平台扩张的第一条路径。

大量传统工业巨头已经积累了数百年的全球化经验，它们拥有全球化研发中心、制造基地和销售网络，实力雄厚，但工业企业大多是重资产的封闭帝国。产业赋能平台的全球扩张路径与此不同，凭借数字化技术和平台化业务，能够以更轻的资产、更快的速度进行全球扩张，以最低成本、最大限度地获取规模经济优势。

平台的规模经济相比于传统规模经济的优势在于强者恒强的源头更多，即基础设施合作商、价值单元创造者以及用户形成的多边网络效应，使平台的规模优势加倍，却不失敏捷。因而超级平台对小平台拥有全方位的碾压优势，无远弗届的数字化经济不会像传统企业一样为小企业留下利基产业作为避难所，而是以席卷一切之势，囊括所有可能的大小参与者，对同类平台则毫不留情地予以封杀。

因此，数字化时代“数一数二”法则已经不适用，产业赋能平台将极力避免沦为第二，被第一远远甩下。它们都应全力以赴追求全球第一，唯有如此，才能最大限度地享受规模经济效应带来的福利。这也就不难理解为什么平台企业之间的竞争激烈程度远远胜过传统企业，而阿里巴巴和亚马逊在东南亚、南亚电商市场的激烈角逐便是全球化王座之争。

更广的范围经济：走别人的路，让别人无路可走

面向未来万物互联的数字化技术时代，产业赋能平台的扩张不能局限于传统产业边界，而应该打破原有解决方案的边界，不断寻求新的跨界融合。一般产业赋能平台停留于单场景解决方案，为某一个消费场景的客户提供解决方案，辐射范围有限，能获得的消费数据也有限，甚至难以覆盖基础设施投入的成本。

产业赋能平台应该尽可能扩张业务边界，从核心方案出发，不断整合周边需求，进而实现裂变式扩张，获得更多优质合作商、更多客户的多个场景需求，将原有的单场景变成多场景，满足客户的一站式购物需求，这便是其第二条扩张路径。正如小米已经做过的那样，以智能手机作为核心，先扩展手机周边产品，进而扩展到更外围的智能硬件，最后再到日用品，形成了以高质低价作为核心价值的日用商业生态圈。

平台大多是从核心品类向周边扩张，淘宝的服装类目、京东的家电、亚马逊的图书，最终都扩展为全品类，所遵循的正是范围经济的逻辑。而拥有消费者界面的产业赋能平台在产业链的掌控上拥有扩张优势，以后来居上之势逐渐发展壮大，实现在某几个领域异军突起，成为该领域的强大玩家。例如定制家居领域的尚品宅配，其掌握的家居产业资源和客户端网络在业内拥有优势，并且已进一步扩展为家装家居产业的数字化赋能平台。

基于数字化技术的产业赋能平台能将规模经济和范围经济进行有效结合。规模全球化提供了更多合作伙伴与客户的数据样本，也就放大了范围经济，而基于长尾效应的范围经济反过来能在全球市场获得

更大的规模经济支持。

更强的外部效应内化优势：创建基于专业基础设施的多平台包络，让生态竞争力形成增强循环

产业赋能平台一般构建在具有强大竞争力的核心基础设施之上，而其第三条扩张路径就是扩大核心基础设施的服务对象范围，形成面向新客户的新包络型平台，当有更多富余的核心基础设施为更多样的外部合作伙伴所用时，会反过来激励平台在核心基础设施上进一步超前投入，将平台的外部性溢出充分内化，形成“超前投入 - 收获”的良性循环，让多边包络的多平台生命体力量不断增强。

平台的核心基础设施形成面向多个平台多种用户的规模化赋能，不仅能大幅降低平均到每个价值单元创造者的赋能成本，还能带来数字技术累积的技术网络效应。因为随着平台的扩展，多样化客户购买、浏览、互动和企业经营数据的积累就会越多，其算法就能更加优化，平台基础设施的应用价值就越大。反过来，更有应用价值的平台基础设施又能够收集更多的数据，从而促进整个平台的进一步优化。如此循环往复，平台的技术能力将会越来越强，也给平台带来更强的竞争优势。

亚马逊的 AWS（Amazon web service）的发展正是遵循这样的轨迹，从默默无闻到成为全球公有云市场的老大，其先发优势正是在不断的数据积累和算法优化中逐渐巩固的，其智能推荐系统已经成为业界标杆。围绕 AWS 系统，亚马逊的电商、物流、出版等业务的优势进一步加固，支撑起整个亚马逊帝国的强大护城河。

更深的生态锁定：深化扩展多项基础设施让产业内创业更容易

平台的第四条扩张路径是后向更广泛地渗透到更多样的产业基础

设施和更多的赋能领域，参与并掌控整个商业链条的各个主要环节，例如研发、设计、制造、营销、支付、物流、售后服务等环节，平台都可以借助自身的数字化能力优势增加参与度，将其转化成自身基础赋能设施的一部分，一方面对内部商家进行各个环节的赋能，另一方面又通过各种基础设施吸引更多的外部客户。产业赋能平台从单一赋能平台变成了多个赋能平台叠加的综合体。

多重赋能的综合体带来的显著成果是，完善的赋能体系让平台上的合作伙伴的价值创造变得更加容易，可以将资源和能力都集中在发挥创造力上，为平台提供更多的价值，更深地吸引客户。同时由于深度依赖的协同效应和丰厚的收益，合作伙伴自身也被锁定在平台之上。而多平台具有更强的生态锁定效应。

例如京东通过将自身物流的富余能力开放给平台商家和外部零售商，并建立统一的售后服务平台，获得了在电商平台之外的两大竞争优势。阿里巴巴则从广告、支付角度切入，并且通过菜鸟切入物流，还通过提供云计算服务获得更多企业用户的绑定，成功从单一平台进化为多平台叠加的电商生态体系，其生态锁定效应更强。

此外，诸多平台之间的互动，将会进一步优化各个平台的运营效率，实现内部信息互动和相互补充促进，以大大提升整个平台体系的协同效率、服务精准性和能力全面性。多平台叠加将会使网络效应成倍放大，并吸引更多类型的参与者。借助多平台叠加，产业赋能平台的护城河会变得更宽，对手的进入门槛将被抬升，平台的竞争优势将得到进一步加固。

平台横向扩张到更广的地理空间和业务领域，获得更多的客户，纵向扩张到更多产业环节，提升赋能规模与深度获得更多的合作者，并且能对多边参与者形成更强的生态吸附效应，使它们对平台更加依赖。由此，产业赋能平台的 4 条扩张路径叠加所形成的竞争优势，将使得产业赋能平台脱胎换骨，成为该产业的绝对领袖。而产业赋能平台也将通过四重扩张，实现从初级阶段向更高阶段的跃进。

第三节　产业赋能平台扩张的结果及巩固措施

产业赋能平台按照空间广度、边界宽度、产业深度和技术高度4条路径进行扩张，其结果必然是从单平台进化为多平台叠加的产业生态体系。作为产业赋能平台的高级阶段，产业生态更强大、更稳固、更智能、更敏捷，将成为整个商业世界的超级物种。

平台生态体系的特征

1. 复杂性与动态性

比起单一平台的结构，无论是业务边界的宽度，还是产业赋能的深度，以及多平台之间形成的立体网络，平台生态都拥有无可匹敌的复杂性。其包含的参与者数量、价值创造要素之间的竞合关系，以及每个要素和关系的动态演化，导致生态比单一平台的复杂程度都高出数个几何级数。

2. 开放性与分布性

除了参与者众多、更加多元之外，平台生态体系比单一平台具有更大的开放性。海纳百川，有容乃大，生态系统更加开放，带来的结果必然是有越来越多的平等参与者，让整个生态系统呈去中心化的分布式结构。这也正是生态型企业比单平台企业更接近大商业环境的原因，平台企业主动生态化的努力与自动生成的商业生态殊途同归。

3. 创造力与迭代

生态中的参与者在获得了多重赋能之后，可以将标准化的工作任务交给平台，更聚焦于创造活动，因而生态体系参与者拥有更强的创造力，充分解放个体创造力有助于整个生态内部的快速优胜劣汰，实现生态参与者的快速迭代。此外，更多的创新实践也将推动整个生态体系的快速迭代。在生态之中，迭代的推动力更多是自下而上、自动进行的。

平台生态的运行机制

产业生态是产业平台四重扩张的结果，但这个过程不是一蹴而就的，结果也并非静止不动，而是时时在动态更迭，其运行分为创建、扩张和内化整合三步。

第一步是创建生态。产业生态创建者首先要对环境有清楚的认知，分清楚企业管理的内环境、可主动影响合作方的近环境、通过交易建立联系的远环境和企业边界之外的潜环境。企业创建生态就是定义远环境和潜环境之间的界限，确保企业在远环境以内有足够的竞争优势和扩张势能，才能立稳脚跟，让生态存活下来。乐视生态失去理性节奏、扩张过快而招致惨败便是教训。

第二步是扩张生态。当现有业务已经有了足够的竞争优势，生态范围内的能量已经积累到一定程度，例如拥有了很强的客户黏性，或者富余的生态能力，生态就必须走出舒适圈，果断向外扩张，将远环境纳入近环境，并向潜环境探索，扩展企业的边界，进入全新的领域或者价值创造环节。如今这样的扩张都需要建立在强大的数字化基础设施平台之上，一旦成为参与生态的合作伙伴们不可或缺的基础设施，生态扩张之路会更加顺畅。

第三步是内化整合。将扩张之后的生态版图进行内化和有效整合，消化和吸收新的业务带来的新资源要素价值，并转换成生态的新能量。再将新探索的板块与原有生态板块进行协调和有效整合，使生态的整体力量不断升级迭代，变得更加强大。如果生态扩张不能带来可内化的要素，无论其财务表现有多么出色，这样的探索也是不成功的，并非生态所需。

创建生态、扩张生态、内化整合是生态的运行逻辑，在实际运行中三者形成一个循环。一旦建立起这样的循环，平台生态就能够自动运转下去，不断实现更广的边界、更高的效能、更强大的整体优势。

第四节　平台生态的有效治理

平台生态的扩张给企业的生态治理带来更大的挑战，不同于传统企业的管理，生态作为社会基础设施具有公共属性，其治理带有更多的公共治理的性质。一旦有所疏忽，或者处理不慎，就可能会遭到网络效应的强大反噬，令平台陷入绝境。平台生态的治理重要性毋庸置疑。

按照治理的集中化程度和主体的不同，平台治理可以分为以下 3 个类别。

规范化治理：法律、规范

首先，作为具有公共基础设施属性的平台需要有相应的法律作为强制力量。平台自身除了经济制裁，并不具备法律强制能力，这就需要国家强制力量的介入。一旦平台上发生犯罪行为，平台在履行管理者责任的同时，需要得到国家执法机构的支持。例如滴滴顺风车事件、脸书用户信息泄密事件，以及各电商平台普遍存在的假货问题，都需要借助法律的力量才能有效处理。此时平台管理者、参与者和用户的责任和权利，都需要法律进行清晰的界定。

其次，平台生态对参与者的治理也需要建立在规范之上，通过详细、透明、合理的规则来规范参与者的市场交易行为，对防止破坏平台生态的虚假舞弊行为、损害其他参与者利益的不正当行为进行有效禁止和惩罚，同时对诚信经营、增进平台活力和吸引力的行为进行鼓励，对平台上发生的争议事件进行仲裁处理。一套赏罚分明、透明高效的游戏规则，对平台治理不可或缺。

技术化治理：激励机制和技术结构

在经济手段之外，平台可以通过设置“社会货币”的方式来激励或约束平台上的行为，例如积分、星钻级别、公益活动等方式，激励正向的行为。但这一套激励机制要与惩戒规则相结合，并采取相应的技术手段，防止刷单舞弊行为。通常对正面行为要及时奖励，而对负面行为要延迟处罚，以破坏舞弊者积累钻规则漏洞的经验。

在平台治理方面，技术力量也能发挥巨大作用。例如一套能够自动识别异常交易的软件程序就能够提前制止许多不正当行为，技术的力量远胜人力监督。其中最具创新性的技术是区块链，通过不可修改的信息存储、个人可加密可公开的数据签名以及平等透明的交互方式，区块链技术成为解决数字化时代诚信问题的终极方案，为平台的治理提供了强有力的工具。

参与者自治：透明度、参与度两大原则

区块链技术所代表的分布式、透明化民主治理，为平台参与者实施自治提供了借鉴，但其实不依赖区块链技术的数字化平台早已能实现平台自治，只需要遵循两大原则即可。第一大原则是内部透明化。平台管理者需要打破所有组织孤立化的本能，将所有业务部门之间的

沟通、语言、系统、流程、工具进行标准接口化处理。先在内部建立深度透明的组织，然后将这一原则向外推行。亚马逊AWS能够成功向外推广，就是得益于内部透明化的基础。

平台自治的第二大原则是参与度。在平台决策过程中，平台管理者给予外部参与者的话语权应该等于内部利益体，没有内外亲疏之别，这样平台才能团结所有的外部合作伙伴，不会因为偏向内部而导致合作伙伴放弃平台。在这个方面，英特尔为研发USB标准接口所成立的架构实验室部门（IAL）的公平方式得到了业界巨头的集体采纳，而通用汽车试图建立的汽车产业平台因为偏于自家，被同行所抛弃。

虽然有多管齐下，平台治理依然不会尽善尽美，当遇到新问题和新价值冲突之时，平台的治理机制应具备自我修复和改进能力，以接纳新事物和新价值。不断自我改正与修复，这也是智能动态平台相较于传统组织或产业联盟的先进之处。

一个在地域、领域、产业深度和技术高度上不断扩张和提升能力的产业赋能平台，一方面应该接受严格的法律和社会监管，避免成为垄断的怪兽；另一方面应该被完全放开手脚，将深度的数字化革命引入每个产业的每个角落，使要素资源配置效率极致化的同时也能畅享科技的福祉。

让我们一起迎接数字化的产业赋能时代的到来吧！

本章小结

产业赋能平台天然有扩张的动力，这股动力来自客户需求拉动、竞争对手压力和技术本身的驱动力三个方面，这三股力量既是其扩张的原因，也预期了扩张的结果。

产业赋能平台的扩张有 4 条路径，分别是横向扩张到更广的地理范围，纵向扩张到更大范围的场景生态，后向扩张到更深更全的产业链基础设施，以及向外扩张形成多包络的平台。

平台扩张的结果必然是从单平台进化为多平台叠加的产业生态体系。产业生态作为赋能平台的高级阶段，更强大、更稳固、更智能、更敏捷，是商业世界的超级物种。

生态的治理包含三种类型，即法律、契约形成的规范化治理，市场激励手段和数字技术形成的技术化治理，以及高透明和高参与度的参与者自治。

参考文献

[1]杰奥夫雷 G. 帕克. 平台革命：改变世界的商业模式[M]. 北京：机械工业出版社，2017.

[2]陈威如. 平台战略：正在席卷全球的商业模式革命[M]. 北京：中信出版社，2016.

[3]陈威如. 平台转型：企业再创巅峰的自我革命[M]. 北京：中信出版社，2016.

[4]刘学. 重构平台与生态：谁能掌控未来[M]. 北京：北京大学出版社，2017.

[5]宋旭岚，许新. 生态战略：如何打造生态型战略[M]. 北京：机械工业出版社，2016.

[6]斯坦利·麦克里斯特尔. 赋能：打造应对不确定性的敏捷团队[M]. 北京：中信出版社，2017.

[7]安德鲁·麦卡菲. 人机平台：商业未来行动路线图[M]. 北京：中信出版社，2018.

[8]徐晋. 平台经济学[M]. 上海：上海交通出版社，2016.

[9]让·梯若尔. 创新、竞争与市场经济[M]. 北京：法律出版社，2017.

[10]亚历山大·莫塞德，尼古拉斯·约翰逊. 平台垄断[M]. 北京：机械工业出版社，2018.

[11]戴维·埃文斯，理查德·施马兰奇. 连接：多边平台经济学[M]. 北京：中信出版社，2018.

[12]王勇，戎珂. 平台治理[M]. 北京：中信出版社，2018.

[13]侯宏，石涌江．生态型企业的非线性成长之道[J]．清华管理评论，2017（12）．
[14]唐·塔普斯科特．区块链革命[M]．北京：中信出版社，2016.
[15]大卫·罗杰斯．智慧转型：重新思考商业模式[M]．北京：中国人民大学出版社，2017.
[16]约翰·科特等．引爆变革[M]．北京：中信出版社，2016.
[17]贾森·艾博年，布莱恩·曼宁．商业新模式[M]．北京：中国人民大学出版社，2017.
[18]马克·拉斯金诺，格雷厄姆·沃勒．商业的未来[M]．北京：电子工业出版社，2017.
[19]阿里研究院．新经济崛起[M]．北京：机械工业出版社，2016.
[20]田丰，崔昊．云战略[M]．北京：中信出版社，2018.
[21]曾鸣．智能商业[M]．北京：中信出版社，2018.
[22]洪华，董军．小米生态链战地笔记[M]．北京：中信出版社，2017.
[23]吴正炜．小米逻辑[M]．北京：北京理工大学出版社，2016.
[24]黎万强．参与感：小米口碑营销内部手册[M]．北京：中信出版社，2014.
[25]迈克尔·库斯马诺．组织变革是一场此消彼长的交换[J]．中国企业家，2013（8）．
[26]钱平凡，陈光华，温琳．平台研究国际进展与侧重点及政策含义[J]．发展研究，2014（5）．
[27]吴义爽，张传根．平台市场的产业组织研究[J]．科技进步与对策，2015（6）．
[28]田洪刚．产业平台、销售平台和产业链环节的重塑[J]．现代经济探讨，2015（10）．
[29]万兴，杨晶．从多边市场到产业平台[J]．经济与管理研究，2015（11）．
[30]彭绮．产业链的重塑与延长：电商平台未来发展之路[J]．商业经济研究，2017（12）．

后记

这是一本写得非常艰难和惶恐的书。

围绕物联网和智能数字商业推动的未来商业图景和可能形成的主流商业物种，我们通过对现实商业世界中先行者的探索的全面观察和审慎分析，充分细致地结合完善的经济学逻辑分析，大致勾勒了一种今天已经逐渐形成、在未来商业世界中将发挥重大影响的商业新物种——产业赋能平台。

它们作为数字化双边市场的进化物种和传统产业领袖的转型物种，正在各个产业先行者的大胆试探下日渐成形，并展露出强大的生命力和对产业升级的巨大推动力。

我们期望能尽量描摹它们的全貌，深度把握住它们的基本骨架和内涵，还期望能通过大量的实证案例研究与分析，总结出数字化双边平台进化和传统企业转型的逻辑和路径。

应该说，我们在理论界研究比较苍白的背景下，取得了一些进展，初步描绘了这些新物种的脉络。

我们深知，因为数字化技术革命的影响非常深远，而今天的数字化变革依然未到终点，所以，我们的研究和描述都还非常初级，一些结构和结论肯定还不够完美。

但我们也深知，这一方向的深入讨论，不仅对理论界认识和界定当前平台企业的复杂实践有帮助，而且能给矢志于推动产业变革，提升客户福祉和产业效率的产业无人区探路者一些启发。

作为中国咨询行业中专注于研究战略尤其是数字化商业战略和变革的企业知识研发平台，我们将不断地向前推进我们的认识，不断深化我们对数字化商业本质和模式的把握，后续也将推出更多的成果展示。期待更多的理论专家和企业实践者加入我们的行列，我们一定能为中国成为数字化经济强国、涌现更多的数字化时代独角兽贡献一分心力。

智邑中国企业战略研究中心数字化商业战略研究组将推动举办中国数字化经济和平台经济论坛，期待大家的踊跃参与并多多分享宝贵见解。

欢迎关注我们的微信：智邑中国企业战略研究中心。另外，我们也推出了关于平台理论和案例讨论的专业公众号——平台商业评论，欢迎大家的关注和参与。

智邑中国企业战略研究中心数字化商业战略研究组